Zu diesem Buch

«Ehe ein Kind da ist, hat man ja keine Ahnung, was es aus unserem Leben machen wird. Das läßt sich einfach nicht voraussehen.» Dieser Auszug aus einem Tonbandprotokoll macht die Ratlosigkeit deutlich, der viele Mütter ausgesetzt sind, die sich «plötzlich» mit einer absolut neuen Situation konfrontiert sehen.

Gewiß, in der Zeit zwischen der Entscheidung zu einem Kind und der Geburt versucht man Lösungen für voraussehbare Schwierigkeiten zu finden.

Wenn ich weiter berufstätig bleiben will, wer sorgt dann für das Kind? Welche Aufgaben übernimmt der Vater? Wie kann die dreifache Belastung – Mutter, Hausfrau, Berufstätige – aufgefangen werden?

Wenn ich mich zu einem Leben im Haus entscheide, wie kann ich mir Abwechslung verschaffen? Wie kann ich dennoch in meinem Beruf «drinbleiben»? Wie schaffe ich Kontakte mit anderen? Wie kann ich meinem Kind und mir gleichermaßen gerecht werden?

Die Wirklichkeit dann, die Konfrontation mit dem Alltag macht häufig die zuversichtlichen Pläne von früher zunichte. Plötzlich zeigt man selbst Reaktionen, die man sich nie zugetraut hätte, die erschrecken können. Das Kind verhält sich anders als erwartet, der Vater kommt seinen zugesagten Verpflichtungen nicht nach, frühere Freunde ziehen sich zurück, weil sie Gespräche über Babies langweilen... Und dennoch beansprucht das Kind die Mutter ganz, läßt ihr emotional und real wenig Raum. Hinzu kommt, daß eine bisher nicht gekannte Art und Intensität der Zuneigung zu diesem Wesen anfällig macht für neue Ängste, für die man allein keine Lösung findet.

Hier setzen die Autorinnen, beide selbst berufstätige Mütter, an. In langen Gesprächen mit Müttern (und Vätern) versuchen sie, diesem Gefühl des Isoliertseins und der Hilflosigkeit auf die Spur zu kommen, das nicht selten panikartige Reaktionen zur Folge hat. Sie filtern gemeinsame Erfahrungen heraus, machen Lösungsvorschläge und ermutigen zu mehr aktiver Gelassenheit.

Virginia Barber/Merrill Maguire Skaggs

Die Mutter

Erfahrungen und Vorschläge für ein besseres Selbstverständnis

Aus dem Amerikanischen
von Inge Wiskott

rororo

Rowohlt

Die amerikanische Originalausgabe erschien unter dem Titel
«The Mother Person» bei Bobbs-Merrill Comp., Inc., New York
Die deutsche Erstausgabe erschien unter dem Titel
«Mutter – ein Beruf?» beim Franz Ehrenwirth Verlag, München
Umschlagentwurf Manfred Waller
(Foto: Steve Schapiro)
Veröffentlicht im Rowohlt Taschenbuch Verlag GmbH,
Reinbek bei Hamburg, Juni 1980

Gesamtherstellung Clausen & Bosse, Leck
Printed in Germany
480-ISBN 3 499 17342 5

I

Warum und wozu

»Die wenigsten Leute erkennen, wie wichtig die Entscheidung für oder gegen Kinder ist. Ehe ein Kind da ist, hat man ja keine Ahnung, was es aus unserem Leben machen wird. Das läßt sich einfach nicht voraussehen.«

So sagte eine von vielen Müttern, deren mit Tonband aufgezeichnete Gespräche das Rückgrat dieses Buches bilden. Ganz offensichtlich waren sich diese Frauen über die Definition und den Wert der Mutterschaft untereinander nicht recht einig und oft nicht einmal in sich selbst. Alle stimmen aber in zwei wichtigen Punkten überein: daß die Mutterschaft ihr Leben zutiefst verändert hat und die Ankunft des ersten Kindes, oft sogar noch des zweiten, sie höchst unvorbereitet traf.

Wir haben neunundvierzig Frauen und mehrere Väter interviewt und viele, die mit uns sprachen, sandten uns später noch Kommentare zu unseren ersten Entwürfen. Ihnen allen unseren herzlichsten Dank. Alle Namen wurden verändert, teilweise haben wir auch noch mehr getan, um absolute Anonymität zu sichern. Die Kommentare stammen von Müttern zwischen Anfang zwanzig und Ende dreißig, unter ihnen sind Sozialhilfe-Empfängerinnen genauso wie relativ wohlhabende Frauen; die Schulbildung reicht von Frauen ohne jeden Abschluß bis zu Akademikerinnen; auch einige Minoritätengruppen sind vertreten. Die meisten der befragten Frauen leben in Manhattan, es sind aber auch ›grüne Witwen‹ und Farmerinnen darunter.

Die Bandaufnahmen bereiteten keinerlei Schwierigkeiten, sowohl Väter (die wir separat aufnahmen) wie Mütter waren nur zu bereit, ihre Reaktionen auf grundlegende menschliche Erfahrungen und Gefühle zu Protokoll zu geben, die so oft im gesellschaftlichen Gespräch als zu langweilig und zu banal angesehen werden. Sie brannten auf eine Möglichkeit, über ihre Elternschaft zu reden – diesen Hauptbestandteil ihres Lebens. Wir sprachen auch über verschiedene Lösungen, die andere für unsere gemeinsamen Probleme gefunden hatten. Diese Lösungen werden, soweit sie sich als durchführbar erwiesen, in den folgenden Kapiteln als Möglichkeiten angeführt. Manchmal erstreckten sich die Diskussionen auch darauf, wie die Eltern am besten den Bedürfnissen des Kindes gerecht und mit seinen Verhaltensweisen fertigwerden können, auch diese Informationen haben wir weitergegeben.

Es gibt zwar viele »Elternbücher«, aber meistens werden die Eltern darin auf eine bestimmte Orientierung oder Methode festgelegt, während wir unsere Zweifel haben, ob eine bestimmte Verhaltensweise für alle Fälle die richtige sein kann. In unserem Buch geht es uns vor allem um die Frage, warum bisher der Mutter als menschlichem Wesen so wenig Aufmerksamkeit geschenkt wurde. Ein Grund ist wohl der, daß die Funktion der Mutter ausschließlich in der Sorge für ihr Kind gesehen wird. Ihre Bedeutung, sofern man ihr überhaupt eine zugesteht, hängt davon ab, wie gut sie mit ihren Kindern fertigwird. Wie sie sich dabei fühlt, während sie mit ihnen fertigwird, ist unwichtig. Sie hat nicht über das Warum nachzudenken: sie hat ihre Aufgabe zu erfüllen und dann zu sterben. Ein weiterer Grund ist der, daß der Mutter›beruf‹ (im Gegensatz zu den sentimentalen Klischees darüber) bisher so wenig gilt, daß er nicht interessant genug schien, ernsthafte Studien darüber anzustellen. Unsere Kultur dokumentiert diesen Mangel an Interesse, indem man häufig über Frauen lächelt oder gähnt, wenn sie anfangen, über ihren Alltag mit den Kindern zu diskutieren. Außerdem fand man es wohl viel aufregender, aufzuzeigen, wie Eltern ihren Kindern schaden können, als der Frage nachzugehen, was die Eltern zu solchen Fehlhaltungen gebracht hat. Nach diesen Ansschauungen scheinen die Kinder absolut formbar und entwicklungsfähig, während die Mütter offenbar stets »fertig« und keiner Entwicklung mehr fähig sind. Hier müssen wir, wie auch anderswo, widersprechen. Schließlich glauben wir nicht, daß eine Studie über die Frau als Mutter zu den gleichen Ergebnissen kämen wie eine Studie über die Frau im allgemeinen, denn die Freuden und Belastungen der Kindererziehung haben ja auf eine Frau ihre ganz spezifischen Wirkungen.

Keiner der angeführten Gründe erklärt jedoch voll und ganz, warum so viele Frauen das Gefühl haben, auf die Mutterschaft so unvorbereitet zu sein. Deshalb haben wir damit angefangen, Mütter zu fragen, wieso sie so häufig zu dem Schluß kommen, für die Mutterrolle nicht ›ausgebildet‹ zu sein. Einige meinten, der Grund sei, daß sie aus kleinen ›Kernfamilien‹ kämen, und deshalb nicht direkt mit den Details der Kinderpflege- und -erziehung vertraut wären, wie dies in größeren Familien der Fall ist. Viele wohnen nicht in kleinen, überschaubaren Gemeinden, sondern in der Stadt oder Vorstadt. Eine große Anzahl der Frauen, mit denen wir uns unterhielten, waren nicht nur fernab von ihren Verwandten aufgewachsen, sondern außerdem von ihren Eltern weggezogen, als sie ihre ersten Kinder bekamen. So hatten sie keinerlei Zugang zu dem Allgemeinwissen, aus dem sie sich hätten informieren können.

Es gab auch noch andere Erklärungen. Eine junge Frau sagte, ›sie habe einfach nicht die Ohren gehabt, zu hören‹, was man ihr über die Mutterschaft erzählte. Sie habe diese Informationen zurückgewiesen, weil sie einander so zu widersprechen schienen. Andere Frauen hatten das Gefühl, daß ihnen die Informationen über die Mutterschaft zum falschen Zeitpunkt zugekommen waren – in der falschen Phase ihrer eigenen Entwicklung. Die wenigsten waren alt genug, um viel darüber mitzukriegen, wie man ihre jüngeren Geschwister aufgezogen hatte; keiner war je volle Verantwortung für ein Baby übertragen worden. Selbst wenn sie schon alt genug waren, sich um ihre jüngeren Brüder und Schwestern zu kümmern, hatten sie kaum je den Wunsch gehabt, diese Kunst zu lernen. So kam es, daß die meisten Frauen ihr erstes Baby in der Klinik völlig unwissend in die Arme nahmen.

Eine Mutter sagte: »Meine Eltern und Freunde erträumten meine Verlobungszeit und meine Ehe für mich. Die Bücher, die ich las, führten mich ins Sexualleben ein. Aber niemand hat die Details des Mutterseins für mich vorausgeträumt. Also hatte ich keinerlei Vorbilder vor mir, mit denen ich übereinstimmen oder in Konflikt kommen konnte.«

Die Vorbilder, die jede von uns in sich errichtet, die Erkenntnisse aus den Erfahrungen als Mütter, variieren sehr; deshalb haben wir versucht, so viele Stimmen wie möglich zu Wort kommen zu lassen. Eines stellte sich jedoch heraus: daß jede Frau – wie immer sie auch ausgerichtet sein mochte – sich an irgendeinem Punkt während der Erziehung ihrer kleineren Kinder isoliert und unwissend vorkam und in Panik geriet. Aus solchen Niederlagen wächst dann natürlich die Überzeugung, unfähig oder ungenügend vorbereitet zu sein. Unsere persönliche Erfahrung, daß man diese Gefühle aber mit so vielen anderen Frauen teilt, hat uns dazu bewogen, dieses Buch zu schreiben. Es ist ein Destillat der Erfahrungen vieler Frauen. Daß diese Erfahrungen auch anderen Frauen zugute kommen, ist unser Wunsch.

II

Schwangerschaft und Geburt – ein Abenteuer?

Während der ersten Schwangerschaft weiß eine Frau, was sie empfinden sollte – Dankbarkeit und Freude auf der Schwelle zu einem großen, neuen Abenteuer. So weit, so gut. Sicher wird sie das auch empfinden – jedenfalls manchmal. Man wird sie beglückwünschen, ihren Zustand wunderbar finden und sich für sie freuen. Man hat sie häufig auf neun Monate reinster Freude und öffentlicher Anerkennung vorbereitet, aber dieses Märchen gehört in das gleiche Ablageregal wie ›und so lebten sie glücklich für und für‹. Halten wir uns lieber an die Tatsachen.

Frauen haben mitunter auch üble Erinnerungen an ihre Schwangerschaft – und das möchten wir verhindern helfen. Unsere Vision der Schwangerschaft ist meist von Verbrauchsgüterplakaten geprägt: Die fröhliche werdende Mutter strickt Babyschühchen und denkt an den besten Babypuder. Oder: ein tolles Wesen im spitzenbesetzten Flattergewand, das den leicht gerundeten Bauch schmeichelnd umfließt. Oder: die Schwangere, deren Haut und Haare vor Gesundheit strahlen (ohne Schwangerschaftsflecken natürlich), wie sie sich, vertrauensvoll in die Zukunft lächelnd, an ihren Ehemann lehnt, der gerade eine Zusatzversicherung abgeschlossen hat. Natürlich wäre zu wünschen, daß jede Frau während ihrer Schwangerschaft aufblüht, aber leider stimmt das nicht mit den Erfahrungen vieler Frauen überein, ja, nicht einmal für einzelne Frauen gilt es je voll und ganz. Wie eine Mutter dazu erklärte: »Auch die größte Freude über ein kommendes Kind wird nie ganz ungemischt bleiben.« Wie recht sie hat! Aber genau diese Doppelbödigkeit hat man bisher verkannt.

Jede werdende Mutter wird zumindest manchmal mit Sorge daran denken, welche Veränderungen das Baby für ihr Leben bringen wird; sie wird Angst um die Gesundheit des Ungeborenen haben; ihre unwiderrufliche Entscheidung für das Kind wird sie manchmal in Panik bringen. Die berufstätige Frau überlegt, wie es nachher mit ihrem Beruf aussehen wird; die Hausfrau sieht sich plötzlich mit Bergen von Arbeit in ihren vier Wänden eingeschlossen. Welche Reaktion bei der einzelnen auch auftreten mag, die Schwangere bekommt jedenfalls in der Öffentlichkeit ein neues Image und meist auch ein neues Bild von sich selbst.

Zunächst erfahren wir, wie interessant wir für fast jedermann von dem Augenblick an werden, da die Schwangerschaft sichtbar wird. Jeder Wildfremde fühlt sich veranlaßt, uns ungefragt zu gratulieren oder Ratschläge zu erteilen, daß schwere Einkaufswagen, Tennisspielen oder auch nur schlechtes Wetter nichts für uns seien. Viele leise Mahnungen hört man da, nicht so selbstsüchtig zu sein und immer zuerst an das Baby zu denken, als ob der Fötus besser gediehe, wenn wir uns neun Monate lang auf Plüschkissen räkeln würden (ganz im Gegenteil!). Oft lacht man einfach über solch ungebetene Kommentare, wie etwa das junge Paar, dem ein Betrunkener einzureden versuchte: »Tut's nicht, ihr werdet es euer Leben lang bereuen.« Nicht jede hat aber so viel Humor, derlei zu überhören, und eine Frau fand es überhaupt nicht komisch, als sie beruflich mit einem Mann für die folgende Woche einen Termin ausmachte und er sie erstaunt ansah und meinte: »Das geht doch nicht – da sind Sie doch längst in der Klinik und kriegen Ihr Baby.« Sie war gerade im vierten Monat.

Je weiter wir uns von dem anerkannten Modeideal entfernen – schmalhüftig, schlank, mit herrlicher Haut und bestimmt keinen Krampfadern –, um so peinlicher wird uns unser Aussehen. Das wäre natürlich nicht so, wenn die Leute sich nicht immer berufen fühlten, ihre Reaktionen lauthals zu verkünden. Wie etwa der Bekannte, der erschrocken die Hände hob und brüllte: »Sowas Dickes gibt's ja gar nicht!« Und ein Junggeselle fragte ungläubig: »Sie wollen erst im siebenten Monat sein?« Das Mädchen an der Supermarktkasse meinte mit bedeutsamem Blick: »Sie machen's wohl auf Zuwachs, was?« Ein Taxifahrer, dessen schwangere Kundin sich in den engen Fond quälte, sah sich zu der hilfreichen Bemerkung veranlaßt: »Sie brauchen sich für Ihren dicken Bauch doch nicht zu schämen.«

Viele unserer Interviewpartnerinnen empfanden ihr Aussehen zwar nicht als peinlich und hatten sich auch nicht durch die Kommentare Außenstehender irritieren lassen, aber wir entdeckten doch, daß zumindest jede einmal eine unwillkommene Bemerkung zu hören bekam. So berichtete eine Frau, wie ein völlig Fremder sie auf den Magen tippte und verkündete: »Das wird 'n Junge.« Sie nahm sich nicht die Zeit, herauszufinden, woher dieses geheimnisvolle Wissen stammte.

Solche Kommentare sind natürlich oft gut gemeint, es ist eine Art Teilhabenwollen am Vergnügen des Kinderkriegens. Aber die schwangere Frau ist ja zu allererst ein Individuum, und ihre Reaktion darauf, daß Fremde sie ansprechen und berühren, sowie ihre Einstellung zur veränderten Körperform teilt sie mit niemandem anderen. Eine von ihrem Mann als ›sehr in sich gekehrt‹ bezeichnete Frau regte sich schrecklich auf, als ihr bei einer Party ein Fremder auf den Bauch tippte und strahlend erklärte: »Ist doch herrlich, was?« – »Sie ist nicht der Typ einer Erdmutter«, sagte ihr Mann, »und diese Kommentare und Berührungen haben sie überhaupt nicht gefreut.«

Allerdings sind auch nicht alle Bemerkungen von vornherein dazu bestimmt, Freude zu bereiten, wie etwa die des lüsternen Parkbank-Sitzers: »Na, was ist denn Ihnen passiert?«, als eine werdende Mutter an ihm vorbeiging.

Zwar sprechen viele Leute von der Schönheit werdender Mütter, zeigen aber durch ihr Verhalten, daß ihnen der Zustand peinlich oder gar beschämend erscheint. Zu dieser Haltung kommt dann noch die unausgesprochene Vorstellung, daß die ideale Schwangerschaft wenig oder erst sehr spät sichtbar wird. Wir brüsten uns, wenn wir vor dem siebenten Monat noch keine Umstandskleider brauchen, und unsere Umgebung bewundert uns. Und so kommt es, daß eine Frau, die zu Recht oder zu Unrecht glaubt, überdimensional zu sein, oft besonders sensibel auf derartige Kommentare reagiert, obwohl ihr Umfang ja nun wirklich nicht von ihr abhängt. Eine solche Frau behauptete, die Leute auf der Straße hätten hörbar den Atem angehalten oder sie angestarrt und ausgelacht. »Ich erinnere mich noch, wie ich einmal heulend heimkam und meinem Mann erklärte, ich würde die Wohnung vor der Geburt des Kindes nicht mehr verlassen. Ich war mit meiner Schwester über die Straße gegangen, die mir sehr ähnlich ist, aber nicht schwanger war, und buchstäblich jeder Zweite blieb stehen und lachte über diese ›Vorher – Nachher-Szene‹.«

Daß wir uns gegen solche Kommentare wehren, hängt aber nicht nur mit unserer Sensibilität gegenüber unserer äußeren Erscheinung zusammen, sondern mit dem Gefühl, plötzlich Gegenstand öffentlichen Interesses geworden zu sein. Die Leute reagieren auf uns wegen unseres ›Zustands‹; sie sprechen uns auf ›die anderen Umstände‹ hin an, und wir sind nicht mehr wir selbst, sondern ein allgemein bekannter Archetypus – *die werdende Mutter*. Gerechterweise muß allerdings auch festgestellt werden, daß viele werdende Mütter von zahllosen Freundlichkeiten und Höflichkeiten völlig fremder Menschen berichteten. Trotzdem ist es doch wohl ein wenig viel verlangt, für Höflichkeit damit zu bezahlen, daß man von einer *Person* zu einem *Zustand* wird. Eine Mutter, die mit dieser Erkenntnis kämpfte, gab zu: »So sehr ich mir auch meine Schwangerschaft gewünscht hatte, wollte ich doch nicht, daß man sie mir gegenüber erwähnte. Zu meiner Vorstellung von mir selbst gehörte nämlich keineswegs der Zustand der schwangeren Frau; ich wollte, daß die Leute mich weiterhin als mich selbst sahen.« Wenn wir schwanger werden, verlieren wir unsere Individualität und unser Privatleben in ähnlicher Weise, wie dies berühmten Leuten passiert.

Viele schwangere Frauen fühlen sich verletzt, sie haben das Empfinden, daß die Leute in ihre Intimsphäre eindringen oder daß ihre Identität ihnen selbst plötzlich fremd wird. Eine erklärte, daß sie sich als Verlobte ähnlich vorgekommen war: »Ich gehörte jetzt dieser anonymen Gruppe an – erst den Verlobten, dann den werdenden Müttern – und es machte mich beide Male schrecklich zornig.« Solche Reaktionen sind wohl typisch für differenzierte Persönlichkeiten, die sich plötzlich als Serienwesen sehen. Der Frau werden ihre höchst eigenen Reaktionen und Einstellungen nicht mehr zugestanden; sie wird in einer einspurigen, vorbestimmten Art eingeschätzt. »Man wird zur Schwangeren, die dann zur *Mutter* wird, und gehört damit in eine bestimmte Kategorie«, sagte eine berufstätige Frau. Der Druck dieser öffentlichen Reduzierung einer Person zum Gruppenwesen kann unser Selbstgefühl sehr erschüttern; ein Teil des Zorns mancher Mütter resultiert wohl aus diesen neuen Anstrengungen, sich selbst zu definieren.

Dieser Identitätsverlust, der so viele werdende Mütter stört, scheint zum Teil durch die allgemeine Anschauung verursacht zu werden, daß erst die Schwangerschaft der amorphen Natur der Frau die gewünschte Identität verleiht. In anderen Worten ausgedrückt, wir haben es wieder einmal mit der Vorstellung zu tun, daß eine Frau erst dann echt weiblich, reif oder erfüllt wird, wenn sie Mutter ist. Eine Frau, die bereits ein starkes Selbstgefühl besitzt, fühlt sich dadurch unter Umständen bedroht; sie empfindet Feindseligkeit gegen eine Gesellschaft, die bereit zu sein scheint, dieses Selbst wegzustreichen, als sei es ohne jede Bedeutung, und sie nur noch im Rahmen ihrer Mutterrolle betrachtet. So wird sie, wie man ihr höchst feinsinnig zu verstehen gibt, erst *jemand*, wenn sie Mutter wird, da dies die einzige wichtige Rolle ist, die das Leben ihr zu bieten hat. Für eine Frau, die weiß, daß sie bereits *jemand* ist, ob schwanger oder nicht, kommt dies einer Verleugnung ihres Wesens gleich, einer Ablehnung ihres Selbst. Für viele Frauen wird daher die Schwangerschaft zu einer Testzeit für das Ich, für eine neuerliche Überprüfung: »Wer bin ich eigentlich?«

Es mag wahr sein, daß Frauen sich eher mit der Schwangeren identifizieren und ihr gegenüber freundlicher und liebenswürdiger sind. Ebenso dürfte es aber auch stimmen und wurde von vielen interviewten Frauen behauptet, daß dieser scheinbaren Wärme oft eine latente Feindlichkeit zugrunde liegt. »Du bist also auch nicht entkommen; du wirst diesen Prüfungen nicht entgehen«, wie es eine Schwangere interpretierte. »Ich hatte das Gefühl, daß die anderen Frauen an mir herumknabberten, um mich allen anderen gleich zu machen, und die fast überall zu hörende Freude über meine Schwangerschaft kam mir vor wie ›Na, endlich ist sie auch dran, jetzt ist sie auch eine von der Herde wie wir alle.‹ Das traurigste Ergebnis dieser Unstimmigkeiten ist wohl, daß Frauen dadurch auseinandergetrieben werden, anstatt Erfahrungen austauschen zu können.

Berufstätige Frauen, die schwanger werden, spüren dies besonders, denn sie müssen ja mit vielen Zweifeln und Widersprüchen fertig werden, die sich der nicht berufstätigen Frau wahrscheinlich gar nicht stellen. Erstens die Sorge, daß Beruf und Mutterschaft sich nicht miteinander vertragen werden, was für viele sogar stimmen mag. Zweitens hat die berufstätige Frau oft ein Schuldgefühl, weil sie der verlockenden Mutterrolle so lange ausgewichen war. Jetzt, wo sie auf dem Weg ist, die Rolle anzunehmen, wird sie unsicher. Eine Frau, die sich schon mit ihrer ›Unfruchtbarkeit‹ abgefunden hatte, gab darüber ausführlich Aufschluß. Als sie meinte, nicht empfangen zu können, war sie sich unvollkommen vorgekommen, unvollkommen als Frau. Und gleichzeitig fühlte sie sich erleichtert, denn sie liebte ihre Arbeit als Biochemikerin und glaubte, damit eine ›Entschuldigung‹ dafür zu besitzen, daß sie ihrer Karriere voll und ganz und ohne Schuldgefühl nachging. Als sie einige Jahre später zu ihrer größten Überraschung schwanger wurde und alle Freunde ihr gratulierten, bekam sie auch zu hören, daß ihr Leben sich jetzt wohl grundlegend verändern werde. Dies schockierte sie so sehr, daß sie nochmals alle ihre Anschauungen über Karriere und persönliches Leben revidierte. »Im Grunde war ich wohl doch all die Jahre noch schuldbewußt, weil mir alle Vorteile der Karriere und Ausbildung zur Verfügung standen und meinen verheirateten Freundinnen nicht. Darum gönne ich ihnen jetzt auch die Genugtuung darüber, daß ich einiges, was mir wichtig war, aufgeben muß.« Sie war sich der unterschwelligen Feindseligkeit ganz und gar bewußt, akzeptierte sie aber und empfand sogar Freude bei dem Gedanken, daß sie auch ›wie alle anderen‹ war. Wie alle anderen wußte sie aber auch, daß sich in dieser Behauptung Abwehr und Erleichterung mischten.

Wir glauben, daß sich die einzelne Frau in einer Gesellschaft, die die Mutterrolle weniger stark eingrenzt und höher einschätzt, glücklicher in die ›Herde‹ einfügen wird. Außerdem würde viel von dem offen ausgedrückten oder insgeheim empfundenen Groll verschwinden, wenn Muttersein nicht gleichgesetzt würde mit der Gesamtpersönlichkeit einer Frau. Bis zu diesem fernen Tag können wir der schwangeren Frau nur sagen, daß sie vermutlich mit all den Konflikten fertigwerden muß, die bisher beschrieben wurden. Erkennt sie sie rechtzeitig, so werden ihre Beziehungen zu Freunden mit Familie wohl angenehmer, werden vielleicht zum reinen Vergnügen; gegen unerwünschte Kommentare und Ratschläge Fremder kann sie natürlich nicht viel tun.

Viele berufstätige Frauen fühlten sich während der Schwangerschaft bei der Arbeit mehr als Mensch denn als Frau akzeptiert, konnten sich aber über die Gründe nicht einigen. Einige hatten sich vorher gegen die üblichen Definitionen des Männlichen und Weiblichen aufgelehnt, durch die Schwangerschaft war der Kampf für sie beendet.

Veränderungen in Gesetzen und Gewohnheitsrechten erleichtern zwar die öffentliche und berufliche Situation der schwangeren Frau, aber sie berühren ihre eigene Haltung gegenüber der kommenden Mutterschaft nicht. Als wir die Frauen darüber befragten, gab es wieder sehr verschiedenartige Antworten, die die jeweilige Persönlichkeit widerspiegelten. Es überraschte uns nicht, daß die Schwangerschaft allgemein als schwerer angesehen wurde, wenn sie nicht erwünscht war, sonst gab es aber wenige Übereinstimmungen. Manche Frauen lasen eifrig über die Entwicklung des Fötus; sie betrachteten ihre sich wandelnde Silhouette, beobachteten ihre verschiedenen körperlichen Reaktionen; die Bewegungen des Fötus wurden mit Ehrfurcht und Faszination festgestellt. Eine Frau bewunderte die Bilddokumentation des schwedischen Fotografen Lennart Nilsson »Ein Kind entsteht«. Eine andere Frau fand die gleichen Bilder über die Entwicklung des menschlichen Lebens im Mutterleib – sie erschienen 1965 im *Life* – abstoßend. Außer mit Frauen, die ihr dick gewordener Körper irritierte, sprachen wir auch mit vielen, die jedes sichtbare Anzeichen neuen Lebens in sich glorifizierten. Einige beobachteten an sich selbst angenehme Wesensveränderungen. So erzählte eine: »Ich wurde weniger egoistisch, interessierte mich mehr für Kinder und Eltern und deren Beziehungen zueinander. Auch wurde ich geduldiger und toleranter, vor allem bei Kindern, die mir vorher wirklich nur lästig gewesen waren.«

Und doch ärgern sich viele Frauen über die Realität – oft wohl wegen der sentimentalisierten Anschauungen über Schwangerschaft und des Mangels an genauen Informationen. Selten genug werden Andeutungen über Unbequemlichkeiten oder Erschöpfung gemacht oder darüber, daß die täglichen Routineaufgaben immer schwieriger werden, da schwangere Frauen leichter ermüden und sich langsamer bewegen, geschweige denn über so irdische Dinge wie die Tatsache, daß sie ihre Zehennägel nicht mehr schneiden können, weil sie sie nicht mehr erreichen. Eine Frau, die in der Realität und nicht in der Phantasie gelebt hatte, erklärte: »Die Schwangerschaft gehörte zu meinen schlimmsten Zeiten. Ich fühlte mich so unentschlossen, kein einziger kreativer Gedanke kam mir, meine Arbeitsleistung verringerte sich immer mehr. Ich fühlte mich wie in der Vorhölle und immer spürte ich dieses Ding in mir, das nicht mehr wegging.« – »Schwangerschaft erstickt einen, sie ist eine fürchterliche Last«, erklärte eine andere. »Wenn ich eine schwangere Frau sehe, tut sie mir immer leid.« Eine meinte, sie habe sich »unschön, übergewichtig und insgesamt unattraktiv« gefühlt und erst ein Jahr später wieder davon erholt.

Wir stimmten jedoch alle überein, daß die Lage sich langsam verändert. Viele Frauen wollen mehr wissen und wehren sich gegen den Mythos der Schwangerschaft. Eine fand die Veränderungen in einem Gemälde dargestellt: »Ich sah ein sehr gutes Bild einer nackten schwangeren Frau; es war eine Sommerszenerie und sie schien sich gar nicht wohl zu fühlen. Bisher sind Schwangere immer so romantisch gemalt worden. Davon war nichts in diesem Bild, sie war nur eine schwere, ungeschickte Frau an einem heißen Tag, sie hielt die Arme vom Körper weg, der Bauch hing nach unten, und sie konnte die Beine nicht übereinanderschlagen.«

Viele dieser Frauen hatten mit den sogenannten ›kleineren Unbequemlichkeiten der Schwangerschaft‹ zu kämpfen. Die sentimentale Darstellung der Schwangerschaft versucht die unangenehmen körperlichen Tatsachen beiseite zu schieben. Wir sehen aber keinen Vorteil darin, den Frauen zu verschweigen, was mit ihrem Körper geschehen kann. Sicher, viele Frauen sind während der Schwangerschaft so mit sich selbst beschäftigt, daß ihnen schon schlecht wird, wenn sie nur über die mögliche morgendliche Übelkeit lesen. Aber die Möglichkeit psychosomatischer Symptome wiegt leicht gegen den Wert, den richtige Vorinformation hat. Außerdem zeigen nur wenige Symptome wirkliche Gefahr an, wie etwa Vaginalblutungen, Doppeltsehen, Schwindelgefühl, schwere Kopfschmerzen oder häufiges Erbrechen. Fast alle anderen Nebenwirkungen der Schwangerschaft sind wirklich nur kleine Unannehmlichkeiten, zumindest was ihre Bedeutung für die Gesundheit von Mutter und Kind betrifft. Damit ist aber nichts über die psychischen Auswirkungen etwa fünfmonatiger, ständiger Verdauungsschwierigkeiten gesagt, fast ebenso lang anhaltender Schlafstörungen oder schmerzhafter Hämorrhoiden, die oft während der Schwangerschaft oder nach der Entbindung auftreten. Und weil eben die psychische Haltung von größter Wichtigkeit ist, sollte die Aufklärung erweitert werden.

Der Befürchtung, daß wir Unannehmlichkeiten erst schaffen, indem wir sie erwarten, steht die Tatsache entgegen, daß wir uns von voraussehbaren Ereignissen, *wenn* sie eintreten, weder bedroht fühlen noch davon schokkiert sind. Wir können uns vergegenwärtigen, daß chemische Veränderungen und psychische Belastungen uns manchmal so überempfindlich gegenüber unserem Aussehen, den Bemerkungen anderer Leute und gegenüber unseren eigenen Gefühlen machen. Wir können uns durch eigene Willenskraft dazu bringen, diese Symptome in die Kategorie kleinerer Unannehmlichkeiten einzuordnen, uns ablenken, indem wir sie größtenteils ignorieren oder ihnen in irgendeiner Form entgegenwirken. So werden wir imstande sein, die ganz besondere Beziehung zu dem werdenden Leben als Freude zu erleben.

Aus unseren Interviews ergab sich, daß die morgendlichen Übelkeiten das am weitesten verbreitete Schwangerschaftssymptom sind. Viele Frauen nahmen aber irrtümlich an, daß dagegen nichts zu machen sei. Etwa 80% aller schwangeren Frauen (nach anderen Statistiken 50%) haben zu Anfang der Schwangerschaft morgens mit Übelkeit zu kämpfen, meist allerdings nur in sehr milder Form. Ein Stück Brot oder Keks und ein paar Schluck Milch gleich nach dem Aufwachen genommen, danach noch fünfzehn Minuten Ruhe, besänftigt meist den aufgeregten Magen. Empfehlenswert sind auch mehrere kleinere Mahlzeiten statt der üblichen drei großen, zumal die morgendliche Übelkeit sich während des Tages wiederholen kann. Wenn dieses Stadium vorbei ist, haben viele Frauen an schlechter Verdauung und Sodbrennen zu leiden. Manchen hilft dagegen magere, schwach gewürzte Kost. Rückenschmerzen sind auch ein häufiger Zustand, sie können durch genügend Ruhe und entsprechende Übungen gemildert werden.

Jede Mutter, mit der wir sprachen, hatte irgendeine Unannehmlichkeit, an der sie besonders litt. So zum Beispiel geschwollene Knöchel und Füße. »Ich fühlte mich so alt und verbraucht. Ich brauchte größere Schuhe und es tat mir um das Geld dafür leid.« Für andere waren ein aufgedunsenes Gesicht und Pickel die unangenehmsten Begleiterscheinungen, und wieder andere empfanden die unentrinnbare Sommerhitze entsetzlich, die durch die etwas erhöhte Körpertemperatur während der Schwangerschaft noch drückender war. Wir wissen, daß rasch wechselnde Launen, erhöhte Reizbarkeit und Sensibilität meist mit der Schwangerschaft einhergehen. Unter diesen Umständen können so kleine Unannehmlichkeiten wie die eben beschriebenen und alle übrigen – Schlafschwierigkeiten, mehrmaliges Urinieren während der Nacht, geringere Blasenkontrolle und tropfende Brüste, das Herumwälzen und Boxen des Babys in den letzten Monaten – subjektiv schlimmer erscheinen, als sie in Wirklichkeit sind.

Aus unseren Interviews haben wir verschiedene Hilfsmittel gegen die eine oder andere Unannehmlichkeit erfahren. Die so schmerzhaften Beinkrämpfe kann man oft sofort beenden, indem man rasch die Zehen kräftig in Richtung der Knie streckt. Neigung zu Krampfadern kann verringert oder verhindert werden, indem man Stützstrümpfe trägt (sie müssen vor dem Aufstehen angezogen werden). Was Verstopfung und Hämorrhoiden betrifft, so mußten selbst diejenigen, die ihr Leben lang in sogenannten ›freien‹ Kreisen gelebt hatten, feststellen, daß niemand je darüber sprach, warum Mutter und Schwestern Hämorrhoidenoperationen brauchten –

nach mehreren Geburten. Einige meinten sogar, die Entbindung sei halb so schlimm gewesen wie die Hämorrhoiden nachher. Sollten sie also auftauchen, so lassen Sie sich etwas dagegen verschreiben. Viele Frauen bekommen sie aber gar nicht erst. Überhaupt sind Schwangerschaften so unterschiedlich, daß zum Beispiel die Haut der einen Frau sich verschönert, einen gesunden Glanz annimmt und keinerlei Pickel auftreten, während die andere Überfettung feststellt und eine Menge Flecken und Pickel bekommt. Manche Frauen warten vergeblich auf die braune Linie vom Nabel abwärts, von der sie gelesen haben. Es ist durchaus möglich, eine Schwangerschaft ohne alle diese Symptome zu erleben, mit einigen davon oder auch mit allen, und es können unter Umständen auch noch andere auftreten, da jeder Mensch anders reagiert.

Die eben beschriebenen körperlichen Auswirkungen sind meßbar und/oder sichtbar. Unangenehmer sind die weniger greifbaren Symptome – vor allem die allgemeine Müdigkeit. »Noch nie habe ich mich so müde gefühlt.« – »Nach dem Mittagessen schlief ich ein, und nur mein schlechtes Gewissen brachte mich um drei wieder hoch.« – »Ich war so müde und fühlte mich so übergewichtig, als hätte jemand Wasser in mich hineingeschüttet.« Diese drei Aussagen stehen für die Mehrheit der interviewten Frauen, die an Erschöpfung litten oder zumindest an einem Gefühl allgemeiner körperlicher und geistiger Erschlaffung. Fast jede, die davon sprach, erwähnte, daß sie sich langsamer bewegen mußte, mehr Zeit zu ganz gewöhnlichen Tätigkeiten brauchte – vom Bettenmachen bis zum Briefeschreiben – und sehr wenig körperliche Reserven hatte. In den letzten Wochen vor der Entbindung wandelt sich dies jedoch oft grundlegend – es kommt zu einem Energieausbruch, der sich meistens auf die Vorbereitungen für die Ankunft des Kindes richtet. Ob dies eine Art Nestbauinstinkt ist oder eine emotional-intellektuelle Panik, wissen wir nicht. Jedenfalls, sogar Frauen, die sich während der ganzen Schwangerschaft nicht weiter mit ihrem Zustand beschäftigten (»Ich habe es immer ignoriert, und schließlich ging ja auch alles vorbei«, erklärte eine Mutter von mehreren Kindern), kümmern sich plötzlich um Wiege und Wagen, um Windeln, Babyöl und was immer sie sonst für nötig halten. Dieser neue Tätigkeitsdrang fällt oft mit einer Verringerung der Ängste zusammen, die eine Frau vielleicht bezüglich der Entbindung und der Wehen hatte. Gegen Ende der Schwangerschaft will jede die Wehen bekommen und wäre sogar bereit, wie eine es ausdrückte, »das Kind mitten auf dem Hauptbahnhof zu kriegen, wenn es nur überhaupt herauskommt.«

Viele Frauen leiden nicht nur an körperlicher Schlaffheit, sondern empfinden sich auch geistig weniger agil. Manchen war dies unangenehmer und bedrohlicher als körperliche Schwächen. Eine Malerin berichtete: »Ich glaube, während meiner ganzen Schwangerschaft ist mir kein einziger neuer Gedanke gekommen.« Diese Empfindung teilte sie mit vielen anderen Frauen, die sich apathisch oder wie unter Drogen fühlten. Wenige konnten sagen, daß das werdende Leben in ihnen zu einem Ausbruch schöpferischer Kraft führte, ganz im Gegenteil! Der Körper neigt mit seinen wechselnden und drängenden Erfordernissen dazu, alle anderen Bedürfnisse zu erstikken, und die Frauen reagieren darauf in verschiedener Weise – manche genießen diese erwartungsvolle Zeit und verfolgen die Veränderungen aufgeregt und interessiert; andere haben das Gefühl, in einen geistlosen, fast untermenschlichen Zustand zu sinken, und reagieren abwehrend oder ängstlich darauf. Dieses Nachlassen der geistigen Energie ist jedoch ein vorübergehender Zustand wie die meisten anderen, die wir beschrieben haben, und verschwindet allmählich nach der Geburt des Kindes.

Viele Frauen waren auch sexuell unglücklich. Einige berichteten, daß ihre Ehemänner schon zu Anfang der Schwangerschaft alles sexuelle Interesse verloren. Eine erklärte, daß ihr Mann im vierten Monat anfing, sich gegen den Verkehr zu wehren. »Irgendwie habe ich das Gefühl, daß er meint, in gewissem Sinn mit seiner eigenen Mutter zu verkehren.« Als sie später mit ihm darüber sprechen konnte, sagte er, daß ihn Bilder des Kindes verfolgt hätten, nicht seiner Mutter. Uns berichtete er, daß er bei einer schwangeren Frau einfach nicht wolle. »Für mich sind sie dann außer Gefecht. Sie ziehen mich sexuell überhaupt nicht mehr an.« Dieses Paar suchte weder Rat noch Therapie und hielt einfach die fünf Monate sexueller Abstinenz durch. Ihre Beziehung überstand dies, vor allem da sie über ihre Gefühle sprechen konnten – auch wenn sie nicht so dagegen ankonnten, wie sie gern gewollt hätten. Natürlich fühlte sich der Ehemann schuldbewußt, aber auch gleichzeitig hilflos. Die Frau war wie fast alle Schwangeren von Zeit zu Zeit deprimiert, da ihr die sexuelle Entspannung fehlte und sie eine, wenn auch vorübergehende Ich-Veränderung befürchtete.

Solch ein Gefühl des Identitätsverlustes kann tatsächlich durch die veränderte Sexualrolle entstehen. »Man ist nicht mehr dieselbe Frau und Geliebte für seinen Mann, und sexuell auch für andere Männer im Augenblick nicht interessant«, erklärte eine Mutter von zwei Kindern. Wir entdeckten, daß viele Männer diese Anschauung teilen. Einen fragten wir nach seiner persönlichen Meinung über schwangere Frauen: »Na ja, Mythos kontra Realität – schön in der Propaganda, häßlich in der Wirklichkeit.« Andere Männer wieder hatten genau die gegenteilige Reaktion, sie behaupteten, die Schwangerschaft mache ihre Frauen für sie noch attraktiver. »Sie strahlt geradezu, wenn sie schwanger ist«, sagte so ein Ehemann. »Ihre Augen leuchten wie sonst nicht immer. Sie wirkt zarter und liebenswerter, ist überhaupt so, wie man sie sich immer wünschen würde. Für uns beide war es ein großes Erlebnis. Wir wollten Sex, und Sex und Liebe waren deutlicher miteinander verbunden als sonst. Und wenn sie dann sagte: ›Leg deine Hand auf meinen Bauch.‹ Mein Gott! Die Bewegungen da drinnen!

Ein Ehemann meinte, die Schwangerschaft seiner Frau habe ihm geholfen, sie körperlich besser kennenzulernen und einzuschätzen: »Die meisten Männer wissen wenig über die Anatomie der Frauen, und für mich wurde Susannes Körper als der einer Frau während der Schwangerschaft viel realer. Ich wurde sensibler ihr gegenüber. Mein Interesse wuchs – nicht nur klinisch –, und ihr Körper wurde auf eine neue Art beglückender für mich.«

Wir konnten keinen gesetzmäßigen Zusammenhang zwischen den Erfahrungen der Frau in der Schwangerschaft und den Reaktionen des Mannes feststellen; die ›strahlende‹ Frau darf also nicht unbedingt auf große Reaktionen beim Mann hoffen. Und die positiven und negativen Reaktionen des Mannes gegenüber der schwangeren Frau variieren ebenso stark wie die der Frau selbst, da sie ja aus dem Komplex der individuellen Wesensart kommen. Es schien keine Möglichkeit zu geben, im Vorhinein die Männer zu bestimmen, denen die schwangere Frau sehr attraktiv vorkam oder die den Verkehr mit ihr schwierig fanden. Es herrschte aber Übereinstimmung, daß häufigere Diskussionen und bessere Information über die Schwangerschaft die sexuellen Schwierigkeiten vieler Paare erleichtern könnten. Aber so sehr bessere Aufklärung auch hilft, kann doch die umfassendste klinische Information nicht alle emotionalen Bereiche berühren, denn die Schwangere umgibt nun einmal etwas ›Ehrfurchteinflößendes‹, ein primitives Signal vielleicht, das noch auf die Anfänge menschlichen Lebens zurückgeht.

Hier kommen wir auf eine andere Mythologie als den sogenannten Mythos der Schwangerschaft, der unseren Kulturkreis so belastet. Diesen Mythos hoffen wir vertreiben zu können, aber die Mythologie geht tiefer, sie wird selbst von den realistischen Anschauungen über Schwangerschaft nie ganz überdeckt werden können (und sollte es wohl auch nicht). Ein Teil dieses tief vergrabenen Wissens steigt in manchen Männern und Frauen hoch und verwirrt ihr Sexualleben. Jedenfalls sollten alle Paare wissen, daß sie bei ihren eigenen sexuellen Wünschen nicht um die Gesundheit des Ungeborenen fürchten müssen, da normalerweise der Verkehr dem Kind nicht schadet und auch keine Wehen verursacht. Die Regel, die ein Paar für sich aufstellte, scheint uns beherzigenswert: »Wir tun es, solange wir nicht dabei lachen müssen.« (Während der letzten vier bis sechs Wochen ist Abstinenz vielleicht ratsam, u.a. auch wegen der Infektionsgefahr bei dem sich lokkernden Muttermund. Bei gefährdeten Schwangerschaften sollte natürlich unbedingt der Rat des betreuenden Arztes befolgt werden.) Und schließlich sollte man wissen, daß bei vielen Paaren in der Schwangerschaft der Sexualtrieb eher stärker als schwächer wird (ironischerweise zum Teil wohl deswegen, weil keine Angst vor Schwangerschaft besteht). Außerdem ist die Frau oft von Selbstvertrauen und Glück erfüllt, – und deshalb sind für manche Männer Schwangere eben besonders anziehend.

»Wollen Sie einen Jungen oder ein Mädchen?« Diese Frage wird wohl fast jeder Frau gestellt, vor allem bei der ersten Schwangerschaft. Oberflächlich betrachtet ist diese Fragerei langweilig, aber es liegt ihr eine merkwürdige soziale Bedeutung zugrunde. Viele Frauen haben eine bestimmte Vorliebe – für einen Jungen. Und da wir vielleicht wirklich bald selbst die Wahl treffen können, sollten wir den dahinterliegenden Motiven nachgehen. Wie werden in der Zukunft die Verhältniszahlen zwischen weiblicher und männlicher Bevölkerung aussehen, wenn die Ehepaare selbst das Geschlecht der Kinder wählen können? Die meisten Familien mit zwei Kindern hätten zuerst gern einen Jungen, dann ein Mädchen gehabt. Aber wie steht es bei den Einkind- oder Mehrkinderfamilien? Die meisten Frauen, die wir interviewten, hätten bei der Möglichkeit einer Wahl jedenfalls lieber Jungen als Mädchen gehabt.

Wir wissen aus der Geschichte, daß männlicher Nachwuchs von fast allen Völkern immer bevorzugt wurde, manchmal in geradezu mörderischem Ausmaß. Aus vielen Kulturen sind ›Altehemänner-Geschichten‹ auf uns gekommen, wie man die Geburt eines Sohnes erzwingen kann. Ein Autor, der diese Berichte studiert hat, erklärt dazu: »Zwar gehen diese ›Systeme‹ größtenteils von den Männern aus, die ihre Männlichkeit beweisen und ihren Namen durch Zeugung männlicher Nachkommen gesichert sehen wollen, aber Versuchskaninchen waren zumeist die Frauen.« Ob wir also über das Mittelalter lesen, wo Frauen mit Löwenblut vermischten Wein tranken und unter dem Vollmond kopulierten, während ein Abt dazu betete, oder von jungverheirateten Frauen in der Tschechoslowakei, die einen kleinen Jungen auf ihre Hände treten lassen, oder gar von Frauen, die für das Gebären von Mädchen ›beiseitegestellt‹ wurden, wir sehen jedenfalls, daß der überwiegende Wunsch nach männlichen Nachkommen seit jeher vorhanden ist. Wie stark den Jungen heute noch der Vorzug gegeben wird, läßt sich im Augenblick nicht sagen. Es ist deprimierend genug von Ehepaaren in unserer Zeit zu lesen, deren Ehen in Gefahr geraten, weil der Mann der Frau die Schuld gibt, dauernd nur Töchter und keine Söhne zur Welt zu bringen. Diese Unwissenheit über die Fortpflanzungsgesetze und der geradezu krankhafte Wunsch nach männlichen Erben sind ärgerlich. Daß Ehepaare normalerweise Kinder beiderlei Geschlechts haben wollen, verstehen wir durchaus; warum immer noch so viele Frauen hoffen, einen Jungen zu bekommen, irritiert dagegen.

Drei der befragten Frauen, die so einseitige Wünsche hatten, wußten, daß dies am Konflikt mit ihren eigenen Müttern lag. Eine, die schon einen Jungen hatte, empfand ihre Beziehung zum zweiten Kind, einem Mädchen, so enervierend, daß sie eine Therapie brauchte. Während der psychiatrischen Sitzungen erkannte sie, daß sie sich mit dem Mädchen identifizierte und die Rolle der bösen Mutter spielte, unter der sie selbst als Kind gelitten hatte – wodurch sie die Schwierigkeiten und Probleme noch einmal durchspielen konnte, die sie bei ihrer eigenen Mutter gehabt hatte. Die Hilflosigkeit und Abhängigkeit des Kindes ärgerten sie, so wie seinerzeit ihre eigene Hilflosigkeit und Abhängigkeit sie unterbewußt geärgert hatten. Eine andere Frau sagte: »Ich wollte kein Mädchen; ich weiß nicht, was ich gemacht hätte, wenn es ein Mädchen geworden wäre. . . Immer mußte ich daran denken, wie meine Mutter mir drohte: ›Hoffentlich ist dein erstes Kind ein Mädchen, dann siehst du wenigstens, wie das ist.‹« Eine dritte Frau berichtete, daß ihre Mutter ziemlich das gleiche zu ihr gesagt habe, sie sich aber ein Mädchen wünschte, als sie ihre Schwangerschaft merkte. »Vielleicht war ihre Reaktion gesünder«, meinte die erste Mutter darauf. »Vielleicht wollte sie aber auch nur beweisen, daß die Mutter nicht recht hatte«, sagte eine andere. Jedenfalls erkannten diese Frauen alle, daß ihre Haltung größtenteils durch eine übergroße Muttergestalt hervorgerufen wurde.

Wir entdeckten dann noch einige weitere Gründe, bei denen zum Teil auch die Sexualität mit hineinspielte. »Mit einem Jungen kann man so schön rumraufen«, sagte eine Mutter, andere gaben zu, sich Gedanken darüber zu machen, daß die Körper ihrer Söhne für sie anziehend waren: »Der gute alte Ödipuskomplex.« Eine Mutter, die den Körper ihres Sohnes ohne Gewissensbisse bewunderte, merkte zu ihrem Schrecken, daß auch der Körper ihrer Tochter ihr angenehm war. Für andere waren Söhne deshalb akzeptabler, weil sie dem Mann in einer zarteren – oder vielleicht abhängigeren und verletzbareren – Art ähnelten. In dieser einen Beziehung – zwischen Mutter und kleinem Sohn – beherrscht ja die Frau eindeutig das männliche Wesen, und so kommt es wohl, daß manche Frauen sich so sehr einen Sohn wünschen, um wenigstens zeitweilig die sexuelle Ungleichheit unseres Kulturkreises auszugleichen.

Und warum auch nicht? Gesellschaftlich-kultureller Druck ist natürlich ein wichtiger Grund, zu hoffen, daß das erste Kind ein Sohn wird. Da gewöhnlich den Männern der Vorzug gegeben wird, indem man ihnen mehr Karrieremöglichkeiten und die verschiedensten Lebensweisen erlaubt, ihnen mehr Macht und Autorität zubilligt, höheres Einkommen und besseren Status, mag so manche Mutter wohl einen Jungen vorziehen und wäre geradezu dumm, es nicht zu tun. Vielleicht fühlen die Frauen auch, daß es für sie unter Umständen einfacher ist, einen Jungen seine Unabhängigkeit gewinnen zu lassen als ein Mädchen. So manche Mutter, mit der wir uns unterhielten, meinte, bei einem Mädchen würde sie noch viel mehr versuchen, sich durchzusetzen, sie entweder zum Duplikat ihrer selbst machen oder nach ihrem Idealbild formen wollen. In dieser Beziehung ist ein Junge weniger bedroht als ein Mädchen, das der Mutter ja oft als Ersatz ihrer selbst erscheint. Hinzu kommen noch andere uralte, altmodische Sozialkonzepte – etwa das ungeschriebene Gesetz, daß ein Mann zwar eine jüngere Frau zur Geliebten oder Ehefrau wählen darf, aber nicht umgekehrt. Oder die Ansicht, daß der Mann der Frau immer überlegen ist, *eo ipso,* überhaupt und außerdem, was sich ja darin ausdrücken kann, daß der ältere Bruder als Vorbild und Beschützer der schwächeren Schwester hingestellt wird.

Im Gegensatz dazu steht das Gefühl mancher Frauen, mit der Geburt eines Kindes nicht nur neues Leben hervorzubringen, sondern auch den Tod zu bejahen. Mit jedem Kind hat eine Frau ihre Art fortgesetzt, und manchmal kommt es ihr dumpf zu Bewußtsein, daß dieses neue Leben dazu dient, den Tod ihrer Eltern aufzuwiegen. Ist das Kind ein Mädchen, so ist die Kette einer Generation zur anderen geschlossen, die Folge von Werden und Vergehen besiegelt. Zu unserer Freude hofften Frauen, die bereits eine Tochter hatten, aus diesem Grund, daß auch das zweite Kind ein Mädchen sein würde. »Nur mit einem Mädchen geht die Sache weiter«, sagte eine Mutter.

Mehr als am Geschlecht ihres Kindes sind werdende Mütter jedoch an dessen Gesundheit interessiert. Die Hauptangst während der Schwangerschaft konzentriert sich auf mögliche Abnormitäten oder Defekte. Laut Statistik kommen diese verhältnismäßig selten vor. Viele Geburtsfehler sind so geringfügig, daß man sie leicht behandeln oder heilen kann. Auch in vielen schwereren Fällen kann man heute mit Medikamenten oder Chirurgie Einiges korrigieren. (Die in der Bundesrepublik Deutschland üblichen Vorsorgeuntersuchungen bei Mutter und Kind ermöglichen hier *rechtzeitige* Hilfe. Anm. d. Verlages) Außerdem können wir persönlich noch die Chance, ein gesundes Kind zur Welt zu bringen, dadurch erhöhen, daß wir während der Schwangerschaft Zigaretten und Alkohol aufgeben und auf alle Medikamente verzichten (außer in dringenden Fällen und nur auf ärztliche Verordnung), durch richtige Ernährung und viel Ruhe. Hat die werdende Mutter bereits ein Kind geboren und ist zwischen 23 und 29 Jahre alt, so stehen ihre Chancen am allerbesten. Aber selbst die ›Risikofälle‹ – etwa Frauen über 40, die zum ersten Mal schwanger sind – bekommen in den meisten Fällen völlig gesunde Babys. Unsere Ängste aber sind offenbar unvermeidlich, obwohl die meisten unbegründet sind.

Bei der ersten Schwangerschaft merken die Frauen oft gar nicht, wenn der Fötus sich zum ersten Mal leicht bewegt, oder sie wissen nicht, daß diese Bewegungen vom Fötus kommen. Sobald der Arzt die Herzschläge des Kindes gehört hat und meint, wir würden bald Bewegungen spüren, brauchen wir keine Angst zu haben, wenn wir zuerst nichts merken. Eine Mutter, die ganz allgemeine, aber sehr intensive Ängste durchmachte, erzählte: »Ich hatte so entsetzliche Alpträume, daß ich den Arzt rief. Und selbst nach der Geburt fürchtete ich immer noch, das Kind könne einen noch nicht entdeckten Defekt haben.« Jedes kleinste Symptom wurde bei ihr zu etwas Bedrohlichem. Bei der Entbindung hörte sie nicht einmal, wie der Arzt »ein Junge« sagte, weil sie dauernd fragte, ob das Kind auch gesund sei.

Unsere Gynäkologen können sehr wohl diese Ängste besänftigen helfen. Wenn sie wirklich weder Zeit noch Neigung haben, sich mit ›irrationalen‹ Sorgen zu befassen, sollten sie uns wenigstens auf entsprechende Literatur hinweisen. Ausreichende Information hilft viele Ängste vertreiben, und das schulden wir und die Ärzte uns eigentlich, denn es gibt gewisse Entscheidungen, die zukünftige Eltern treffen müssen, so zum Beispiel über die Art der Entbindung, aber auch über die Lebensweise während der Schwangerschaft – ohne Wissen können wir hier nichts entscheiden. Auch sollte *jede* Schwangere Übungen machen, um ihre Bauchmuskeln zu stärken, die Haltung zu verbessern und dadurch Kreuzschmerzen während und nach der Schwangerschaft zu vermeiden und die Entbindung zu erleichtern.

Was die Art der Entbindung betrifft, so muß der Arzt mit der Frau darüber sprechen, welche Entbindungsweise er für die beste hält. Aber egal, was er auch empfiehlt, er ist nicht der Hauptakteur bei der Geburt – das ist und bleibt immer noch der Körper der Schwangeren. Und in den meisten Fällen ist sie zumindest während eines großen Teiles der Geburt bei Bewußtsein. Auch hierbei erleichtern Atemübungen die Preßarbeit sehr – sofern der Wille der Gebärenden nicht durch Medikamente geschwächt wird. Ganz abgesehen davon sollte jede Frau unbedingt mit entscheiden können, welche Entbindungsart gewählt wird. Sicher bleibt dem Arzt die letzte Entscheidung für Notfälle oder unvorhergesehene Zustände, die Änderungen der Pläne erfordern. Aber die verschiedenen Vorteile und Anwendungsmöglichkeiten der Anästhesie sollten vor allen Dingen mit dem Gynäkologen besprochen werden. Sie sollten deutlich sagen, welche Art der Entbindung Sie vorziehen, und der Arzt sollte Ihnen erklären, welche er praktiziert, und welche Vorteile und Nachteile jede hat. Das Gebären ist eine zu persönliche und wichtige Angelegenheit für die Frau und ihren Ehemann, um dies völlig dem Arzt zu überlassen.

Unser Leben lang wurden wir vor ›Ammenmärchen‹ gewarnt. Gewarnt deshalb, weil Ratschläge, die nicht aus beruflicher Bildung kommen, sondern aus persönlichen Erfahrungen, als dunkle Blüten der Unwissenheit und des Aberglaubens angesehen werden. Zweifellos tragen solche Ratschläge manchmal zu unseren Ängsten und Unsicherheiten bei, aber alle Volksweisheit oder alle persönlichen Erfahrungen als Unsinn abzutun, ist wohl ein noch größerer Unsinn. Sicher werden fachmännische Beratung und Berufserfahrung meist mehr wert sein als persönliche, isolierte Erfahrungen, aber der Rat anderer Mütter hat trotzdem auch einen gewissen Sinn und Nutzen.

Was die ›Ammenmärchen‹ betrifft, so ist man gerade heute dabei, ihnen neu auf den Grund zu gehen – zum Beispiel Geschichten über ›Muttermale‹ über den Einfluß positiver oder negativer Erlebnisse auf das werdende Kind. Viele dieser Überlieferungen erwachsen aus bloßem Aberglauben, aber das Prinzip, auf dem sie basieren, wird heute mehr denn je anerkannt: nämlich, daß der Fötus direkt durch den psychischen und physischen Zustand der Mutter beeinflußt wird. Nach dem, was wir heute über vorgeburtliche Ernährung wissen, ist es geradezu erschreckend, wie sehr ein Baby davon abhängt, was seine Mutter ißt, ja, daß schlechter Gesundheitszustand oder sogar niedriger Intelligenzquotient das direkte Ergebnis der mütterlichen Schwangerschaftdiät sein können. Wir wissen auch, daß Schwangere ihre Drogenabhängigkeit dem Ungeborenen übertragen können und daß starkes Rauchen zu niedrigem Geburtsgewicht führt. Über die Auswirkungen des psychischen Zustands der Mutter auf den Fötus müssen wir noch mehr erfahren, aber fortschrittliche Ärzte werden wohl kaum einen *gewissen* Zusammenhang leugnen wollen. Sicher lassen sich nicht alle Ammenmärchen völlig nachweisen, aber ein bißchen Wahrheit kann doch darin sein. Wir sollten es lernen, auf vernünftige Weise die persönlichen Erfahrungen anderer Mütter genauso wie die scheinbar unglaubwürdigen Geschichten der Großmütter auszuwerten.

Am schwierigsten ist es, von anderen Müttern Details über die Entbindung zu erfragen. Anhänger der natürlichen Geburt verfechten den Wert ihrer Erfahrungen und deren universelle Anwendbarkeit geradezu fanatisch. »Ich erinnere mich an jede Sekunde der Entbindung, denn es war vermutlich das Aufregendste in meinem Leben«, erklärte eine Mutter, die nach dieser Methode gebar. Uninformierten mag diese Erklärung bizarr vorkommen, aber vielen, die das Gleiche erlebt haben, erscheint sie völlig zutreffend. Und warum auch nicht? Für viele sind Wehen gleichbedeutend mit schrecklichen Schmerzen, der Gedanke daran erweckt Furcht und Angst. Mit Staunen hören wir von Frauen anderer Länder oder Zeiten, die ihre Kinder auf dem Feld zur Welt bringen, sie einwickeln und dann zur Arbeit zurückkehren. Doch lassen sich bei entsprechender Vorbereitung sowohl die Angst vor den Wehen als auch die Schmerzen überwinden. Um diesen Status zu erreichen, brauchen wir jedoch eine gewisse Schulung, und aus diesem Grunde sollte man wohl statt ›natürliche‹ Geburt ›vorbereitete‹ Geburt sagen. Sie ist ja nicht natürlich in dem Sinn, daß man passiv die Natur ihren Weg gehen läßt; natürlich ist sie nur insoweit, als keinerlei Medikamente verwendet werden. Ansonsten muß die Frau aktiv mitwirken, und das beginnt schon mit Schwangerenkursen und Entspannungs- und Atemübungen (in Deutschland zunehmend verbreitet, Anm. d. V.).

Freilich gibt es auch einige Hindernisse, die sich der ›vorbereiteten‹ Geburt entgegenstellen. Ärzte oder Angehörige könnten dagegen sein. Die schlimmsten Erfahrungen erwachsen uns jedoch aus unserer eigenen Haltung, vor allem, wenn wir uns für die vorbereitete Entbindung nur als Test unseres Mutes entscheiden. Manche Frauen, die sich dazu entschlossen haben, können aus den verschiedensten Gründen nicht durchhalten, und man hört dann bittere Berichte über den ›Fehlschlag‹. Aber Selbstbeschuldigungen der Mutter sind da fehl am Platz. Die Wehen sind bei jeder Frau anders. Methoden, die bei einigen wirken, lassen sich bei anderen nicht anwenden. Lange, intensive Wehen, oder medikamentös induzierte, bei denen die Zusammenziehungen meist auch intensiver und wohl länger sein mögen (oder in kürzeren Abständen auftreten), oder eine Zangengeburt – solche Umstände können auch den stärksten Willen umwerfen, Stunden getreulicher Vorbereitung unwirksam und sofortige medikamentöse Behandlung nötig machen. Wir wissen, wie enttäuscht Frauen sind, die ›nachgegeben‹ haben und wir verstehen diese Haltung, aber es wäre besser, die Frauen könnten ihr Schuldgefühl darüber abwerfen, daß sie zuviel erwartet haben. Die Entbindung ohne Medikamente kann niemals in *allen* Fällen die beste Entbindung sein, weder für die Mutter noch für das Kind.

Andere Entbindungsmethoden, bei denen die Frau voll bei Bewußtsein und doch schmerzfrei bleibt, werden mit Hilfe von ›Blockierungen‹ bestimmter Nervenbahnen durchgeführt. Darüber sollte die werdende Mutter Bescheid wissen, und rechtzeitig ihren Entschluß mit dem Gynäkologen besprechen. Es gibt viele schmerzlindernde Mittel, aber eine völlig schmerzlose Geburt kann keines gewährleisten. Und letzten Endes scheint es uns ein Verlust für die Mutter zu sein, wenn sie bei der Entbindung nicht bei Bewußtsein ist, es sei denn, dies ist unumgänglich. Manche Frauen wollen es aber so, und diese Wahl muß man ihnen natürlich lassen.

Obwohl das Hauptziel unseres Buches darin besteht, die allzu lang negierten Erfahrungen der Mütter zu ergründen und zu deuten, haben wir keineswegs vergessen, daß das biologische Hauptziel der Schwangerschaft ja die Geburt eines *Kindes* ist. Nach einigen Gesprächen mit Adoptivmüttern änderten sich unsere Anschauungen bezüglich Schwangerschaft und Entbindung. Zu unserem Entsetzen hörten wir von gedankenlos grausamen Kommentaren, die sich diese Mütter oft gefallen lassen müssen. »Meine Bekannten betonen immer wieder, was ich dadurch, daß ich nicht schwanger war, versäumt habe«, sagte eine Frau, die nach mehreren Fehlgeburten ein Kind adoptierte, »– all die herrlichen Gefühle und nichts als Glanz und Gloria. Die tun gerade so, als wäre die Geburt des Kindes und sein Da-sein zweitrangig.« – »Und am schlimmsten sind die mit natürlicher Entbindung und die stillenden Frauen«, fügte eine Mutter von zwei Adoptivkindern hinzu. »Offenbar meinen sie, man könne keine Mutter sein, wenn man ihre Erfahrung nicht gemacht hat. Eine sagte doch glatt über mich und meine Kinder: ›Und sie behandelt sie geradezu, als wären's ihre eigenen.‹«

Für manche Frauen sind Schwangerschaft und Entbindung tatsächlich Superlativ-Erlebnisse, aber wir sollten diese Überbewertung nicht auf alle übertragen. Mutterschaft ist nicht nur ein neunmonatiger Zustand des Körpers oder das Vorhandensein jener vielleicht gar nicht existierenden ›mütterlichen Instinkte‹; sie ist die Summe *jahrelanger* Mühe und Liebe. Auch wäre zu bedenken, daß Schmerzen an sich nichts Edles, sogar nichts Interessantes sind, und daß es viel wichtiger ist, Kinder zu *erziehen* als sie auszutragen und zu gebären. Wir haben weiß Gott keinen Mangel an leeren Phrasen, wohl aber an Verständnis für die Vielzahl menschlicher Bedürfnisse, Wünsche und Wesensarten.

Für manche Frauen, aber keineswegs alle, stellen die Geburt des Kindes und die darauffolgenden Tage einen euphorischen Höhepunkt dar. »Nach der Entbindung war ich so hellwach wie noch nie.« »Die glücklichste Zeit meines Lebens waren die zehn Tage nach der Geburt meines ersten Kindes.« Viele Frauen sprechen von einer intensiven Euphorie, die sie dazu veranlaßte, auf den Gängen vor den Babysälen auf- und abzumarschieren. Eine Mutter, deren erstes Kind tot geboren worden war, sagte: »Während meiner zweiten Schwangerschaft war mir, als danke mir mein Körper für die zweite Chance, die ich ihm gab, und als unsere Tochter zur Welt gekommen war, konnte ich einfach nicht schlafen. Ich sah sie immer nur an und heulte, weil sie so schön, so unversehrt war. Ich wußte genau, daß es sentimentale Tränen waren, aber nach all den Ängsten war die Entspannung so groß, und ebenso unser Glück, daß ich einfach immer nur heulen mußte.«

Zwei Mütter hatten in dieser Periode das Gefühl, eindeutig ›weiblich‹ zu sein, nämlich völlig emotional, fast ohne jedes Denken. Wir meinen allerdings, daß solche Mütter mit falschen Definitionen der Weiblichkeit kämpfen. Die Geburt eines Kindes bestätigt offensichtlich die biologische Weiblichkeit; aber die intensive Gefühlsbetontheit, die oft nach der Entbindung eintritt, als Definition der weiblichen Natur darzustellen, ist falsch.

Zweifellos kommt es zu solcher Gefühlsbetontheit, aber das ist auch leicht erklärlich. Alle verborgenen Spannungen und Ängste, an denen die Mutter während der Schwangerschaft und Entbindung litt, sind vorüber, das Kind ist zur Realität geworden: ein sichtbares, greifbares Wesen. Die Mutter ist müde, die Nähte der während der Geburt gerissenen oder geschnittenen Stellen sind unangenehm, aber im übrigen fühlt sie sich körperlich meist sehr wohl. Sie kann essen, was sie will; entbundenen Frauen macht man in der Klinik nicht so viele Vorschriften wie Kranken; Freunde und Verwandte kommen zu Besuch und deren Freude erhöht die der Eltern; die junge Mutter hat im Augenblick keine Pflichten, keine Verantwortung – lauter positive Einflüsse. Nicht überall ist es so, es kann auch zu gewissen Spannungen kommen, aber für kurze Zeit wenigstens fühlen sich die Mütter nach der Entbindung meist frei und freudig erregt, ganz den angenehmen Gefühlen hingegeben.

Diese Freude ist allerdings noch tiefer und lebendiger, wenn sie aus einer realistischen Einschätzung der Schwangerschaft und einem befriedigenden Wehenverlauf erwächst. Sylvia Plath stellt diese Freuden und Schmerzen werdender Mütter in einem Gedicht dar:

> Wer ist er, dieser blaue, wütende Junge,
> glänzend und fremd mir, wie von einem fernen Stern?
> Wie zornig er schaut!
> Er flog ins Zimmer, ein Schrei ihm auf den Fersen.
> Die blaue Farbe verblaßt. Er ist endlich Mensch.
> Ein roter Lotus öffnet sich in seiner blutigen Schale;
> man näht mich mit Seide zusammen, als wäre ich ein Stoff.
> Was taten meine Finger, ehe sie *ihn* hielten?
> Was tat mein Herz mit seiner Liebe?
> Nie habe ich etwas so klar gesehen.
> Seine Lider sind wie Fliederblüten,
> sanft wie Mottenflügel sein Atem.
> Ich lasse ihn nicht.
> Nichts Böses, nichts Verderbtes ist in ihm.
> Oh, daß er so bleiben möge!

III

Ein Baby im Haus

Adam und Eva hatten im Paradies bekanntlich keine Kinder. Wenige Eltern begegnen der großen Schlange im erträumten Paradies ihrer Elternschaft, dafür aber kleinen Gartenschlangen verschiedener Art. Die meisten tun dann sehr überrascht und als ob diese Kreaturen giftig wären. Doch sind die ersten sechs Wochen im Leben eines Babys keineswegs lebensgefährlich für die Eltern, so schmerzhaft sie oft auch sein mögen. Wer hier mit mehr Freuden als Schmerzen durchkommt, kann sich glücklich schätzen, aber denen es nicht so geht, die sollten sich für eine Art Schützengrabenkampf vorbereiten – eine Periode kleiner Krisen verschiedener Intensität, die nach ein bis vier Monaten vergeht. Diese Periode der Anpassung ist für das Kind ungeheuerlich – es wurde ja in eine Umgebung voll merkwürdiger Geräusche, voll Licht und Dunkel, Wärme und Kälte, von Aufheben, Umwenden, nassen und trockenen Windeln hinausgeschleudert. Dazu muß es ganz allein, mit seinen eigenen Organen atmen, essen und verdauen. Die Umstellung der Eltern ist, objektiv gesehen, viel geringer. Und doch stellt diese Zeit an unser Hirn, das sich so gern Sorgen hingibt, und an unsere praktischen Lebensgewohnheiten große Anforderungen. Da entdeckt die junge Mutter vor allem nach ihrer Rückkehr von der Klinik, daß nicht mehr sie, sondern das Kind im Zentrum des Interesses steht. Und das in jeder Hinsicht – ob es sich nun um wissenschaftliche Forschung handelt, um Freunde und Verwandte (selbst ihre eigene Mutter wird sich eher um das Baby kümmern als um sie). Nimmt die Mutter ihr Kind zum ersten Mal mit hinaus, so werden sich die Kommentare völlig fremder Menschen nicht auf *ihre* Erscheinung konzentrieren, wie das in der Schwangerschaft der Fall war, sondern auf die des Babys. Wie willkommen diese Veränderung auch sein mag, so zeigt sie doch gleichzeitig an, daß die Frau zumindest vorübergehend zweitrangig geworden ist, ein Anhängsel des Babys. Was sie in den Augen der Welt ist, wiegt freilich gering gegen die Bedeutung, die sie sich selbst zumißt. Und doch treffen Eltern allzuoft nur unbewußt und vage eine Entscheidung darüber, wie dominierend die Bedürfnisse und das Leben des Kindes im Verhältnis zu ihrem eigenen sein soll. Eine Mutter, die wie die meisten Frauen eine derartige Frage überhaupt nicht erwogen hatte, erzählte uns: »Wir dachten, das Baby würde ganz nett in unser momentanes Leben passen, für uns war es nur ein Problem, das Kinderbettchen ins Wohnzimmer einzufügen. Ich glaubte, daß Babys 22 Stunden am Tag schlafen und es reizend sein würde, das schlafende Kleine neben mir zu haben, während ich Bücher lese.« Und dann kam es ganz anders. Sie wurde höchst abrupt aus einem Leben mit Erwachsenengesprächen, von relativer Unabhängigkeit und einer starken Hinwendung zum eigenen Innenleben in ein Dasein katapultiert, das die fast totale Konzentration auf die Bedürfnisse eines dauernd vor Bauchweh schreienden Babys forderte. Diese ›Dienstbarkeit‹ wurde natürlich durch vieles kompensiert und ging vorüber. Kein Wunder jedoch, daß sie sich ebenso wie das Kind erst umstellen mußte. Es war eine Krisensituation für sie, und sie hatte keine andere Wahl, als ihre Bedürfnisse auf eine Zeitlang völlig denen des Kindes unterzuordnen.

Solch totale Unterordnung ist aber nur selten nötig. In Wahrheit tun wir oft mehr des Guten, als nötig wäre. So besteht zum Beispiel unser Konsumdenken darauf, daß wir für das Baby viele neue Dinge erwerben, und für viele Eltern – auch solche, die nicht das Kinderbett im Wohnzimmer unterbringen müssen –, bringen Umfang und Anzahl dieser Probleme geistige, körperliche und wirtschaftliche Veränderungen. »Ich weiß noch, wie erdrückt ich mich fühlte«, sagte eine Mutter. »Die Menge Platz, die von Wickeltisch, Windeleimer, Bettchen, Kinderstuhl, Kinderwagen und Laufstall eingenommen wurde – und alles extra Arbeit beim Aufräumen. Aber wenn man erst einmal zuviel gekauft hat, hört man nicht mehr damit auf, und später stehen dann überall Dreiräder, Puppenbettchen und Puppenwagen, Feuerwehrautos und Spielsachen mit hundert Einzelteilen herum. Man hebt sie auf, verräumt sie und schiebt sie immer wieder aus dem Weg und außer Sicht.«

In vernünftigem Rahmen sind solche Dinge als greifbare Zeichen des Daseins eines Kindes erfreulich, aber wohl nur die Wohlhabenden können sie noch als Notwendigkeiten bezeichnen. In einem sauberen Abwaschbekken oder einer Schüssel läßt sich das Baby genauso gut baden. Die ganz Kleinen schlafen in ihrem Wagen sehr gut, wodurch sie auch beweglicher sind und man nicht eigens einen Stubenwagen braucht. Viele Frauen ersparen sich das Kinderbettchen, indem sie ein normales Bett entsprechend absichern oder abnehmbare hölzerne Planken daran anbringen. Laufställe scheinen mehr für die Bequemlichkeit der Mütter erfunden worden zu sein, denn die meisten Babys reagieren darauf wie auf ein Gefängnis. Anstatt eine eigene Wickelkommode anzuschaffen, kann man leicht die Oberfläche einer schon vorhandenen Wäschekommode in einen Wickeltisch verwandeln. Man befestigt darauf überzogenen Schaumgummi und einen Gürtel, mit dem man das Baby vor dem Abrollen schützt. Wäsche, Puder, Öl etc.

bringt man in der obersten Lade unter. Kommoden fürs Kinderzimmer sind heute oft schon von Haus aus so ausgestattet. Und was die ›Ausstattung‹ selbst betrifft, so fangen Sie am besten mit der kleinsten Liste in den entsprechenden Handbüchern an und fügen nur dann etwas hinzu, wenn Sie es besonders wünschen und das Geld dafür haben. Ansonsten probieren Sie lieber die Weniger-ist-mehr-Philosophie aus.

Denken sie auch an diese Philosophie, wenn sie die Umgebung des Kindes ›bereichern‹. Wir haben schon Kinderbettchen gesehen, die wie eine Miniatur-Disneywelt aussahen – da schwammen zu beiden Seiten Fische in Plastikbehältern, ausgestopfte Tiere und Puppen hingen und lagen herum, klirrendes, klingelndes Spielzeug hing in Greifnähe, die Bettwäsche war mit bunten Figuren bedruckt und über all dem schwebte noch ein musikalisches Mobile farbiger Zirkusgestalten. Ein einziger Garten der Konfusion! Die ›Leitungen‹ eines Babys sind nicht unbegrenzt belastbar; so ein Kleines kann auch zu viele Reize empfangen und davon erschöpft werden, oder es wehrt sich einfach gegen all diese Empfindungen, um überleben zu können. Ein oder zwei einfache Dinge soll man dem Kind jeweils auf ein paar Tage geben, und sie dann durch ebenso einfache ersetzen. Babys brauchen Abwechslung, aber kein Chaos. Auch die Eltern profitieren von diesem Wechsel, und sie haben mehr Gelegenheit, zu erleben, wie das Kind auf Farben und Formen, auf Geräusche und verschiedenes Material reagiert.

Solche Veränderungen in der Heimlandschaft sind immerhin noch eine Frage des persönlichen Geschmacks. Ernster zu nehmen sind die Gegebenheiten, mit denen manche Mütter fertigwerden müssen. Etwa eine Dachkammerwohnung in einem üblen Vorstadtbezirk, die für eine Mutter durch das tägliche Schleppen des Babys und der Einkäufe viel von ihrer Romantik verlor und eher zu einem Alptraum wurde. Außerdem gab es noch Sorgen um die Zukunft: »Was tut man mit einem kleinen Kind, wenn man ringsum von Hurenhäusern umgeben ist, sich die Leute an der nächsten Straßenecke gegenseitig abknallen und der Hauseingang ständig nach Urin stinkt?« Diese Mutter fand für die erste Zeit eine Lösung, indem sie den Kinderwagen im Hauseingang gut versperrt stehen ließ, das Kind in einer Schlinge die Treppen auf und abtrug und täglich einkaufte, um die Lasten leichter zu machen. Der Gedanke daran, daß das Kind ja einmal laufen lernen und sie auch irgendwann einmal eine andere Wohnung finden werde, hielt sie aufrecht.

Aber selbst eine angenehme Umgebung sieht sich nach Ankunft eines Kindes oft ganz anders an und bedarf oft eines fast amazonenhaften Mutes. Eine andere Stadtbewohnerin erzählte uns folgendes: »Wir waren einen Monat vor Erikas Geburt umgezogen und kannten noch niemanden. Wegen des Winterwetters konnte ich nicht viel hinaus, und *wenn* ich ausging, wanderte ich eben allein herum, da ich ja niemanden kannte. Das machte mich so fertig, daß ich zum Schluß nur noch heulend in der Wohnung saß und dachte: ›Mein Gott, hier werde ich leben und sterben, und kein Mensch wird je wissen, daß ich überhaupt existierte.‹ Und dann war das Baby da, und ich heulte, wusch Windeln und heulte weiter. Da stand ich als junge Mutter und wußte überhaupt nicht, was los war. Ein völlig anderes Leben als vorher. An einem Tag noch kein Kind und am nächsten das Baby im Haus. Es hat mich schwer getroffen. Dabei hatte ich immer gedacht, ich würde eine so phantastische Mutter sein. Ich hatte überhaupt keine Ängste und Bedenken. Ich mochte Kinder. Die Schwangerschaft war herrlich für mich. Ich freute mich auf mein Kleines, aber plötzlich so eingesperrt zu sein, so allein, nicht jederzeit ausgehen zu können, . . .« Die Übersiedlung kurz vor der Entbindung machte es für diese Frau besonders schwierig, aber was sie da ausdrückt, berichteten auch Frauen, die in vertrauter Umgebung lebten – auf dem Land, in Vororten oder in der Stadt.

Vor allem kann der plötzliche und umfassende Wechsel nicht sofort verkraftet werden. Viele Frauen entdecken, daß ein Baby viel mehr Zeit und Kraft in Anspruch nimmt als der anstrengendste Beruf – »Ein sechsundzwanzig-Stunden-Tag-Job«, erklärte eine Mutter. Gewiß trafen wir Mütter, die den ersten Monat oder die ersten sechs Wochen als Idylle bschrieben, aber mindestens ebenso viele baten uns, die werdenden Mütter zu warnen, »daß es zu Anfang gräßlich sein wird, wenn es sich auch später bessert. Am Anfang ist nichts als Arbeit, schwere Arbeit.« Wer eine Pflegerin und Haushaltshilfe hat, begreift vielleicht nicht, was Erikas Mutter uns über ihren Sturz aus vertrauensvoller Vorfreude in die Unsicherheit des Mutterseins, in die Isolierung und die Einsamkeit und Gefangenschaft in den eigenen vier Wänden berichtet. Fügt man dem noch die langweilige Routine des immerwährenden Windelnwechselns, Waschens und Fütterns hinzu, die Gefühle, die ein schreiendes Kind erweckt, die Erschöpfung aus Schlafmangel, dann läßt sich leicht verstehen, wieso uns eine glückliche und gänzlich unverstörte junge Mutter so tapfer und tüchtig vorkommt. Solche Mütter machen aber die anderen, die keine Hilfe haben oder deren Kind sich einfach keinem Schema einpaßt, doppelt unsicher, und das geht so weit, daß man einen Widerwillen gegen Modellbabys und -mütter entwickelt. Aber solche Modellfälle sind ohnehin rar genug; man sollte sie zu den besonders privilegierten zählen und sich aus ihren Erfahrungsberichten nur die Rosinen für die Verbesserung der eigenen Lage heraussuchen. Man sollte den natürlichen Trieb unterdrücken, ihre Methoden zu kritisieren, nur um das eigene Selbstvertrauen aufzubauen, oder den ebenso normalen Instinkt, die eigenen Schwierigkeiten und Ressentiments zu leugnen. Man hat uns beigebracht, daß für jede Vollfrau Muttersein das Höchste ist, aber diesen Schwindel sollte man sofort aus dem Verkehr ziehen! Stattdessen erwarte man lieber die übliche menschliche Mischung von Freude und Schmerz und hüte vor sich folgender Einstellung: »Ich war so glücklich über mein Kind und so fest entschlossen, alles bestens zu machen. Dreimal jede Nacht aufstehen? Das machte mir nichts; wer ein Neugeborenes hat, *muß* eben nachts aufstehen.« Sicher, aber diese Frau befahl sich, das auch noch zu genießen, und da unterbrochener Schlaf ja nun wirklich nichts ist, wonach wir uns sehnen, so hat sie sich selbst Unmögliches abverlangt. Sie bekam Depressionen und schwere Kopfschmerzen. Beides änderte sich erst, als sie zugab, die nächtlichen Fütterungen zu hassen, daß das Schreien des Babys sie manchmal ärgerte und erzürnte, und daß nur eine mythische Supermama diese ›Nachtseite‹ der Kinderpflege als wünschenswert bezeichnen könnte. Sobald sie wieder mit beiden Füßen in der Realität stand, erkannte sie, daß ihre geheime Feindseligkeit weniger gegen das Kind als gegen dessen Abhängigkeit von ihr gerichtet war und daß ihre Gefühle nicht einzig dastanden und auch ihren Mutterqualitäten keineswegs Abbruch taten.

Schlafmangel während der ersten Monate eines Babys kann eine Frau in ein Gespenst verwandeln, das nur noch am Rande der materiellen Welt dahinschwebt. Wenn das Baby drei- bis viermal in der Nacht gefüttert werden muß, *kann* die Mutter einfach nicht dafür sorgen *und* noch tagsüber ihr normales Arbeitspensum bewältigen. Sie muß ab und zu ein Schläfchen machen, abends früher ins Bett gehen und würde Hilfe brauchen. Die ist von den Vätern aber oft nicht zu bekommen, denn sie sind genauso wenig oder noch weniger als Eltern trainiert worden als die Frauen. Im Gegenteil, man hat sie so erzogen, daß sie meinen müssen, das Kind habe in Zwangslagen nur *einen* Elternteil, nämlich die Mutter. »Mein Mann weckt mich immer: ›Das Baby will dich, Schatz.‹ Dabei will das Baby wahrscheinlich nur was futtern, und wenn es mit der Flasche gefüttert wird, ist es ihm ganz egal, wer ihm die bringt.« – »Mein Mann schläft weiter, wenn das Kind schreit« berichtete eine andere Frau. »Er hält es einfach nicht für sein Problem.«

Während der ersten Monate des Kindes braucht wohl jede Hausfrau Hilfe oder würde sie verdienen, besonders angesichts des hohen täglichen Lebensstandards, den wir für so wichtig ansehen. In Schweden, in den Vereinigten Staaten und auch anderswo fängt man jetzt schon mit Vaterschaftsurlaub an, so daß er sich auch an das Kind und seine Pflege gewöhnt, zu Hause helfen kann und mehr dazu beiträgt, dieses neue Wesen in die Welt einzugewöhnen. Wir kennen einen Vater, der jede Nacht mit der Mutter zum Stillen aufstand. Sie waren wohl der Ansicht, daß Füttern und

Windelnwechseln schneller ginge, wenn sie sich das teilten, und es fiel ihnen auch nicht schwer, gleich danach wieder einzuschlafen. Außerdem wachte dieses Kind wirklich nur aus Hunger auf, wurde gestillt und schlief dann wieder. Die Familie hatte nicht gegen unterschwellige Feindseligkeit und Reizbarkeit aus Schlafmangel anzukämpfen.

Vielen Ehepaaren aber geht es so: Ein Neugeborenes schrie aus unersichtlichem Grund die ersten zwölf Stunden im eigenen Heim – bis beide Eltern völlig fertig waren. Manche Babys schreien zwei Stunden lang und schlafen dann die gleiche Zeit, und es gehört beides zu ihrer normalen Entwicklung. »Manche Babys schreien eben mehr als andere«, sagt der Arzt dann den verzweifelten Eltern. Die Mutter eines solchen Heulers half sich durch eisernen Willen: »Ich *muß* damit leben. Das ist ja kein junger Hund, den ich in die Zoohandlung zurücktragen kann.«

Ein Paar hatte ein Kind, das fast nie beim Schlafen zu erwischen und fast immer bei voller Lautstärke war: »Wir führten ein Schlaf-Tagebuch, schon allein deshalb, um den Arzt zu überzeugen, daß der Rhythmus dieses Kindes ungewöhnlich war und etwas dagegen getan werden müßte. Wir fanden heraus, daß sie elf bis dreizehn Stunden schlief, aber immer nur in kurzen Stückchen. Wir wußten nie, wann sie eindöste, weil wir nach der Schreiperiode jedesmal wie erstarrt waren; erst wenn sie dann wieder anfing, merkten wir, daß wir nur fünfzehn Minuten Ruhe gehabt hatten.« Nach zehn Tagen und noch schlimmeren zehn Nächten nahmen sie sich eine Pflegerin; nach sechs Wochen schlief das Kind nachts bereits länger. Es ist heute vier Jahre alt und war das erste Kind in der ganzen Nachbarschaft, das tagsüber keinen Schlaf mehr brauchte, und abends ist sie immer die Letzte.

Selbst ohne diese recht normalen Probleme gibt es auch noch andere Schwierigkeiten. Manche Babys lernen zwar rasch, vier oder mehr Stunden zwischen den Fütterungen zu schlafen, aber ihre Eltern drehen und wenden sich schlaflos herum, sobald die jeweilige Fütterung vorbei ist. »Es gibt nichts Schlimmeres, als um zwei, drei oder vier Uhr morgens aufzuwachen. Man hat alle möglichen Horrorideen. Es gibt nichts Rationales, an das man sich klammern kann, bis die Sonne aufgeht. »Hätten diese Eltern im voraus gewußt, was auf sie zukommt, hätten sie vielleicht durch Joga oder dergleichen lernen können, Geist und Körper besser zu beherrschen. Aber jetzt sind sie eben daheim mit ihrem Baby, unvorbereitet und schlaflos, und können nur versuchen, mit Hilfe von Schäfchenzählen, tief Atmen und anderen privaten Hilfsmitteln durchzukommen. Wenn das alles nichts nützt, ist es besser, nochmal das Radio oder den Fernseher aufzudrehen oder etwas zu lesen oder zu *tun*, anstatt sich Horrorgedanken zu machen oder sich zu sorgen, weil man nicht einschlafen kann – wodurch man sich natürlich am Einschlafen hindert! Am nächsten Tag – wenn möglich – ein kleines Zusatzschläfchen, und dann weiter nachgedacht über eine Lösung.

Dann gibt es die zahllosen Babys mit Bauchweh. Wir haben entdeckt, daß Kinderärzte Bauchweh oder Kolik genauso oft diagnostizieren wie andere Ärzte von Viruskrankheiten sprechen. Beide scheinen gleich häufig vorzukommen, sind gleich unpräzise Bezeichnungen, und Hilfe gibt es gegen das eine und das andere nicht. Die vielen Kinderärzte, die Babys keine Beruhigungstabletten verschreiben, haben vermutlich recht. Trotzdem sollten Eltern, die am ›Kolik-Baby-Blues‹ leiden, doch nach Hilfe suchen. Manchmal ist es nämlich vielleicht gar keine ›Kolik‹; Allergien gegen Milch oder eine bestimmte Mischnahrung können ähnliche Symptome hervorrufen.

Wenn aber die medizinische Hilfe versagt, müssen die Eltern Selbstverteidigung üben. Wie uns Julia sagte: »Fünf Monate lang hatte unser Sohn Bauchweh und gedieh gar nicht. Ich glaube, ich fing an, ihn zu hassen – er schrie die ersten fünf Monate lang, einmal acht Stunden hintereinander.« Mit diesen paar Worten zeigt Julia eines der Hauptprobleme der Eltern auf. Erst kommt die Erschöpfung aus Schlafmangel, und dann die gefühlsmäßige Beteiligung. Natürlich machen sich Eltern Sorgen, vor allem beim ersten Kind; wir *können* es einfach nicht glauben, daß so ein Kind gesund ist, daß es überhaupt Überlebenschancen hat. Sein Körper ist vom Schreien ganz verzerrt, die Arme und Beine rudern in der Luft; das kleine Gesicht ist rot, und halb erstickte Laute kommen aus seiner gequälten Kehle. Es hat sichtlich Schmerzen, und wir können nichts dagegen tun. Es tut uns in der Seele weh, wir sind frustriert, wir versuchen alles, was wir in Büchern gelesen oder von hilfreichen Nachbarn gehört haben, wir reden mit ihm, singen, wiegen es, und es schreit weiter. Wie ein Vater erklärte: »Vielleicht ist es nur unser menschliches Nervensystem. Ich kann einfach diese lauten schrillen Schreie nicht ertragen. Es geht mir durch und durch und macht mich kaputt. Fünf oder zehn Minuten lang kann ich es aushalten, und dann kommt ein Schrei, der mich am Boden zerstört. ich weiß dann nicht, was ich im nächsten Augenblick zu tun fähig bin. Man ist in einem Zustand emotionaler Verwirrung.« Mark Twain schrieb darüber in einem Brief: »Wenn dieses Kind noch drei Stunden so weiterschreit, schieß ich mir eine Kugel ins Hirn, nur um Frieden zu haben.« Dabei hatte Mark Twain keineswegs die Aufgabe, das Kind zu beruhigen. Manchmal führt unsere Selbstverteidigung zu einem ungeheuren Zorn. Wir schieben das Kind gefühlsmäßig beiseite, weil die Situation einfach unerträglich ist. Dieses undankbare Geschöpf, das unsere Liebe und unsere Dienste genießt, diese Hiobs-Tortur, die uns auferlegt wurde – *weg damit, aufhören, Ruhe geben*!

Aber das Kind *kann* es nicht und *will* auch nicht; und darum müssen die Eltern versuchen, sich selbst zu beruhigen.

Bei Bauchschmerzen kommt es meist zu einem gewissen Heulrhythmus. Ein Baby schrie zum Beispiel von sechs bis zehn Uhr. Eine recht günstige Zeit, denn da kriegt man leicht Babysitter, und das ist durchaus eine Lösung. Der Babysitter muß ja nicht jeden Tag bzw. den ganzen Tag mit dieser Situation fertig werden und ist emotional auch nicht so beteiligt wie die Eltern; mit anderen Worten: jemanden zu bezahlen, der einem so etwas abnimmt, bedeutet nicht, daß man das Kind bestraft. Schreit ein Kind von zwei bis vier Uhr früh oder bis sechs, werden die Eltern drastischere Maßnahmen ergreifen müssen. Wer in einer kleinen Wohnung haust, in der das Geschrei einfach nicht überhört werden kann, schläft abwechselnd eine Nacht bei Freunden. Manche kaufen sich Ohrstöpsel, und andere schulen sich einfach, den Lärm zu überhören und zu schlafen, wenn sie nicht ›dran‹ sind.

Am besten kommen jene Eltern durch, die daran denken, daß Bauchwehgeschrei kein Zeichen der Abwehr und es auch nicht Schuld der Erwachsenen ist, wenn das Gebrüll nicht nachläßt. Trotz insgeheimer Ängste wissen wir ganz genau, daß das Kind keineswegs seinen letzten Keucher tut und seine Gesundheit nicht im mindesten angegriffen ist. Alle Kinder wachsen schließlich über das Bauchweh hinaus, meistens innerhalb der ersten drei Monate, und kluge Väter und Mütter denken stets daran, daß jeder Tag das Verdauungssystem des Kindes der schmerzlosen und damit ruhigen Funktion näher bringt. Während der Krisenperiode können die Eltern einander helfen, indem sie ihre Kräfte teilen und sich darüber klar sind, daß ja auch der andere betroffen ist. Ein Vater berichtete uns: »Die drei Monate mit einem Neugeborenen, das ständig Bauchweh hat, sind auch für den Ehemann die Hölle. Ich ging jeden Morgen mit total zerrütteten Nerven zur Arbeit, konnte mich kaum auf die Klasse konzentrieren, die ich unterrichtete. Das schrille Geschrei, das ich die ganze Nacht hatte hören müssen, war mir immer noch im Kopf.« Ein anderer fügte hinzu: »Acht Jahre haben wir auf unser Kind gewartet, aber die ersten Monate waren die Hölle. Er hatte Bauchweh und manchmal war es richtig schlimm. Wir fingen an, schon vor dem Abendessen zu trinken. Mein Buch beendete ich im Keller, aber auch dort hörte ich noch das Brüllen. Wir haben es aber durchgestanden.« Und das tun wir schließlich alle.

Eltern mit Babys, die Bauchweh haben oder einfach mehr schreien als normal oder sich an keine Zeiteinheiten gewöhnen wollen, kommen zu mehr Schlaf, wenn sie sich für den ›Nachtdienst‹ vorbereiten. Legen Sie sich alles, was gebraucht wird, zurecht: Windeln, Sicherheitsnadeln, Puder usw., dazu extra Kleidung, falls alles durchgegangen ist beim Nässen. Bekommt das Baby die Flasche, so bereiten Sie mehrere vor. Hören Sie dann das Kind schreien, rasen Sie nicht gleich hin, vor allem, wenn es nach der Uhr noch gar nicht hungrig sein *dürfte*. Wenn Sie ein Kind sofort beim ersten Schrei herausheben, wird es sich das merken. Es liebt ja die Aufmerksamkeit, und wie Kinderärzte richtig warnen, wird es sich zu immer häufigerem Aufwachen einüben. Ehe Sie also hinauslaufen, vergewissern Sie sich, ob es wirklich nötig ist. Eine stillende Mutter sagte: »Ich habe mein Baby – und mich – praktisch ruiniert, indem ich ihm bei jedem Aufwachen die Brust gab. Ich legte es ins Bett neben mich und schlummerte, aber ich wußte ja nie, wieviel es gehabt hatte, und die eine Brust war vielleicht geschwollen vor Milch, während die andere leer zu sein schien. Außerdem hat das Kind nicht so rasch durchschlafen gelernt, wie es vielleicht möglich gewesen wäre.« Eine andere berichtete, daß sie dem Baby häufiger zu trinken gab als notwendig war, um dann zu ihrer Lesens- und Schlafenszeit zu kommen. Sie meint auch, daß das Kind bessere Schlafgewohnheiten angenommen hätte, wäre sie nicht bei jedem ersten Wimmern zu Stelle gewesen.

Manche Mütter raten, das Kind schreien zu lassen, nachdem man sich vergewissert hat, daß alles in Ordnung ist; solche ›Disziplin‹ kann sich aber als Eigentor erweisen (und ist auch für das Baby nicht gut). Ein ungetröstet vor sich hinbrüllendes Kind kann sich so aufregen, daß es auf ein paar Minuten aus Erschöpfung einschläft und dann wieder von neuem beginnt. Bei diesem Rhythmus von Schreien und Schlafen kann das Kind die Eltern nachts noch viel besser wach halten. Ist es allerdings trocken, hat es weder zu warm noch zu kalt, keinen Hunger, ist beschmust und gewiegt worden und protestiert immer noch, dann soll man es allein weiterprotestieren lassen. Hält dieses Reizgebrüll Tage und Nächte an, so sollte der Doktor oder zumindest ein einschlägiges Handbuch befragt werden. In den meisten Fällen wird man es aber aushalten müssen. »Man tut, was man kann, und dann Schluß«, erklärte eine erfahrene Mutter. »Schließlich ist man auch nur ein Mensch, ist zornig und aufgeregt, und das Kind beeinträchtigt unsere Rechte.« Der Meinung sind wir auch, und wir betonen nochmals, daß selbst Mütter von Neugeborenen das Recht haben, an ihre eigenen Bedürfnisse zu denken, und sich weigern sollten, sie alle zugunsten des Babys zu unterdrücken.

Die junge Mutter ist sich aber oft ihrer eigenen Rechte nicht sicher. »Babybücher« und kinderärztliche Betreuung können gar nicht genug auch auf die mütterlichen Belange eingehen. Innerhalb der ersten zwei bis vier Tage nach der Entbindung haben viele Frauen eine leichte Depressionsphase, schwerwiegender aber sind die seelischen ›Gleichgewichtsstörungen‹, die manchmal innerhalb der ersten Monate auftreten. Zwei Mütter erklärten, sie hätten Angst gehabt, verrückt zu werden. Eine dritte sagte: »Ich war einfach unfähig, etwas zu tun. Niemand schien zu wissen, was mit mir los war, meine Mutter am allerwenigsten. Ich fühlte mich wie gelähmt, und das Baby schrie ununterbrochen.« Andere berichten von Stadien manischer Übertreibung oder wilder Suche nach Möglichkeiten, ihre Energien los zu werden. Bei anderen schwankte das Gefühlsbarometer dauernd auf und ab. Wenn wir überlegen, welche Veränderungen im Körper einer Gebärenden vor sich gehen – die plötzliche Verringerung des Östrogen- und Progesteron-Niveaus, 30% Blutverlust, die Zusammenziehungen des Uterus und die Bewegungen der inneren Organe, um in ihre frühere Form und Position zu kommen – dann ist es wohl leicht zu verstehen, daß manche Frauen gefühlsmäßig einfach ›schwimmen‹. Zusätzliche und ungewohnte Anforderungen, Erschöpfung, Isolierung und Einsamkeit können ebenso dazu beitragen wie Unsicherheit, Angst und Schuldgefühle, die aus der falschen Vorstellung kommen, daß Mutterschaft eine Sache des Instinkts sei und keines Trainings und keiner Erfahrung bedürfe. Wenn eine Frau merkt, daß ihre Gefühle gefährlich schwanken und sie dies besonders stark belastet, sollte sie sofort einen Arzt aufsuchen. Eine Mutter erinnerte sich, wie sie – nach der Heimkehr aus der Klinik zutiefst deprimiert – nachts in kaltem Schweiß aufwachte. »Ich dachte gar nicht daran, den Arzt zu befragen, weil ich annahm, daß es rein psychisch sei.« Dies ist ein Fehldenken in doppelter Hinsicht. Erstens, daß man mit psychischen Problemen selbst fertig werden müsse und nicht die Ärzte damit belasten solle, und zweitens, daß Depressionen und kalter Schweiß Ausdruck emotionaler Schwäche seien. Als diese Mutter erfuhr, daß ihre Zustände sich größtenteils aus den chemischen Rückbildungen im Körper erklären ließen, verbesserte sich ihr seelischer Zustand, aber bis dahin hatte sie unnötig lange und viel gelitten.

Wir sollten uns von niemandem weismachen lassen, daß solche Depressionen nur Nachweis einer weiblichen Schwäche seien, die keiner Aufmerksamkeit bedürften. Im Gegenteil – wir dürfen Aufmerksamkeit fordern. Jede junge Mutter sollte sich über die körperlichen und seelischen Anzeichen nachgeburtlicher Schwierigkeiten informieren, so daß sie imstande ist, sie selbst zu erkennen und womöglich damit fertig zu werden oder Hilfe zu suchen, die sie wahrlich braucht, wenn die Zustände zu schlimm werden.

Als Hilfe für die Mutter nach der Entbindung sollten die Väter dafür sorgen, daß die Wohnung in Ordnung ist und genügend Nahrungsmittel für mindestens eine Woche nach der Rückkehr der Frau aus der Klinik vorhanden sind. Wenn er großes Glück hat, wird die Schwangere vor der Geburt ihres ersten Kindes so umtriebig sein, daß sie in den Wochen vor der Entbindung noch selbst alles erledigt hat. Das ist aber durchaus nicht der übliche Verlauf. Entweder ist sie in den letzten Wochen zu unbeweglich gewesen, um noch viel schwere Hausarbeit tun zu können, oder die Schwiegermutter ist helfen gekommen und hat alle guten Sachen vorzeitig serviert. Oder die Frau war nie eine gute Haushälterin oder Köchin und ahnt gar nicht, daß ihr nach der Ankunft des Babys noch viel weniger danach zumute sein wird.

Es kann also ohne weiteres passieren, daß der Haushalt in völliger Unordnung ist, wenn die Wehen beginnen; das macht aber gar nichts. Es ist auch ganz egal, ob der Mann schon je vorher einen Besen benützt hat oder nicht, er kann und wird es lernen, wenn er will. Die schlimmsten nachgeburtlichen Depressionen, von denen wir hörten, wurden vom Anblick eines Abwaschbeckens voll schmutzigen Geschirrs ausgelöst oder dem Staubsauger mitten im Wohnzimmer oder einem Schlafzimmer voller Spielzeug auf dem Boden. In dieser kurzen Zeit geht es um so Wichtiges, daß kein Ehemann, der sich wirklich um seine Frau Gedanken macht, sie diesem Streß aussetzen wird. Gegen die Frauenemanzipation kann es später wieder losgehen, aber während ihres Klinikaufenthaltes muß er mit dem Mop umgehen lernen oder die Folgen selbst tragen. Und *was* für Folgen! Wir haben von Frauen gehört, die die ersten zwölf Stunden zu Hause durchgehend heulten, gemeinsam mit dem Baby. Von Frauen, die mit nichtdiagnostizierbaren Erkältungen und Fieber Zuflucht ins Bett nahmen und einfach einige Tage lang nicht aufstehen konnten. Die angenehmen Berichte kamen fast durchwegs von Frauen aktiv fürsorglicher Männer.

Schlechte Erfahrungen während der Schwangerschaft oder bei der Entbindung werden oft von der Klinik bis nach Hause zurückgeschleppt und machen die Umstellung noch schwieriger als sonst. Aber selbst eine euphorische junge Mutter kann kurzfristig Schiffbruch erleiden. Wie uns Susanne erzählte: »In der Klinik ging es mir fabelhaft, aber als ich heimkam, tat mir plötzlich alles weh, die Nähte, die Uteruszusammenziehungen, die schlimmer waren, als ich sie mir vorgestellt hatte, und dazu schrie das Baby stundenlang ohne Unterbrechung. Ich hatte keine Pflegerin haben wollen, denn ich fühlte mich tüchtig genug und wollte mich nicht der Mühe unterziehen, zu jemand Fremdem dauernd höflich sein zu müssen. Eine gute Freundin oder Schwester hätte ich gebraucht.« Eine solche Hilfe hatte aber Susanne nicht, und so kamen ihr die ersten vier Lebensmonate des Kindes mehr grau als golden vor, da sie dauernd mit ihrer Müdigkeit, körperlichen Beschwerden und Zweifeln an sich selbst zu kämpfen hatte.

Vielleicht sollte man die Zerstörung eines langgehegten Bildes von sich selbst zu den Hauptgefahren zählen, denen eine junge Frau bei der Pflege des ersten Babys begegnet. Wie es zum Beispiel Emma erging, die nach einer leichten Entbindung heimkehrte und eine ebenso leichte Umstellung auf ihre Pflichten als Mutter erwartete. »Ich stillte die Kleine selbst und hatte mir fest vorgenommen, mich durch nichts irritieren zu lassen. Ich hatte alle Bücher und Hefte über Bruststillen gelesen und alle Ratschläge befolgt. Das Kind schien gut zu trinken und schlief auch danach immer ein. Sie wachte aber kurz nach jeder Fütterung auf, und trotz all meiner Literaturbeflissenheit merkte ich erst nach einer Woche, daß sie einfach *hungrig* war; sie bekam nicht genug Milch von mir. Wir gingen zum Arzt, und tatsächlich hatte sie mehr Gewicht verloren, als in diesem Zeitraum normal war, außerdem waren Augen und Nase infiziert. Ich bekam eine Medizin, die ich ihr alle vier Stunden geben mußte, aber da der Magen durch die zu kleinen Mahlzeiten offenbar geschrumpft war, hieß es nun, ihr während der nächsten Wochen alle drei Stunden Tag und Nacht kleine Mengen Milch aus der Flasche zu geben. In der darauffolgenden Woche alle vier Stunden, danach alle fünf Stunden und so weiter. In meinem Beratungsbuch stand, daß man um so mehr Milch produziert, je öfter man das Kind anlegt, und es klingt so, als müßte jede Mutter Erfolg haben, wenn sie nur sich genau danach hält. Ich hatte aber nicht mehr den Mut dazu. Mein Kind war an meiner Brust beinahe verhungert, und wenn ich an die Nächte dachte, in denen wir mit dem schreienden Bündel auf- und abmarschiert waren, fühlte ich mich entsetzlich schuldig und dumm und meiner Aufgabe nicht gewachsen. Der schlimmste Schlag gegen mein Ego war, daß wir eine Pflegerin brauchten, weil wir die kurzen Fütterungsabstände nicht durchhielten. Aber vielleicht habe ich jetzt so viel weniger Schwierigkeiten, weil mein Ego gleich zu Anfang diesen Schlag erhielt. Ich mußte meine Schuld bekennen und mich der gegebenen Situation stellen. Seither ist alles viel besser.« Sie sprach mit guten Freundinnen, die schon Kinder hatten, und mit deren Hilfe gewann sie ihr Selbstbewußtsein und ihr Selbstvertrauen wieder.

Eine andere Mutter erzählte von ihren Schwierigkeiten beim Stillen. Man sagte ihr, sie habe nicht genug Milch, »aber der Arzt behandelte mein Problem, als sei das ganz normal. Es *war* einfach kein Problem für ihn. Das Kind kriegt nicht genug Nahrung von der Mutter, also braucht es die Flasche – und damit basta. Das war die Einstellung aller Leute in der Klinik. Niemand dachte an meine Gefühle, und jeder erklärte nur, es gäbe keine Hilfe dagegen, es sei denn, meine Milcherzeugung zu steigern. Ich hatte alles über Stillen gelesen und wußte daher, daß viele Frauen in dieser Situation ähnlich empfinden wie ich. Aber ich war so unsicher, so eingeschüchtert, daß ich aufgab.«

Eine andere Mutter antwortete auf die Frage der Pflegerinnen, ob sie selbst stillen wolle, immer wieder mit ja. »Ihre Reaktion erstaunte mich,« sagte sie, »man schien mir nicht glauben zu wollen, und tat, als hätte ich eine völlig ungewöhnliche, ja geradezu verrückte Entscheidung getroffen.« Dabei sollte man die Mutter doch seitens der Ärzte und des Pflegepersonals in jeder nur möglichen Weise unterstützen, wenn sie ihr Kind stillen will. Leider begegnet ihr in manchen Kliniken allenfalls wohlwollende Gleichgültigkeit, und sie kann sich noch glücklich schätzen, wenn man ihr nicht aktiv Widerstand entgegensetzt.

Wenn eine junge Mutter gegen ihren Wunsch aus einem triftigen Grund auf Flaschennahrung umstellen muß, sollte sie deswegen nicht gleich Trauer tragen. Es ist aber für viele einfach ein niederschmetterndes Erlebnis: »Seit meiner Kindheit hatte ich dieses Bild vor mir: Mutter mit Baby an der Brust, und jetzt mußte ich es aufgeben. Ich war meiner Aufgabe nicht gewachsen – war nicht die Frau, die ich hätte sein sollen.« Wenn wir unsere Weiblichkeit dauernd an Phantasienormen messen, müssen wir uns allerdings unzulänglich fühlen, sei es, daß wir unsere Babys nicht binnen zwei Stunden fröhlich kriegen oder sie während der ersten Monate nicht voll ernähren können. Sobald wir jedoch erkennen, daß es da keine Norm gibt (und sie auch ganz irrelevant wäre), daß jeder seinen eigenen, unverwechselbaren Körper und seine eigenen Bedürfnisse hat, dann wird das Bruststillen eher zu einer Wahl als zu einer Forderung an uns selbst und unsere Weiblichkeit.

Wir sind zwar auch der Ansicht, daß Muttermilch der kommerziellen Babyfütterung überlegen ist und das Stillen des Kindes sinnlich und gefühlsmäßig große Befriedigung geben kann. Mütter, die sich dafür entscheiden, sollten sich aber nicht dazu verleiten lassen, bei sich selbst und dem Kind irgendwelche Normen aus der Literatur erfüllen zu wollen; genau wie bei der Vorbereitung auf die natürliche Geburt verabsäumt man es gelegentlich, uns auf Fehlschläge vorzubereiten. Manche Kinder sind eben störrischer als andere, manche Frauen brauchen länger, ihren Milchvorrat den Ansprüchen anzupassen, manche bekommen Entzündungen oder Risse in den Warzen, gegen die ein Brustschutz hilft oder auch nicht – es kann also alles mögliche dazwischenkommen. Ist es Ihnen und Ihrem Baby unmöglich, den Literaturnormen zu folgen, die Sie auch bei sich voraussetzten, dann sehen Sie sich eben als außergewöhnliche Menschen und experimentieren Sie, bis Sie entdecken, was Ihren Bedürfnissen entspricht. Wir kennen eine Mutter, die nach jeder Brustfütterung noch das Fläschchen gab, womit sie zwar gegen alle ›Regeln‹ verstieß, aber für sich und ihr Kind Erfolg hatte. Für diese Frau ist es beim Bruststillen genau wie mit dem Sex – was immer für einen gut ist, ist auch in Ordnung. Und das finden wir auch! Wenn eine Frau das Baby mit der Flasche aufzieht, sei es, weil sie es so will oder es nicht anders geht, so ist das Kind bestimmt genauso glücklich, solange die Mutter es während der Fütterung im Arm hält. Die körperliche Nähe und Wärme beim Füttern und die Gelegenheiten zum Zärtlichsein sind auf lange Sicht wichtiger als die Frage, ob das Kind Muttermilch oder Flaschennahrung erhält.

Wenigen Müttern ist zu Anfang klar, wie sehr sie auf sich selbst angewiesen sind – und wie sicher sie dabei gehen. Die meisten von uns respektieren Autoritäten – sei es den Kinderarzt oder ein Kinderpflegebuch –, und das Resultat ist, daß wir unschlüssig gegenüber unseren eigenen Beobachtungen und der nach und nach wachsenden Erfahrung werden. So unsicher sind manche Frauen, daß sie den Kinderarzt fragen, was für Kleidung das Baby brauche – ob dies zu warm oder jenes zu dünn sei? Dabei versteht eine Mutter, die ihre Kinder gut beobachtet, abgesehen von schweren Krankheiten und Notfällen, die Bedürfnisse ihrer Kleinen bald besser als eine ihnen fernstehende Autorität.

Eine Kinderärztin erzählte uns von dem Professor, der zu seinen Studenten sagte: »Jetzt nehmen wir einmal die Masern daran. Ich werde Ihnen die Anzeichen und Symptome sagen und Dutzende Bilder von Masern zeigen, aber Sie werden sie deshalb noch immer nicht erkennen können. Warten Sie lieber, bis eine Mutter anruft, und sagt: ›Herr Doktor, unser Andi hat die Masern.‹ Dann schauen Sie sich diesen Andi gut an – er *hat* wirklich die Masern.«

Eine Mutter rief den Kinderarzt an, weil ihr Kind nicht ›richtig‹ aussah – die Augen waren halb zu, und es schien schläfriger als sonst, hatte aber kein Fieber und auch keine anderen äußeren Anzeichen einer Krankheit. Eigentlich kam sie sich bei dem Anruf ein bißchen blöd vor, aber trotz der vagen Information ließ er sich das Kind in die Ordination bringen, und es hatte tatsächlich eine Infektion, die der Behandlung bedurfte. Der Arzt meinte dazu: »Ich habe längst gelernt, auf die Mütter zu hören.« Vielleicht hätte er anders reagiert, wenn sie eine Dauertelefoniererin gewesen wäre. Hat aber eine Mutter erst einmal gelernt, ihrem eigenen Urteil zu vertrauen, dann hört ein guter Arzt auch auf sie.

Sicher sollten wir uns so gut wie möglich über Kinderpflege informieren, aber wir müssen dann selbst in der Praxis herausfinden, wie wir unsere Babys am besten baden, füttern und trösten und den Unterschied zwischen Zorngebrüll und demjenigen, auf das wir sofort reagieren sollten, erkennen lernen. Sicher haben wir am Anfang Angst und sind unsicher, und wer in dieser Zeit jemanden hat, der ihm hilft und Mut zuspricht, kann sich glücklich schätzen.

Viele junge Mütter wehren sich gegen den Gedanken, für das Neugeborene eine Hilfe zu nehmen, aber erfahrene Mütter werden ihnen dazu raten. Wir kommen viel schneller wieder zu Kräften, wenn uns tagsüber jemand ablöst – egal ob Ehemann, Schwester, Großeltern, Freunde oder eine bezahlte Hilfe. Dabei glauben wir, daß den meisten jungen Müttern mit einer Haushaltshilfe besser gedient ist als mit einer Kinderpflegerin, vor allem, wenn die Helferin auch mal Windeln wechseln kann. Manche Frauen hielten Freundinnen oder Schwestern für die idealen Helferinnen. Da sie ja schon ein fremdes Wesen im Haus hatten – das Baby –, waren sie dankbar, sich auf altbewährte Beziehungen zu Freunden oder Familienmitgliedern stützen zu können. Ihnen gegenüber äußerten sie sich frei über ihre Sorgen, gaben lachend ihre Ungeschicklichkeit bei der Pflege des Kindes zu und nahmen gerne Rat an.

Mit Großmüttern ist es etwas anderes. Oft erwarten wir zuviel blinde Unterstützung von den eigenen Müttern oder Schwiegermüttern und vergessen ganz, daß sie meist genauso nervös und unsicher bei der Kinderpflege sind wie wir selbst. Oder wir lassen uns nicht gerne von den eigenen Müttern kritisieren und beraten; sie haben vielleicht bis jetzt noch nicht akzeptiert, daß wir reife und unabhängige Menschen geworden sind. Viele finden es schwierig, zwischen der Doppelrolle von Tochter und junger Mutter zu lavieren. Egal aus welchem Grund, viele Frauen empfanden jedenfalls, daß die Großmutter als Helferin keineswegs ein reiner Segen sei. »Meine Mutter braucht selber noch so viel Hilfe und Zuspruch, verlangt so viel Aufmerksamkeit«, erklärte eine Frau, »da konnte sie mir nicht viel helfen. Ich wollte das Kind selbst stillen und mußte mit dem Fläschchen zufüttern. Trotzdem war mir das Stillen sehr wichtig und meinem Mann auch. Meine Mutter war aber gar nicht dafür. Sie versuchte mich zu überreden, das Stillen aufzugeben, und nahm sogar mal meinen Mann beiseite, weil sie sich angeblich Sorgen um das Baby machte; meine Milch sei ›zu dünn‹.« Wir haben des öfteren von jungen Müttern gehört, deren eigene Mutter ihnen vom Stillen abriet.

Großmütter, die selbst mehrere Kinder erfolgreich aufgezogen haben, wirken trotzdem manchmal recht unsicher bei ihren neuen Enkeln. Die meisten haben doch jahrelang nichts mehr mit kleinen Kindern zu tun gehabt und meinen vielleicht auch, daß man ihnen in ihrem Alter die Kinderpflege nicht mehr anvertrauen sollte. Überdies müssen sie sich hier unterordnen und spielen nur die zweite Geige, während sie sonst dominierten. Großmütter werden ihrer Erfahrung wegen geschätzt, sind sich aber ihrer Sache oft selber nicht mehr sicher und schwanken zwischen Ängstlichkeit und Tyrannei. Der Kampf zwischen Mutter und Tochter um die Kontrolle über das Baby kann Formen annehmen, bei denen jede meint, im Interesse des Kindes zu handeln. Natürlich gibt es genug Frauen, die mit ihren Müttern und Schwiegermüttern nichts dergleichen erleben. Je nach der Beziehung zwischen der jungen und der älteren Frau kann daraus viel Hilfe oder zusätzliche Spannung erwachsen. Jede Mutter sollte daher diese Entscheidung selbst treffen und sich auch nicht scheuen, ein Angebot notfalls abzulehnen. Nach der Heimkehr aus der Klinik muß die junge Frau nicht nur mit den rein körperlichen Anforderungen der Kinderpflege fertig werden, sondern auch seelisch einiges verkraften; wir denken dabei nicht nur an die starken Emotionen der nachgeburtlichen Zeit, sondern etwa an den Schock bei der Entdeckung, daß Gefühle für das Kind ausbleiben. So manche Frau, die in sich das Aufkommen überströmender Liebe für das Baby vermißt, erforscht ihre Psyche: »Bin ich kalt? Liebesunfähig? Bar jeden mütterlichen Gefühls? Pervers? Eine unvollkommene Frau?« Keine sollte jedoch überrascht sein oder sich Sorgen machen, wenn sie der Vision einer hingebungsvollen Mutter nicht entspricht, die mit verzücktem Blick über dem Bettchen hängt und ein nacktes Popöchen mit überschwenglicher Freude pudert. Solche Augenblicke sind zwar möglich, aber dazu kommen noch viele andere.

Zu Anfang werden die Eltern durch die Eigenarten ihres Babys und ihre Anstrengungen, es zu beruhigen, damit es nicht schreit, in die Defensive gedrängt. Anstatt erfreut zu sein, fühlen sie Abwehr in sich und sind verwirrt oder sogar feindlich gestimmt, anstatt das Kleine zu bewundern. Solche Gefühle sind weit verbreitet und durchaus voraussehbar, denn schließlich ist ein Neugeborenes ein ziemlich ungeselliger Fremdling im Haus. Eine Mutter sagte: »Ich sah mir dieses schreiende Etwas an und dachte: ›Was ist denn das für ein komischer Balg, dieses Ding da? Ich liebe es überhaupt nicht.‹« Nach diesen Gedanken stiegen natürlich Angst- und Schuldgefühle in ihr auf. Aber diese selbstgeschmiedeten Ketten sind sinnlos; je mehr sich das farblose Kleinkinderschema von Schlafen, Essen, Schreien und Naßmachen zu unterscheidbaren, individuellen Mustern abwandelt, um so mehr werden Liebe und Vergnügen wachsen. »Meine Liebe wuchs, als sie zu einer Persönlichkeit wurde«, ist die typische Erklärung einer Mutter, der das Menschliche wichtiger war als reine Verhaltensgesten.

Vätern geht es noch öfter als Müttern so, daß sie auf das Baby überhaupt nicht reagieren können. Vielleicht sind sie mutiger bei diesem Eingeständnis, da ja zu den akzeptierten Ingredienzien der Männlichkeit nur ein kleines bißchen väterliche Zuneigung gehört. Obwohl das falsch ist und viele Männer dadurch um wichtige seelische Erfahrungen gebracht werden, ist es eben einfach so, daß man von ihnen nicht erwartet, daß sie das gleiche Empfinden wie Mütter aufbringen. Stattdessen erwartet man von ihnen, daß sie Zigarren verschenken, eine Runde für die Freunde ausgeben und über ihre neue Rolle Witze machen. Das Klischee wird jetzt langsam revidiert, aber sein Vorhandensein machte es wohl Vätern leichter als Müttern, einzugestehen, daß das Baby ihnen gar nichts bedeutet und der erste Anblick überhaupt nichts gab. Ein Vater meinte dazu noch: »Erst als Michelle zwei wurde, kam sie mir näher. Vorher konnte ich nichts von dem tun, was ich mit ihr unternehmen wollte; Vorlesen am Bett und kleine Spiele gingen noch nicht. Irgendwie fühlte ich mich völlig fehl am Platz.«

Sogar ein Vater, der sich redlich mit seiner Frau in die Kinderpflege teilte, berichtete: »Jetzt, wo Mike zu krabbeln beginnt, kann ich mich irgendwie mit ihm identifizieren. Bisher war er mir einfach ein Fremder im Haus, und das brachte natürlich Probleme mit sich, denn es ging mir gegen den Strich, mich für einen Fremden so anzustrengen. Er war für mich einfach ein Baby, um das man sich kümmern und dem man die Windeln wechseln mußte, aber ich fühlte keine Beziehung zu ihm.« Manchmal führen solche Reaktionen zu Reibungen zwischen den Eltern, und die Frau beschimpft den Mann oder möchte es am liebsten tun. Mitunter wohl deshalb, weil *er* in übertriebener Form *ihre* Gefühle gezeigt hat und zum Spiegelbild ihrer Ängste wegen mangelnder Mutter-Kind-Beziehung geworden ist. In manchen Fällen verlassen sich die Väter darauf, daß die Frauen die Bindung zwischen ihnen und dem Baby herstellen. Ein Vater erklärte, daß er sich dem dritten Familienmitglied gegenüber völlig fremd fühlte, während seine Frau die Beziehung sofort hatte. Er bekam diese Beziehung dann durch sie. Sie habe es ihm leicht gemacht, das Baby zu lieben; das sei ja auch die Rolle der Frau. Mag sein, aber wir meinen, daß es die Rolle der Gesellschaft wäre, uns beizubringen, daß Kinder *zwei* Eltern haben, die jedes für sich durch die Beziehung zu ihm zu seiner Entwicklung und seinem Wohlbefinden beitragen.

Um eine solche Beziehung herzustellen, bedürfen wir einiger Außenkontrolle, um psychisch überleben zu können. Typisch dafür sind die Geschichten dreier Frauen, die außerhalb ihres Familienkreises berufliche Kontakte aufrechterhielten, aber die meiste Zeit zu Hause waren. Eine war Forscherin und konnte ihre Berichte schreiben, wo immer sie wollte, die andere Drehbuchschreiberin für den Hörfunk, und eine dritte schuf Wandbehänge. Jede dieser Frauen stellte für sich selbst Regeln auf, die denen der anderen erstaunlich ähnelten: Vor allen Dingen nie aus irgendwelchem Grund etwas Langweiliges, Routinemäßiges tun, sobald die Kinder schlafen oder sonst aus dem Weg sind. Buchstäblich jede Minute, in der man nicht für die Kinderpflege gebraucht wird, sofort den eigenen Interessen zuwenden. Alle drei hatten gelernt, jeweils die Hausarbeit sofort fallen zu lassen und sich anderen Dingen zuzuwenden; sie sind der Meinung, daß jegliche wirklich notwendige Hausarbeit nur dann getan werden sollte, wenn die Babys wach sind und quäken. Sie gaben zu, daß auf diese Weise die Hausarbeit zwar schwieriger wird, aber die schöpferischen Zeiten, die sie dadurch gewannen, halfen ihnen, im Umgang mit den Kindern ihr emotionales Gleichgewicht zu behalten.

Zu dieser Regel kam noch der Spruch: »Benütze deine freie Zeit ohne Schuldgefühle. Du hast sie dir verdient, nimm sie dir und genieße sie.« Ihre persönliche, kreative Arbeit machte ihnen außerdem die vielen Stunden mit den Kindern viel angenehmer. Da sie alle drei merkten, daß nach kindererfüllten Stunden das Durchhalten bei der Arbeit schwierig wurde, lernten sie, beim Staubsaugen, Kochen oder Geschirrwaschen schon für die Augenblicke des Alleinseins vorauszuplanen. Eine meinte noch, daß sie *nie* versucht habe, freie Zeit für ein Schläfchen zu benützen, es sei denn, sie sei wirklich erschöpft gewesen. Die körperliche Erfrischung durch Schlaf war nicht genügend Kompensation für die intellektuelle Schlaffheit, die sie empfand, wenn sie sich nicht mit ihren geistigen Problemen beschäftigt hatte.

Natürlich sind wir nicht alle organisatorisch so begabt, aber die Regeln, nach denen diese Frauen lebten, könnten auch bei nur lockerer Befolgung Müttern mit Problemkindern helfen. Außerdem sollten sich junge Mütter daran erinnern, daß man nie mehr tun dürfte, als man wirklich kann. Planen Sie also ihre regelmäßigen ›dienstfreien‹ Zeiten ein, und lassen Sie sich dann von Ihrem Mann, von Verwandten, Freunden oder einem Babysitter ersetzen. Wer rasch erschöpft wird, sollte sich nur auf die paar nächsten Stunden konzentrieren und die Angst verscheuchen, daß in der nächsten Woche oder im nächsten Monat alles noch immer so wie heute sein wird. Denn es wird nicht! Babys verändern sich, und das sehr schnell. Wenn sie an Ihr nächstes Tagesschläfchen denken und sich versprechen, nur noch ein paar Stunden durchzuhalten, können Sie die schwierigen Zeiten überwinden, fast ohne es zu merken. Dort, wo die ersten sechs Monate ein einziger Streß sind, bietet Untertauchen im Hier und Heute eine gute Überlebenshilfe. Andererseits können wir auch versuchen, weit über den Tag hinaus zu blikken und Zukunftspläne zu schmieden (aber auch ausführen!), sobald das Kind weniger abhängig von uns ist. Im übrigen müssen wir daran denken, daß – egal welche Probleme die Neugeborenen uns stellen – wir nicht mehr tun können, als wir eben können, und anstatt es unnötig weiter zu versuchen, uns lieber ein wenig um uns selbst kümmern sollten.

Wenn ein Neugeborenes alle oder einige der angeführten Konfusionen schafft (oder gar noch mehr), so werden sich die Mütter hoffentlich täglich daran erinnern, daß diese Zeit vorübergeht. Je größer das Kind wird, um so mehr neue Forderungen werden an uns herantreten, aber selten wird eine Frau Körper und Geist noch einmal so rasch so stark umstellen müssen wie in den ersten Monaten des Babys. Bei Frauen, die mit Ende zwanzig oder in den Dreißiger-Jahren ihre Kinder bekommen, scheint das Leben mit dem Baby weniger Frustrierungen auszulösen, vielleicht weil es intensiver gewünscht worden ist oder weil sie schon reifere Ansichten über ihr Leben und ihre Ziele haben. Trotzdem, ob wir die Kinder früher oder später bekommen, umstellen müssen wir uns immer. Nehmen wir es als Herausforderung unserer Erfindungsgabe an, unserer Durchhaltekraft und Vernunft, eine Herausforderung, der wir uns stellen und für die wir Lösungen finden wollen. Und wenn alles gut gegangen ist, sind wir zwar nicht im Paradies, aber wir haben wenigstens täglich unsere acht Stunden ununterbrochenen Schlafes.

IV

2 + 1

Menschliche Harmonie ist größtenteils Ergebnis von Schwerarbeit, und jeder Mann und jede Frau, die ein gemeinsames Leben gestaltet haben, wissen um die falschen Noten und verpatzten Akkorde dabei. Man füge noch eine dritte Person dazu, zum Beispiel (oder vor allem) ein Baby, und aus dem Duett wird womöglich eine verrückte Mazurka. Für viele Leute ist der Wandel vom Paar zur Familie größer als der Wandel von der Einzelperson zum Paar. Rein sprachlich gesehen geht die Sache ganz leicht – wir alle erhalten im Augenblick des ersten Quäkens im Kreißsaal neue Titel. Aus der Geliebten, dem Ehemann, der Ehefrau, dem Ehepaar werden Mutter, Vater, Eltern, Familie. Die Terminologie ist leicht genug, aber die neue Dynamik unserer Beziehung zueinander ergibt sich erst nach einer Summe vieler Tage gemeinsamen Lebens mit dem Baby.

Natürlich hängen die neuen Beziehungen zum Teil davon ab, wie die alten waren. Wie es ein Vater ausdrückte: »Man kann wohl kaum über elterliche Gefühle und die Beziehung zu den Kindern diskutieren, ohne über die Ehe selbst zu diskutieren. Wenn eine Frau ein erfüllteres Leben führen will als die ›traditionelle Mutter‹, so läßt sich beides überhaupt nicht trennen, egal ob sie berufstätig bleibt oder nicht. Wenn man nämlich eine traditionelle Ehefrau im klassischen Sinn ist, wird es wohl kaum möglich sein, sich in eine ›moderne‹ Mutter zu verwandeln. Das Gleiche gilt auch für den Vater. Wenn er seine Frau so behandelt, wie das in der Vergangenheit üblich war, dann wird er wohl auch seine Kinder in einer Weise behandeln, die zwar noch allgemein anerkannt sein mag, ihm aber nicht viele Möglichkeiten der Wahl läßt.«

In der traditionellen Ehe sind Sexualdefinitionen nicht allein auf die Geschlechtsbestimmung beschränkt, sondern betreffen praktisch alle Aspekte des partnerschaftlichen Lebens, wobei der Mann dominiert und die Frau ihm unterworfen ist; das reicht bis in solche Einzelheiten des Lebens wie die Festlegung, wer was innerhalb und außerhalb des Hauses tut. Aus solch einer traditionellen Ehe folgert normalerweise traditionelle Elternschaft und daher oft auch unnötiges Leid: für die Mutter in ihrer Selbsteinschätzung, für den Vater bezüglich seiner Menschlichkeit und für das Kind, dem die Entwicklung zu einem widerstandsfähigen Einzelwesen versagt wird.

Diese sozialen Regelfälle sind u.a. auch von Simone de Beauvoir in ihrem Buch ›Das andere Geschlecht‹ beschrieben worden. Aus solchen Untersuchungen ergibt sich immer wieder, daß »der ganze Beziehungskomplex zwischen Mann und Frau neu erforscht und neu definiert werden muß, ehe Mutterschaft und Elternschaft sich verbessern können.« Aber selbst Paare, die ihr gemeinsames Leben experimentierend und die Dinge hinterfragend begannen, müssen entdecken, daß »es unglaublich schwierig ist, eine Familie zu werden.« Selbst eine glücklich erreichte ›freie Ehe‹ kann durch ein Kind plötzlich sehr unfrei werden.

Die neuen Anforderungen sind zum Teil rein praktischer Natur – nämlich eine Multiplikation der häuslichen Arbeiten. Ehepaare, die stolz darauf waren, ihre Haushaltspflichten ganz leger zu teilen, entdecken plötzlich, daß das Familienleben geradezu militärische Disziplin erfordert. Wie es eine Mutter ausdrückte: »Gemeinsam einkaufen gehen macht als Ehepaar Spaß, aber weit weniger Spaß macht es, wenn der eine die Wäsche besorgen muß und der andere einkaufen geht.« Dieser Meinung sind auch viele Männer, und einer drückte es so aus: »Kinder zerstören die Arbeitsteilung. Wir hatten in unserer Ehe alles so schön ausgeklügelt, und dann kam der Kleine. Als wir schließlich zu einer neuen Einteilung und zu einem neuen Lebensstil gekommen waren, wurden die durch das zweite Kind wieder zerstört.« Ein anderer Vater meinte: »In einer modernen Ehe, in der beide Partner arbeiten und sich die Haushaltspflichten irgendwie geteilt haben, bringt das Kind alles durcheinander. Es ist jetzt sehr schwierig für uns beide, zu bestimmen, wer was tut.« Solche Paare sind offensichtlich unfähig, die Aufgaben redlich miteinander zu teilen, und sie müssen daher das vorher so legere System in strenge Regeln fassen. Angesichts der erhöhten Anforderungen und begrenzten Zeit müssen die Partner die Arbeitsteilung aushandeln – oder sich gegenseitig feindselig ›einfangen‹. Das Resultat sieht dann oft wie ein Manteltarifvertrag aus.

Solche irdischen Realitäten sind in der Beziehung zwischen zwei Menschen keineswegs trivial. Alles, was tagtäglich geschieht, bekommt auf der Gefühlsebene Gewicht und ein Baby erfordert eine Unmenge neuer monotoner Vorgänge. Natürlich bedeutet die Geburt eines Kindes viel mehr als nur vermehrte Hausarbeit. Obwohl die meisten Paare, die wir interviewten, der Meinung waren, daß es Unsinn sei, sich ein Kind zur Stärkung der ehelichen Gemeinschaft zu wünschen, waren sie sich doch alle des ›Zugewinns‹ bewußt. Eine Mutter sprach davon, daß ihre Ehe jetzt auf ganz anderen Dingen basiere. »Wir sind reifer geworden und teilen die guten und schlechten Zeiten mit einem menschlichen Wesen außerhalb unserer Partnerschaft.«

Ein Mann, der vor seiner Ehe zehn Jahre als Junggeselle gelebt hatte, beschrieb folgende positive Wirkung der Elternschaft: »Als wir heirateten, stürzten wir uns in den Maelstrom gesellschaftlicher Unternehmungen. Zwei Wochen nach der Heirat luden wir z.B. zwanzig Leute zum Abendessen ein. Wir lernten bald, alle möglichen Rollen zu spielen. Meiner Frau fiel es ziemlich schwer, mit allen Rollen fertig zu werden, zu denen sie sich verpflichtet fühlte – Ehefrau, Geliebte, Gastgeberin, berufstätige Frau und so weiter. Ich glaube, erst durch die Geburt unseres Sohnes haben wir gelernt, ein bißchen vernünftiger zu sein. Wir blieben mehr zu Hause, aber unser neues Leben wurde keineswegs zur unerträglichen Routine. Für mich persönlich war diese Veränderung sehr beruhigend. Vorher hatte ich ein viel zu hektisches Gesellschaftsleben geführt.«

Solche Umwertungen und Umstellungen im Leben können als unerwartetes Geschenk oder grimmige Notwendigkeit angesehen werden. Das, was ein Vater über sein Kind sagte, betrifft aber wohl fast alle Eltern: »Wir sind riesig stolz auf unseren Sohn – nicht auf oberflächliche, äußerliche Art, sondern wir finden einfach, daß er ein prächtiger Kerl ist, und freuen uns darüber. Und ein bißchen sehen wir das natürlich auch als unser Verdienst an.« Solches Verdienst ernten zu können, bedarf es freilich meist großer Anstrengungen.

»Mein Gynäkologe mahnte mich: ›Das Kind muß in *euer* Leben hineinpassen. Glaubt ja nicht, daß ihr wegen des Kindes alles ändern müßt!‹ Das hat mich damals sehr überrascht. Ich glaube, es war mir noch gar nicht zu Bewußtsein gekommen, daß bereits viele Leute der durchaus anerkannten Meinung waren, das Kind müsse sich auch uns fügen. Unbewußt hatte ich ängstlich überlegt, wieviel wir wohl um des Kindes willen aufgeben müßten, und es war mir eine Erleichterung, daran erinnert zu werden, daß es immer nur ein Geben und Nehmen sein könne.« Diese Einsicht einer jungen Mutter klingt so einfach, manche Eltern, ja, vielleicht die meisten, haben aber noch nicht zu ihr gefunden. Das Kind beherrscht das Leben der Erwachsenen rundum mit geradezu bösartiger Wirkung auf alle, auch auf sich selbst. Da ein Gleichgewicht herzustellen und zu entscheiden, wer wann gibt und nimmt, ist eine Riesenanstrengung, die nicht immer zum Ziel führt.

Im Gegensatz zu dem vom Kind beherrschten Heim gibt es noch viele Ehepaare, die meinen, ihre Kinder nicht genügend in ihr eigenes Leben eingeschlossen zu haben. Eine Frau mit einem Dreieinhalbjährigen und einem Zweijährigen sagte: »Ich glaube, wir haben uns noch gar nicht darauf eingestellt, daß wir Kinder haben. Die Wochenenden planen wir für uns selbst und schleppen die zwei Kleinen einfach mit. Wir gehen nie in den Zoo oder in den Park, allerdings versuchen wir etwas zu finden, was die Kinder wenigstens einigermaßen interessiert, damit sie *uns* den Tag nicht verderben.« Eine andere Frau, die mit dieser Meinung übereinstimmte, erklärte, sie und ihr Mann versuchten noch immer ihre frühere Lebensweise fortzusetzen, wobei sie allerdings Schiffbruch erlitten. »Als wir an den Strand fuhren, wollte er dort schlafen, wie er es früher gerne getan hatte. Schließlich mußte ich ihm sagen: ›Das geht einfach nicht mehr. Außerdem habe ich jetzt keine Lust mehr, im Sand zu spielen.‹« Eine dritte erklärte, sie und ihr Mann organisierten als Einzelwesen und als Paar ihre Freizeit immer noch so, daß die Gegenwart eines Kindes dabei das Vergnügen der Erwachsenen eigentlich schmälere. »Wenn er von der Arbeit heimkommt, pusselt er gerne allein im Haus herum. Die Kleine läuft ihm überall nach und das macht ihn wild.« Um seines eigenen Seelenfriedens willen müßte dieser Vater sich öfter allein mit Conny beschäftigen oder irgend etwas finden, womit er sie ablenkt und davon abhält, ihm bei seinen Reparaturen zu ›helfen‹. Ebenso muß aber auch Conny beigebracht werden, welche Rechte ihres Vaters sie zu respektieren hat.

Eltern, die ›den Rechten der Kinder Grenzen setzen‹, können zumindest ihre Zweierbeziehung ungestörerter fortsetzen. Eine Frau war gegen diese Anschauung, sie wünsche ja eine Familieneinheit, sagte sie, und nicht eine Kindereinheit neben der Erwachseneneinheit. Mag schon sein, aber bei ganz kleinen Kindern, deren Interessen selten über Püppchen, Karussells und Kasperleaufführungen hinausgehen, geht das nicht so gut.

Diskussionen über dieses Thema führen oft zu Kritik an der Miniaturfamilie des zwanzigsten Jahrhunderts. Die allgegenwärtigen Tanten, Onkel, Vettern und Cousinen, Großeltern, Nichten und Neffen machten es früher offenbar leichter, jeder Gruppe zu ihrem Recht zu verhelfen. Wir sind heute viel isolierter, und die Alternative, selbst eine große Familie zu gründen, lockt wenige. Viele von uns werden wohl mit dem Mann übereinstimmen, der da meinte: »Die Bevölkerungsexplosion auf der einen Seite und die Frauenemanzipation auf der anderen bewirken bei mir, daß mir Leute mit großen Familien zuwider sind.« Ein anderer reagierte ähnlich auf große Familien »wegen der ganzen Bürokratie« – er meinte damit die Planerei und die komplizierten Arrangements, die nötig sind, um eine solche Großeinheit in Funktion zu halten. »Die Anschauung gegenüber der Familie hat sich unserem Jahrhundert geändert. Das hat mit den Ansichten zu tun, die wir über das Überleben gewonnen haben – das persönliche und das Überleben als Volk. Und sie hat auch zu tun mit unseren beruflichen Erwartungen und den Rechten aller Menschen, aller Männer *und* Frauen, sich mit sinnvoller Arbeit zu beschäftigen.«

Wie man es auch dreht, die Kleinfamilie wird aufs Korn genommen, und viele Eltern ließen sich umfassend darüber aus, wie in ihr die individuelle Freiheit und Lebenserfüllung beschränkt werden. »Eine lose Kooperative von vier oder fünf Familien kam mir für das Aufziehen der Kinder immer schon besser vor. Es ist einfach unsinnig, wie wir heute Kinder erziehen. Bei jedem neuen Kind müssen wir von vorn anfangen. Und Hilfe kriegen wir von nirgendwo.«

Eine Mutter berichtete begeistert von ihrem Sommererlebnis mit einer anderen Familie. »Es ging wunderbar. Wir kochten abwechselnd und sahen abwechselnd auf unsere Kinder und so weiter. Die Kleinen hatten mehr Gesellschaft, und sie stritten weniger untereinander als die Geschwister es sonst tun – alles verlief freundlicher und das Neue an der Sache war aufregend für sie.«

Für die meisten von uns hat sich jedoch die Kleinfamilie noch nicht erweitert, und unter diesen Umständen entdeckt dann ein Paar, daß die Geburt des Kindes die vorherige Intensität der Beziehung eher schwächt als stärkt. Sicher, das Kind ist eine greifbare Manifestierung ihrer Zusammengehörigkeit; etwas »Vernünftiges, Lebendiges, in die Zukunft weisendes«, wie es ein Vater darstellte. Andererseits ist das Kind nicht nur etwas, das aus ihnen herausgewachsen ist, sondern es steht auch *zwischen* ihnen, und das tun Kindern ab zwei Jahren dann buchstäblich dauernd. »Auf eines ist man absolut nicht vorbereitet: daß die Kinder sich dauernd zwischen Mann und Frau stellen. Und oft ganz absichtlich.«

Dieses Dazwischenstellen kann viele Formen annehmen. Erstens einmal natürlich als dauernde körperliche Präsenz, wie eine Mutter klagte (und wir alle es schon empfunden haben): »Ich möchte manchmal auch mit meinem Mann allein sein, wenn ich *nicht* zu Tode erschöpft bin.« Die Bedürfnisse eines Kindes zu erfüllen, zehrt an den Energiereserven der Mutter, und allzu oft, klagte ein Mann, »bleibt uns dann nur dieses klägliche Überbleibsel vom Tag. Früher kam man heim, und die Frau war hübsch angezogen, ein gutes Essen bruzzelte auf dem Herd, und man freute sich auf die Gespräche miteinander.« Diese ›Kamingespräche‹ werden immer kürzer und müssen immer später angesetzt werden, bis es dann nur noch ›Kopfkissengespräche‹ sind.«

Was das Abendessen betrifft, so meinte derselbe Ehemann: »Ehe die Kinder kamen, tranken wir nie vor Tisch. Jetzt sind es oft drei, vier Drinks vor dem Essen, und das macht auch nichts, denn das Essen schmeckt ohnehin nicht mehr so gut.« Die Stunden, die das Paar früher miteinander verbrachte – zum Beispiel bei einer Mahlzeit – müssen nicht nur mit anderen *geteilt* werden, sondern *sind* auch völlig anders. Beide Partner sind müder und gespannter, und es kommt zu Interessenskonflikten, wenn die Eltern versuchen, die freien Augenblicke zwischen einander und den Kindern aufzuteilen. Ein Dreijähriger kommandierte höchst geradeheraus beim Essen: »Hört auf zu reden. Ich will was sagen.« Und ein Vierjähriger beklagte sich: »Ihr redet miteinander, keiner redet mit mir.«

Eine berufstätige Mutter sagte: »Ich weiß wohl, daß ich Sarah Zeit widmen muß, aber ich merke auch, daß ich manchmal die Gespräche meines Mannes als aufdringlich empfinde. Einmal bemerkte ich beim Abendessen, daß mich mehr interessierte, was das Kind sagte – sie versuchte mir etwas Wichtiges zu erzählen –, als die Worte meines Mannes. Das war mir entsetzlich. Wir hatten sechs Jahre ohne Kinder gelebt und es war eine ebenso gute Freundschaft wie Ehe. Wir hatten einander wirklich viel zu sagen und kamen auf diesen Punkt eigentlich nie wieder zurück.«

Vielleicht kann man darauf auch nicht zurückgehen, aber es kann eine neue Beziehung geschaffen werden, die das Kind miteinschließt. Und wir sollten daran denken, daß den Kindern in ein paar Jahren die elterliche Gesellschaft ohnehin schon langweilig erscheinen wird und Mami und Papi sich dann wiederfinden und einander neu entdecken können.

Inzwischen jedoch, während der ersten Jahre der Kinder, sehnt sich jeder Partner wohl danach, einmal allein verschwinden zu können, obwohl die gemeinsame Zeit schon so beschränkt ist. Ist dies rein praktisch schon schwierig genug, so stellen sich psychologisch noch viel größere Hindernisse in den Weg. »Diese alles überschattende Verantwortlichkeit«, wie ein Vater bemerkte. »Wenn man jetzt ohne den Partner ausgeht, geht das nicht ohne Schuldgefühle oder sogar Anschuldigungen und so weiter.« Er hat recht. Wenige Frauen schicken den Papi gern regelmäßig ›zum Vergnügen‹ aus, ohne ihm böse zu sein wegen der Extrazeit, die sie jetzt mit den Kindern verbringen müssen. »Es ist gar nicht so sehr eine Sache des guten Willens, sondern der Erschöpfung,« meinte eine Mutter, »man ist völlig heruntergearbeitet.« Und der Mann reagiert natürlich ähnlich. Welcher Vater sagt schon am Samstagmorgen früh beim Aufwachen: »Mach du dir einen schönen Tag, ich kümmere mich um die Kinder.«?

Für viele Ehepaare besteht eine Teillösung darin, einfach festzulegen, wann der eine und wann der andere Partner für Freizeitbeschäftigungen eigener Wahl frei hat. Trotzdem ist es nicht leicht, die unterschwelligen Feindseligkeiten und Ressentiments, die dabei ausstrahlen und nach innen als Schuldkomplexe zurückkehren, zu vertreiben. Ein Vater stellte das sehr gut dar: »Ehe die Kinder kamen, hatte meine Frau nie die Waffen zur Hand, mir Schuldgefühle aufzubrennen, wenn ich etwas allein unternahm. Jetzt gibt es jedoch Zeiten, wo ich diese Schuld empfinde und dabei ist meine Frau gar nicht besonders böse auf mich. Und das ist noch schlimmer für einen Vater, der einigermaßen sensibel ist und eine eingebaute Verantwortlichkeits- und Zuneigungsantenne besitzt.« Die Kinder sind den Vätern meist gar nicht so böse, wenn sie einmal weggehen, aber den spitzen Pfeilen der Frauen oder des eigenen Gewissens entkommen sie selten. Auch hier liegt die Schuld gar nicht so sehr an mangelnder Großzügigkeit, sondern eher an der Organisation der Familie, an den erhöhten Erwartungen, die der einzelne heute an die Selbsterfüllung stellt, und an der erweiterten Freizeit, die wir als uns zustehend betrachten.

Wenn ein Kind da ist, wehren sich viele Eltern gegen die Verringerung oder das Verschwinden ihrer Freizeit. »Nie habe ich mir so gewünscht«, sagte eine Mutter, »daß mein Mann mehr daheim sein könnte und eine leichtere Arbeit hätte, damit ihm mehr Zeit für das bliebe, was er tun möchte. Das würde uns allen gut tun.« Eine andere Frau beschrieb begeistert des ›Sabbat-Jahr‹ ihres Mannes. (Ursprünglich eine Einrichtung der jüdischen Synagoge für ihre Geistlichen. Jedes siebente Jahr werden sie freigestellt zur Selbstbesinnung, zum Weiterstudium etc. Anm. d. Übers.) Die Familie war finanziell gesichert und konnte sich allen möglichen neuen Tätigkeiten hingeben. »Viele schöpferische Impulse wurden dadurch ausgelöst. Wir schrieben Gedichte und Kurzgeschichten, lernten uns selbst wieder kennen. Sicher hatte er mehr Freiheit als ich, da ich mich ja noch um das Kind und das Haus kümmern mußte.« Trotzdem stellte die Frau fest, daß alle drei Familienmitglieder mehr Freude aneinander hatten und die Erwachsenen viele neue Möglichkeiten in sich entdeckten.

Eine frühere Drehbuchautorin beschrieb eine ähnliche Situation aus der Zeit, da ihr bisher als Regisseur tätiger Mann drei Monate arbeitslos war. »Er hatte es nicht eilig, eine neue Stellung zu finden, und der tägliche Streß seines vorigen Postens war vorbei. Die Kinder waren viel natürlicher in seiner Anwesenheit. Unser Haus strahlte damals geradezu.«

So lange Freiheitsperioden können sich wohl die wenigsten von uns leisten, aber gelegentlich würden wir alle etwas längere Freizeitspannen brauchen, um uns über unser Leben klar zu werden und ihm vielleicht eine neue Wendung zu geben. Die Anwesenheit der Kinder verhindert aber solche Freiheit und bringt eine Art ›lebenslängliche Zwangshaft‹ mit sich, wie ein Vater es definierte. »Ich denke dabei an normale, erfüllbare Erwartungen, nicht einfach Wunschträume. Mich trifft das seelisch und körperlich.« Die Freiheit planen, mit verschiedenen Berufsmöglichkeiten experimentieren, eine neue Sportart anfangen – all das hat jetzt einen ›Haken‹: die Sorge um die Sicherheit der Familie. »In jedem Stadium unseres Lebens – jedem Augenblick, bei jeder Wahl, jeder Entscheidung – müssen die Kinder mit in Betracht gezogen werden. Und diese Behinderung ist für mich das

Schlimmste an der Elternschaft.«

Kurz gesagt, viele Eltern meinen, daß die Bedürfnisse der kleineren Kinder und ihre Anwesenheit im Haushalt sie sofort dazu zwingt, ihre Anschauungen und Pläne zu ändern und sich aller persönlichen Möglichkeiten zu begeben. Kaum ist ein Kind da, fühlen sie sich nicht mehr als Herren über ihr Leben, eher als Beobachter – und allenfalls Gestalter – eines Lebens, das nicht mehr ihr eigenes ist. Für viele Menschen vollzieht sich da eine fast unmerkliche Veränderung: die Familie als Einheit dominiert gegenüber dem Individual-Dasein der Partner.

Ein Mann berichtete von den Schwierigkeiten, die er hatte, um sich von seinen eigenen Eltern zu befreien, und wie er als junger Vater entdeckte, daß er weniger frei war, als er gedacht hatte. Wertvorstellungen und Spontanreaktionen, die er so mühsam revidiert hatte, schienen ihn jetzt wieder zu bedrängen. Ein anderer Großstadtbewohner sagte: »Für mein eigenes Leben habe ich mir Verhaltensweisen angeeignet, in einer freieren Art mit Situationen und Beziehungen fertigzuwerden als meine engstirnige, moralinsaure Kleinstadtfamilie. Ich hatte meinen *modus vivendi* gefunden, indem ich meine Gangart verlangsamte und den Dingen so gegenübertrat, wie es mir richtig schien. Jetzt ist der Kleine da, und ich kann mich mit meiner neuen Gangart nicht anpassen. Das stört mich mehr als alles andere. Diese Unfähigkeit, mit Veränderungen fertig zu werden.« Bei manchen Paaren wird durch die Elternschaft das Schöpferische in jedem einzelnen und als Ehepaar stark eingeschränkt.

Da viele Frauen mehr Zeit mit den Kindern verbringen als die Männer, glauben sie, daß ihnen mehr Beschränkungen auferlegt werden. Viele sprachen von der Notwendigkeit, daß beide Eltern sich um die Kinder kümmern müßten. Wie es eine Mutter darstellte: »Das typische Leben einer Mutter unserer Gesellschaft ist total verkehrt – es ist ja weder wirtschaftlich noch ökologisch notwendig oder gut für sie, Horden von Kindern zu haben, deretwegen sie zu Hause bleiben müßte. Die Gesellschaft hat die Verpflichtung, ein neues System zu entwickeln, in dem eine Frau sich neben ihrer Mutterrolle voll erfüllen kann. Heutzutage muß eine Frau die reinste Zauberin sein, um alles unterzubringen, und das ist unfair.« Eine andere stimmte mit ihr überein und meinte noch, die Männer müßten nie so viel von sich an die Kinder abgeben wie sie.

Trotzdem wehrten sich manche Frauen gegen die Vorstellung, auf gemeinsame Kindererziehung hinzuarbeiten. »Den Mann dazu zu bringen, daß er das Kind mit aufzieht, wäre eine sehr drastische und unnötige soziale Veränderung. Sie ist auch unnatürlich, denn die Frau trägt ja das Kind aus, sie gibt ihm das Leben und ernährt es.« Das ist die Stimme des Konservativismus, der biologische Imperative anführt, als wären sie soziale und ökonomische Forderungen. Sicherlich wollen manche Frauen keinerlei Veränderung ihres Zustands, aber die Mehrzahl der von uns interviewten Mütter wird wohl begeistert die nächste Geschichte lesen: »Mein Mann hat mir zur Unabhängigkeit verholfen, trotz unserer zwei Kinder. Wir haben es so eingerichtet, daß er bei den Kindern sein kann, während ich in der Bibliothek arbeite. Wir hatten die gleiche Ausbildung, und er hält es für unfair, daß ich nicht die gleichen Berufsmöglichkeiten haben soll wie er, und tut darum alles, um mir diese Möglichkeiten zu geben.« Vor kurzem kam dieses Ehepaar zu dem Entschluß, daß die Frau trotz einer langen Anfahrt eine Arbeit außerhalb des Wohnortes annehmen sollte, da in der Nähe nichts Passendes für sie zu finden war. »Ich will nicht, daß sie ihren Beruf aufgibt, nur weil *meine* Arbeit uns in eine Stadt gebracht hat, in der es für sie keine Möglichkeiten gibt. Und selbst wenn sie zu ihrem Arbeitsplatz fliegen müßte, würden wir noch dafür stimmen, wenn es ihr dort gefällt«, sagte der Mann. Dieses Paar hat sich erfolgreich gegen die Anschauung gewehrt, daß Kinder eine Art lebenslängliche Zwangshaft bedeuten müssen. Aber sie haben es nur dank ihres Mutes, ihrer Entschlossenheit und ihres guten Willens geschafft, ihre Vorstellungen über Geld, Zeit und Energieverteilung umzukrempeln.

Auf einer anderen Ebene stellt die Verhinderung kleiner, spontaner Aktionen durchaus eine Art Zwangshaft für Eltern dar. Man kann morgens nicht mehr lange schlafen oder im Bett die Zeitung lesen, am Sonntag zweimal ins Kino gehen oder um zehn Uhr nachts eine Wanderung starten. Solche Tätigkeiten müßten jetzt vorher arrangiert werden, und da sie ohnehin ›frivol‹ wirken, werden sie meistens unterlassen. »Ich bin ruhelos und genieße spontane Entschlüsse sehr; zum Beispiel mitten in der Nacht auf Hot-Dogs auszugehen«, erklärte eine Frau. »Ich hasse alles Vorgeplante, aber bei Kindern braucht man das. Als meine Mutter die Kinder eine Woche lang übernahm, blieben mein Mann und ich in diesen Ferien einfach daheim. Es war herrlich. Wir aßen, wann immer wir Hunger hatten – keine drei Mahlzeiten mehr zu festgesetzten Zeiten. Wir gingen aus dem Haus, wann es uns einfiel. Ich glaube, ohne die Kinder zu Hause zu sein, war genauso schön wie eine Reise.«

Kinder dringen auch in das Sexualleben der Eltern ein. »Romantik? Längst abgeschrieben«, meinte eine Mutter. »Wir haben kein Privatleben mehr und keine Zeit.« Die Eltern sind zur Schlafenszeit meist erschöpft, was ja sexuelle Begeisterung nicht gerade schürt, und morgens wird es ihnen selten gelingen, vor den Kindern dran zu sein. »Unsere Schlafzimmertür können wir nicht versperren«, berichtete der frustrierte Vater eines Krabbelkindes. »Becky bleibt dann einfach davor hocken und hämmert darauf.« Der Realität kommt die Klage einer Frau sehr nahe, daß »Sex auch schon eingeplant werden muß.«

Andere Ehepaare haben verwandte Probleme. Einige Frauen haben zum Beispiel das Gefühl, daß die Mutterrolle der Sexualität entgegensteht. – »*Frau* und *Mutter* scheinen mir unvereinbar«, sagte eine Kleinstädterin. »Als Frau gibt man seiner Identität Ausdruck, als Mutter wird die Identität negiert. Ich glaube, das hängt mit den Sorgen zusammen, die man hat, den vielen Ängsten. Theoretisch sollte man sich nach Entbindungen sexuell stärker fühlen – voller Ausdruck der Weiblichkeit und so weiter – aber mir ging es nicht so. Solange meine Kinder noch nicht in die Schule gingen, fühlte ich mich wie ein weiblicher Eunuch.« Mangelndes Interesse am Sex führt oft zu totaler Enthaltsamkeit. Wie ein Vater erklärte: »Es kommt dann eine Zeit, wo man vor dem Sex Angst bekommt, weil man ihn mit den Kindern in Verbindung bringt – und die haben den Sex ja erst einmal in Unordnung gebracht. Ich weiß nicht, wer das stärker empfindet, der Mann oder die Frau, aber es betrifft jedenfalls beide.« Trotz Erschöpfung, trotz zu wenig Zeit miteinander, trotz der Bedürfnisse der Kinder und der neuen Selbstbewertung noch das Sexualleben intakt halten zu können (wenn auch ohne wilde Leidenschaft), das erfordert wahre Genies.

»Genauso wird auch die seelische und geistige Gemeinschaft mit dem Partner durch die Kinder beeinträchtigt«, erklärte ein Vater, der an einer Universität unterrichtet. Ein Kollege von ihm stimmte zu und meinte noch: »Ehe die Kinder kamen, trug alles, was wir taten, zu unserer Ehe bei. Wir hatten beide unsere Projekte und interessierten uns gegenseitig dafür. Jetzt ist nicht mehr genügend Gemeinsames im Beruf da, und außerdem bleibt uns wegen der Kinder keine Zeit, diese Dinge zu teilen.« Wie in vielen Fällen kletterte der Ehemann hier die akademische Leiter hinauf, während seine Frau nur noch stundenweise unterrichtet und daher jedes Jahr die gleichen Elementarkurse vor sich hat. Aber selbst wenn die Frau ihre Laufbahn voll verfolgen würde, müßte sich die Kommunikation mit ihrem Mann ändern, wie dies auch von einem anderen akademischen Ehepaar angedeutet wurde. »Wir waren intellektuell auf gleichem Niveau und Kollegen im wahrsten Sinne des Wortes – bis Thomas kam. Jetzt reden wir fast nur noch über ihn.« Natürlich steht jede Erwachsenenbeschäftigung, sei es reine Unterhaltung, Hobby oder Karriere, im Widerspruch zu einem Kind, das noch zu jung ist, um daran Anteil zu nehmen. Ob das Ehepaar zuvor oft ins Kino ging, ob sie begeisterte Schifahrer gewesen waren oder Rucksackwanderer – sie alle bekommen zu spüren, daß ihre Hobbys mit den Bedürfnissen eines kleinen Kindes nicht in Einklang zu bringen sind. Entweder verschieben wir also diese Tätigkeiten bis zu dem Zeitpunkt, da die Kinder mitmachen können, oder wir sind mit Verwandten oder Babysittern gesegnet, die uns gelegentlich entlasten.

Eine andere Umstellung des geistigen Lebens junger Eltern bedeutet das relative Übergewicht des Babys in unseren Gedanken und Gesprächen. So wie Kinder oft in Müttergesprächen dominieren, so bilden sie auch bei Ehepaaren plötzlich den Hauptgesprächsstoff. Natürlich ist man nicht dazu gezwungen, aber es liegt eine gewisse Versuchung darin, zuviel Zeit an Gespräche über den Krabbler zu wenden.« Wir finden es leichter, über ihn als über andere Dinge zu reden, und ziehen diese Gespräche daher vor. Er ist in dem frühreifen Alter, wo alles, was er macht, irgendwie lustig und interessant scheint. Und wir vergleichen ihn andauernd mit anderer Leute Kinder.« Sicher, über die eigenen Kinder zu sprechen, kann großes Vergnügen bereiten, und niemand verlangt wohl, daß die Babyzeit und das Krabbelalter unbesprochen vorüberziehen sollen. Aber Ehepaare können in ihrer Kinderbeobachtung zu einer Art Besessenheit kommen; sie erzählen dann dauernd Anekdoten, die außerhalb ihres Hauses kaum von Interesse sind oder steigern sich mit anderen beim Vergleich ihrer Kinder in einen Konkurrenzneid oder Triumph hinein. Über ein gewisses Maß hinaus kommt es durch solche Gespräche zu einer Selbstbeschränkung, und schließlich beschränken sich die Interessen der Erwachsenen nur noch auf das eigene Heim.

Leider sind für Frauen, die abgeschlossen mit ihren kleinen Kindern leben, wenig andere Gesprächsstoffe verfügbar. Eine Frau erzählte lachend aus dieser Zeit, wie sie und ihr Mann sich am Hochzeitstag in einem französischen Restaurant ihr Essen bestellten und sie, kaum daß die Drinks serviert waren, zu ihm sagte: »Stell dir vor, Lucys Sohn hat sechsmal in einer Stunde in die Windeln gemacht!«

Der Drang, von solchen Kindergesprächen wegzukommen, ist nicht bei allen Frauen gleich stark ausgeprägt, aber alle Mütter, die wir interviewten, waren sich bewußt, wie schwierig das zu erreichen ist. Immerhin glauben einige, Lösungen gefunden zu haben. Betty, eine Betriebswirtin, deren Arbeitsstunden ihr viel Zeit für die zwei Kinder lassen, behauptet, daß sie und ihr Mann jetzt interessantere Gespräche führen. »Alles Triviale ist weg. Wir reden viel mehr über wichtige Dinge, und überhaupt ›verschwenden‹ wir weniger in unserem Leben.« Betty und ihr Mann diskutieren gerne über Kinder, aber ohne den Tratsch, den sie früher betrieben. Sie teilen sich in die Kinderpflege, und obwohl ihr Leben jetzt strenger programmiert ist, empfinden sie die neue Ordnung als angenehmer und bequemer für beide.

Auch die Freundschaften vorher kinderloser Ehepaare ändern sich. Alte

Freunde begreifen oft nicht, was die jungen Eltern jetzt brauchen, oder vertragen keine längeren Unterhaltungen über ein Kind. Ein Vater von zwei Kindern meinte: »Wir hatten viele ledige, verrückte Freunde, aber ein Kind nimmt solchen Freundschaften den Wind aus den Segeln. Unverheiratete erwarten in einer Freundschaft eine Intensität, die man ihnen als Eltern nicht mehr geben kann. Außerdem fangen sie bei ihren Besuchen immer gleich mit hochwichtigen intellektuellen Fragen an, während ich über das Baby rede.« Gemeinsame Interessen führen Eltern mit anderen Eltern zusammen, aber das hat auch seine Nachteile – nämlich die Kinder der anderen Eltern. »Wenn ich mir die Mühe mache, jemanden für meine Kinder zu finden und dann bei einer Familie eingeladen bin, wo die Kinder noch auf sind, ärgere ich mich. Am liebsten würde ich dann wieder weggehen, weil so ein Besuch sinnlos ist. Wenn man grad erst seine eigenen zur Ruhe gebracht hat, kommen einem die Kinder anderer Leute viel schlimmer als sonst vor.« Aus diesem Grund laden manche Ehepaare Gäste erst nach acht Uhr zum Abendessen ein, wenn die Kinder schon zu Bett sind. Andere nehmen sich einen Babysitter, selbst wenn die Geselligkeit im Haus stattfindet. Und wieder andere nehmen ihre Kinder mit zu den Gastgebern und teilen sich in die Kosten eines Babysitters für die gemeinsame Brut (eine nachahmenswerte Idee, wenn die Besuchskinder dort Platz zum Schlafen haben und auch imstande sind, in einem fremden Haus zu schlafen). Es gibt also Lösungen; keine ist wohl perfekt, aber viele durchführbar und erleichternd für die Eltern.

Es ist durchaus möglich, als junge Eltern neue Freundschaften aufzubauen, wenn auch schwieriger als vorher. Ein Ehepaar, das an den Stadtrand zog, meinte, es habe zu wenig Zeit gehabt, sich nach passenden Leuten umzusehen. »Kinder machen einem das unmöglich, und dann gibt man auf. Es verringert natürlich die Lebensfreude, und es fehlt der Stimulus neuer Freundschaften. Dadurch verändern sich auch die Gesprächsthemen zu Hause. Da man nicht mehr von neuen Leuten inspiriert wird, fällt man auf die Kinder zurück.« Das ist wohl etwas übertrieben ausgedrückt, denn die Beschäftigungen der Kinder, von der Spielgruppe bis zur Schule oder den Pfadfindern bringen ja schließlich Eltern miteinander in Kontakt. Und wenn Ihr Vierjähriger Ihnen Papa und Mama eines anderen Vierjährigen aufdrängt, muß das nicht das Schlimmste sein – vielleicht haben Sie gemeinsames Interesse an Computern oder sonst irgendwelchen Dingen außer den Kindern.

Aber was passiert, wenn der Arbeitstag der Eltern zu Ende geht? »Da kommt man nach einem harten Tag heim, freut sich auf ein bißchen Entspannung, und die Kinder überfallen einen«, sagte ein Vater. »Dann habe ich das Gefühl, an allen Nähten zu reißen.« Eine Mutter, die den ganzen Tag zu Hause oder im Büro gearbeitet hat, empfindet das Gleiche. Und leider scheinen sich die Kinder den Erwachsenen selten mehr aufzudrängen als zu dieser Tageszeit.

Wochenenden scheinen ähnliche Feindseligkeiten hervorzurufen. Für die Erwachsenen ist es eine Art unterschwellige Enttäuschung, erkennen zu müssen, daß sie sich nicht einmal am Wochenende gemeinsam entspannen können, und sie empfinden dann vielleicht unbewußt ein Ressentiment gegen die Kinder. Mann und Frau haben jetzt Gelegenheit, gegenseitig ihre Art, mit den Kindern umzugehen, zu beobachten und auch zu kritisieren. Manche Eltern kapitulieren ohne großen Protest vor den neuen Umständen. »Unsere Wochenenden sind jetzt familienorientiert. Da wir nicht mehr das tun können, was wir früher zu zweit unternahmen, haben wir uns entschlossen, etwas fürs Familienleben zu tun. Also unternehmen wir beide etwas mit den Kindern.« Andere Ehepaare teilen sich in die Pflichten, nehmen einen Babysitter oder laden andere Kinder ins Haus ein. Aber an manchem Wochenende hat wohl jeder schon gefühlt, was ein Vater so ausdrückte: »Oft weiß ich wirklich nicht mehr weiter mit meinem Sohn (vier Jahre). Kino ist natürlich interessant für ihn, aber für mich ist das nicht gerade kreativ. Zu Basteleien habe ich keinen Hang, und ins Museum oder in den Zoo geht *er* gerne, ich aber nicht. So kommt es, daß wir ihn allzu oft zum Fernsehen schicken.« Je reifer das Kind wird und seine eigenen Interessen entwickelt, um so mehr läßt dieser Druck natürlich nach. Dafür kommen neue Probleme, aber es sind gerade die Störungen durch Kleinkinder und Krabbler, die in den meisten Eltern Mitgefühl für folgenden Vater erwecken: »Der ideale Vater wäre für mich einer, der jeden Abend ein paar Stunden im Kinderzimmer verbringen, ihnen herrliche Geschichten erzählen und sie dann einer Kinderpflegerin übergeben könnte. Meiner Frau wollte ich sie natürlich nicht aufhalsen – die will ja *ich* haben.«

Kein Ehepaar möchte neue Streitpunkte auftun, aber durch ihre Elternschaft stehen sie jetzt der ›großen Drei‹ gegenüber – Sex, Geld *und* Kinder. So sicher wir uns auch vor den Fallen fühlen mögen, in die andere Eltern stürzen, einige bleiben uns doch nicht erspart. Zornesausbrüche, z.B. lassen sich gar nicht verhindern. Manchmal sind sie vielleicht noch mild, aber ein gewisses Ressentiment und eine Feindseligkeit gegen unsere Kinder spüren wir alle einmal, einfach, weil die Kinder ohne eigene Schuld so viel von uns verlangen müssen. »Ich bin sicher, daß man ein gewisses Ressentiment gegen die Kinder nicht vermeiden kann. Irgendwo macht es sich dann bemerkbar.« – »So sehr ich meine Tochter auch liebe, stört es mich doch, daß sie mein Leben in diesem und jenem geändert hat.« Diese zwei Stimmen mögen als Beispiel für das Denken vieler Männer und Frauen stehen, die je mit Kindern gelebt haben.

Das Schwierige daran ist, daß Feindseligkeiten oder Ressentiments, die aus dem Elternberuf entstehen, oft nicht richtig abreagiert werden können. Ein bauchwehkrankes Baby ist kein würdiger Gegner für unsere negativen Gefühle, und da die Eltern den wahren Schuldigen nicht bekämpfen können, wenden sie sich oft gegeneinander. Wenn die Kinder heranwachsen, und ihre eigenen negativen Gefühle gegen die Erwachsenen, die sie ›steuern‹, ausdrücken können, sind die Eltern immer noch ziemlich hilflos. Wie können wir auf den Zweijährigen reagieren, der sich in ein großes Theater steigert, während wir uns zum Ausgehen vorbereiten? Wir empfinden vielleicht Zorn, auch Enttäuschung oder Schuld, aber wir wissen genau, daß das Verhalten des Kindes aus Panik und Angst vor Verlassensein entstanden ist und daß man ihm Trost und ein Gefühl der Sicherheit gewähren muß. Viele Bedürfnisse und Notwendigkeiten des Erwachsenenleben bedeuten für die Kinder Leid, und sie wehren sich dann in ausgewählt feindlicher Art.

Ein Vater berichtete uns folgendes: »Als unser erster Sohn vier Jahre alt war, übersiedelten wir in eine andere Stadt, und er war deswegen sehr zornig auf mich. Kurz nach der Übersiedlung ins neue Haus pinkelte er mir einmal in alle meine Stiefel und Galoschen an der Eingangstür. Er wußte, daß ich für die Übersiedlung verantwortlich war, und sie paßte ihm nicht. Außerdem ging meine Frau jetzt arbeiten, also hatte ich ihm auch die Mutter genommen. Darum pißte er auf seinen Vater. Bea und ich diskutierten lange über unseren kleinen Tyrannen, der auf uns pißte. Es war eine sehr üble Erfahrung für mich.« Wenigstens konnte sich der Vater in diesem Fall um Trost an seine Frau wenden, die seine Sorge teilte, und sie redeten klugerweise über ihre Gefühle und versuchten die Ressentiments loszuwerden.

Die verschiedenen, manchmal sehr merkwürdigen Eifersüchteleien eines Kindes sind auch oft ein Grund für die erhöhte Spannung zwischen den Eltern. Die Mütter berichten oft von Anzeichen eines ›Brustneides‹ bei Kindern; ein paar Väter hatten diesen und den ›Mutterneid‹ sogar in sich selbst beobachtet. Wie ein Vater sagte: »Nachdem die Kleine geboren war, wurde ich zu einem Kochfanatiker. Einerseits natürlich, weil ich helfen mußte, aber andererseits wollte ich wohl auch ›Nahrung produzieren‹, weil meine Frau das Baby nährte. Es war wohl eine Art unbewußter Eifersucht, die mich in die Küche trieb.« Männern hat man bisher im Kampf gegen solche Gefühle wenig Unterstützung gewährt, teils einfach deshalb, weil sie den Psychologen unwesentlich erscheinen. Die bekannte Psychologin Karen Horney hat des öfteren in ihrer langen Praxis ebenso wie Eric Fromm solche Neidgefühle entdeckt, aber ihre Theorien sind noch nicht Bestandteil des

Allgemeinwissens geworden. Es wäre sicher für uns alle gut, wenn Frauen sich der gelegentlich sehr starken und verwirrten Gefühle der Ehemänner einer Schwangeren oder der stillenden Mutter gegenüber bewußt wären.

Zugegeben, in vielen Büchern über Ehe und Familie wird hervorgehoben, daß der Ehemann sich während der Schwangerschaft und der ersten Lebensmonate des Kindes oft hilflos und ausgestoßen fühlt. Aber so einfach ausgedrückt bringt das nur einen Teilaspekt des Problems. Tatsächlich hat der Mann nämlich oft Grund, der Frau ihre spezielle Rolle in der Beziehung zum Kind zu neiden. Er mag auch neidisch sein auf die Abhängigkeit des Kindes von der Mutter (die sie dabei oft gerne mit ihm teilen würde!) Solcher Neid kann auch noch später auftreten, wenn das Kind deutlich zu erkennen gibt, daß die Mutter Mittelpunkt seines Lebens ist. Und manchmal sieht so eine Mutter-Kind-Einheit wirklich sehr exklusiv aus. Ein Vater, der selbst Kinderbücher herausgab, entdeckte, daß sogar seine besonderen Kenntnisse der Kinderseele ihn nicht vor solchen Empfindungen schützten. »Manchmal machen meine Frau und der Junge etwas miteinander, und ich komme rein, und er sagt: ›Raus!‹ Natürlich sagt meine Frau ihm dann rasch, daß das nicht geht, aber es gelingt mir erst jetzt, über meine sehr tiefen Ressentiments dagegen hinwegzukommen.«

Selbst bei einem starken Familienzusammenhalt kann sich der Vater beleidigt fühlen durch neue Prioritäten, die die Mutter wegen des Kinderpflegeprogramms aufgestellt hat. »Es stört mich, wie sehr die Kinder meine Frau daran hindern, unser Heim so zu führen, wie *ich* es möchte«, erklärte ein Vater. »Jetzt kriegen die Kinder das, was sie früher für Gäste, für die Pflege des Heims und ihre eigene Pflege übrig hatte.«

Kein Mann liebt es, vom Star zur Charge degradiert zu werden. Frauen übrigens auch nicht. In manchen Familien verbringt der Vater mehr Stunden mit dem Kind als die berufstätige Mutter, und dann fängt sie womöglich an, ihm seine Zentralrolle im Leben des Kindes zu neiden. Außerdem richten die meisten Kinder in einem bestimmten Entwicklungsstadium ihr Hauptinteresse auf den Vater. Eine Mutter, die dieser Zeit schon mit Freuden entgegensah, berichtete, daß sie dann trotzdem Ressentiments und Eifersucht empfand. Paare, die sich solcher Gefühle bewußt werden, reden am besten offen miteinander, und sei es buchstäblich über den Kopf des Kindes hinweg.

Eine offene Diskussion, mag sie gelegentlich auch spitz werden, ist immer besser, als aggressives Werben um die Aufmerksamkeit des Kindes. Viele Mütter berichten traurig, daß es ihren Männern besser gelingt, die Kinder einigermaßen in Rand und Band zu halten. Anstatt reine Erleichterung dabei zu fühlen, überlegen manche, warum es *ihnen* nicht gelang, das wilde Tier im Kind zu zähmen. Dabei gibt es gute Gründe für Papas genaue Beobachtungsgabe oder das Gewicht seiner Autorität. Eine Mutter hat es richtig erkannt: »Er muß sich nicht so viel mit den Kindern beschäftigen wie ich und kann daher leichter mit einer neuen, durchgreifenden Lösung auftischen.« Die Routine, die eine Mutter im Umgang mit dem Kind entwickelt, die Gewohnheiten, die sich dabei bilden, blockieren neue Information oder kreative Lösungen. Eine Mutter gab zum Beispiel wie immer die Flasche, als der Vater hereinkam, einen Blick auf das Kind warf, die Flasche gegen eine Tasse Milch austauschte und einfach sagte: »Nimms mit beiden Händen.« Das Kind tat es und trank, und die Mutter war wie erschlagen. Natürlich gibt es vernünftige Erklärungen für den Weitblick des Vaters in diesem Fall und in ähnlich gelagerten Fällen, aber wir haben eben einfach etwas dagegen, erkennen zu müssen, wie die Entwicklung des Kindes uns ›entwunden‹ wird.

Auch dafür, daß das ›Nein‹ eines Vaters mehr respektiert wird, gibt es gute Gründe. »Ich bin ja immer da«, erklärte eine Mutter. »Meine Reaktionen können sie voraussagen, aber er ist eine eher noch unbekannte Größe.« Vor lauter Haushaltspflichten oder anderen Arbeiten korrigiert und ermahnt eine Mutter weniger und gibt den Forderungen eines Kindes nach. Vielleicht schwankt sie auch oft, weil ihr einfällt, wie viele Regeln und Vorschriften sie schon am gleichen Tag ›erlassen‹ hat. In anderen Haushalten ist die Autorität der Frau wiederum viel größer als die des Mannes. Sie scheint eine unbezwingbare Macht darzustellen, denn sie verschwindet nicht so oft wie der Vater. Wenn da der Vater heimkommt und etwas erbittet oder befiehlt, reagiert kein Kind. Wir kennen Väter, denen aufgrund der Reaktionen ihrer Kinder vorkam, sie seien unsichtbar für sie. Ein solches Verhalten erwächst aber aus der Art, *wie* wir die Kinder in Zucht halten und wie wir überhaupt insgesamt zu ihnen stehen. Eltern, die sich mehr an den neuen Methoden der Kindererziehung orientieren, die weniger auf harter Erwachsenenautorität und mehr auf einem Verstärken wünschenswerter Verhaltensmuster beruhen, vermeiden damit Machtpolitik im Kinderzimmer. Oft haben Vater und Mutter sehr ausgeprägte unterschiedliche Meinungen darüber, wie Kinder aufgezogen werden sollten. Solche Paare haben sich natürlich oft mit Streitigkeiten herumzuschlagen. Diejenigen, die sich über Nachsicht und Strafe und Förderung der Entwicklung einig wissen, sind ihnen um Etliches voraus. Ohne gemeinsame Anschauung über die Beziehung zwischen Eltern und Kind können selbst kleine Differenzen zu großen Machtkämpfen ausarten. So entdeckte eine Mutter, daß es heroischer Anstrengung bedurfte, ihren Mann dazu zu bringen, daß der Haushalt ›kindersicher‹ gemacht wurde. Seiner Ansicht nach mußten Kinder einfach gelehrt werden, nichts anzurühren, sie meinte dagegen, daß Kinder solche Regeln zwar lernen müssen, aber heikle Sachen inzwischen hochgestellt und Dinge mit gefährlichen Kanten aus dem Weg geräumt gehörten.

In einer anderen Familie war der Mann öfter längere Zeit arbeitslos, und seine Frau merkte, daß seine Kindererziehungsmethode mit ihren überhaupt nicht übereinstimmten. So war sie zum Beispiel dagegen, daß er die Tochter mit Schimpfen zum Töpfchen erziehen wollte. Außerdem entdeckte sie, daß er in Sicherheitsfragen viel nachlässiger war als sie. sie hatte die Knöpfe vom Gasherd abmontiert, weil das Kind daran drehte, er steckte sie wieder drauf. Ihr schlimmster Alptraum wurde eines Tages wahr, als sie heimkam und die Tochter im vierten Stock schlafend direkt neben einem offenen, gitterlosen Fenster antraf. Der Mann besuchte gerade einen Nachbarn. »Wenn wir über solche Dinge streiten«, berichtete diese Frau, »dann sagt er immer, daß er als Kind auch nicht so genau überwacht worden sei – es gab weder Treppen–Gatter bei ihm daheim noch andere Vorkehrungen – und doch habe er überlebt.« Obwohl diese Frau den Großteil des Jahres das Haushaltsgeld der Familie verdiente, ging ihr die Verantwortung für das Kind doch immer noch vor und sie fühlte sich außerstande, ihrem Mann nachzugeben.

Andere Paare sind zwar bezüglich der Kindererziehung und ähnlicher Dinge einig, können sich aber wirtschaftlich nicht abstimmen. Wir haben schon erwähnt, daß heutzutage so viele Dinge für ein Kind wichtig zu sein scheinen, und Eltern streiten eben oft darüber, was notwendig ist und was nur aus Prestigegründen angeschafft wird. Abgesehen von reinen Anschaffungen belasten ja schon die Kosten für Nahrungsmittel, Kleidung und gelegentliche Babysitterstunden das Budget und damit das Elternpaar erheblich. Viele Ehepaare erklären daher, daß Gedanken und Gespräche und manchmal auch Streit über Geld erst durch die Kinder in ihr Leben gekommen seien.

Manche geben zu, daß diese Spannungen bis zu der bösen Spitze führten; »Das Kind wolltest ja ohnehin *du*, nicht ich.« Egal ob Geld oder andere Streitfälle zu dieser bösen Behauptung führen, sie kommt leider häufig vor. Und zu unserer Überraschung entdeckten wir, daß wenige Männer sich dann erinnern wollten, je den Frauen Kinder aufgeschwatzt zu haben. Die meisten behaupteten, ihre Frau hätte das Kind gewollt, und sie hätten nur mitgemacht, während die Frauen sich der Situation anders erinnerten. Egal, wer von beiden recht hat, die Familie kann nur dann gedeihen, wenn die Eltern zusammenarbeiten. Solange die Männer so erzogen werden, daß sie sich als die finanzielle Basis der Familie ansehen, und Frauen dem zustimmen, wird der wirtschaftliche Druck der Kinder die Väter stärker treffen.

Und nicht alle Frauen sind sich genügend bewußt, welche Belastung es für viele Männer bedeutet, der ›Versorger‹ zu sein.

Wir gingen den verschiedenen Mißverständnissen zwischen den Eltern nach, und erfuhren dabei von fast allen Vätern, daß der Konflikt zwischen Berufserfolg und Familienrolle ihre Hauptschwierigkeit darstellt. »Mir kommt vor, daß unsere Gesellschaft den Männern zwei einander entgegenstehende Forderungen stellt – die Forderung, ein fürsorglicher Vater zu sein *und* beruflich Erfolg zu haben. Vielleicht kann ein Genie beides zugleich. Aber wer kein Genie ist, sondern ein gewöhnlicher Mensch, für den ist der berufliche Aufstieg – nicht rein als Karriere gesehen, sondern als menschlich interessantes Leben – mit der Rolle des fürsorglichen Vaters nicht vereinbar.« Als wir den Vater, der diese Meinung äußerte, fragten, warum seiner Ansicht nach da ein Konflikt bestehe, antwortete er: »Um Erfolg zu haben in der Art, wie ich das sehe, muß man sehr unkonventionell sein, sehr eigenschöpferisch, muß etwas vollbringen, was andere nicht können. Ein guter Vater dagegen ist etwas sehr Konventionelles, eine vorzeichenbare Gestalt.«

Es überraschte uns, wie genau seine Analyse mit derjenigen von Müttern übereinstimmte, wenn auch mit einem großen, bezeichnenden Unterschied: Frauen sprechen von Selbsterfüllung, ohne sich auf eine spezifische Karriere zu beziehen. Das überrascht natürlich nicht, da wir genau wissen, daß Männer normalerweise sich durch ihr berufliches Leben ausdrücken. Neu daran ist vielleicht, daß Männer und Frauen sich bewußt werden, wie sehr die elterlichen Rollen sie einengen. Und da diese Erkenntnis schon so weit verbreitet zu sein scheint, wundert es uns, wie unverständig beide Geschlechter sind, sich über diese gemeinsamen Sorgen nicht auszusprechen. Immer wieder haben wir aus genau diesem Grund Männer sich selbst als ›mißverstanden‹ bezeichnen gehört. Solange die Männer sich weiterhin als Hauptarbeitspferd einspannen lassen, müßten die Frauen Gesprächen wie dem folgenden (zwischen zwei Vätern, deren Frauen stundenweise außer Haus arbeiten) sehr aufmerksam zuhören.

Erster Mann: »Der Mann hat eine Verantwortung, die er einfach nicht abwälzen kann – das Geld herbeizuschaffen. Außerdem hat er eine Verantwortung für das Familienleben, die er abwälzen kann oder auch nicht, je nach den psychischen Bedürfnissen der Ehe. Bei uns geht es herrlich. Aber ich habe einen regulären Job, muß einfach soundsoviele Dollar im Jahr machen, damit das Schiff nicht strandet. Das ist meine Hauptverantwortung in unserem Familienleben.«

Zweiter Mann: »Und bei mir ist es zum ersten Mal in den letzten zwei Jahren, daß ich wirklich ärgerlich bin, weil ich finde, daß weder meine Familie noch die Gesellschaft sich dieser Dinge bewußt ist. Meine Arbeit ist nichts besonders Großartiges, aber wenn ich nicht mein Monatseinkommen hätte, was wäre dann?«

Als wir die beiden Väter fragten, wie sie reagieren würden, wenn die Frauen den Hauptteil beitrügen, antwortete der erste: »Ich wäre froh darüber – jedenfalls für ein Jahr. Was mich so fertig macht, ist die Tatsache, daß ich *jeden* Tag bei der Arbeit sein und etwas hervorbringen muß. Die Frauen haben physisch viel mehr Beweglichkeit. Wenn man sich um die Kinder kümmern muß, sind einem viel mehr und viel verschiedenere Möglichkeiten offen.«

Obwohl die meisten Mütter sagen würden, daß der Gute die Möglichkeiten und Freiheiten der Mütter überschätzt, sollten wir doch mehr Einsicht dafür gewinnen, wie enervierend, monoton und entmenschlichend die meisten Männerjobs sind. Natürlich haben wir darüber schon viel gehört und gelesen – seien es die Fließbandarbeiter, die sich immer häufiger gegen diese Art von Beschäftigung wehren, oder die jungen Leute, die sich weigern, die Firmenleiter hinaufzuklettern. Es geht ja hier darum, daß Männer, die gern gute Väter sein wollen, genauso wie die Frauen oft das Gefühl haben, zweigeteilt zu werden. Unsere Meinung, daß hier fundamentale Änderungen nötig sind, und unsere Unzufriedenheit mit den derzeitigen sozialen Erwartungen und Institutionen betrifft die traditionelle Rolle des Vaters ebenso wie die der Mutter.

Ein Biologe erklärte die Sache vom Vater aus gesehen sehr charakteristisch: »Bei uns ging alles gut, bis ich Dekan wurde. Vorher hatte ich von ca. sieben bis vier Uhr nachmittags gearbeitet, aber dann kamen die bürokratischen Anforderungen des neuen Jobs dazu, die in den zwei Stunden nach dem Weggang der Studenten erledigt werden mußten. Ich kam also zwischen sechs und sieben Uhr abends heim. Dann kam unsere Kleine, und meine Frau meinte: ›Du *mußt* einfach um fünf Uhr da sein, ich kann nicht kochen, so lange dieses Kind wach ist.‹ Ich konnte meine Arbeit bis fünf nicht beenden, kam zwar pünktlich, aber gehetzt heim und dachte nur daran, wieviel noch auf meinem Schreibtisch auf mich wartete. Ich marschierte zur Tür rein, und das Baby wurde mir übergeben; meine Frau raste in die Küche und meist machte sie sich gleich einen Drink, manchmal sogar zwei. Da begannen sich meine Ressentiments zu regen. Wo war denn *mein* Drink? ›Du kannst doch nicht trinken, wenn du auf das Baby schaust‹, sagte sie dann. Von wegen unbemerkte Veränderungen – sie hatte nicht einmal gemerkt, daß sie mir keinen Drink gemacht hatte. Und ich merkte nicht, worüber ich mich eigentlich so ärgerte. Um halb neun ging ich mit dem Hund noch mal raus, zurück zum Institut, und beendete meine Schreibtischarbeit zwischen halb neun und halb zehn oder zehn. Wenn ich zurückkam, schlief meine Frau schon. Und ich sagte natürlich: ›Warum bist du nicht mehr wach? Ich hab noch Lust auf ein bißchen Sex‹, und da stellte sie sich tot.«

Diese Geschichte wurde uns unter viel Lachen und mit viel Selbstironie erzählt; der Mann berichtete dann noch weiter von seinen früheren Anschauungen über die männliche und weibliche Rolle: »Als ich den Posten hatte, den ich wollte, dachte ich, es sei Zeit für meine Frau, ihre ›frauliche Rolle‹ zu übernehmen. Ich dachte immer, Frauen hätten eben Kinder, und die Väter sorgten für das Geld. Die Frauen täten alles, was für das Baby notwendig sei, und die Väter sorgten für die Finanzen. Das stimmt aber heute nicht mehr.«

Uns scheint, daß seine Geschichte sehr deutlich einige der Situationen darstellt, die so viele Frauen *und* Männer verwirrt und erzürnt hat. Vor allem, daß er annimmt, seine Arbeit ginge allem vor. Die Familie muß sich dem Zeitschema anpassen, das sein Beruf erfordert. »Und warum auch nicht?« fragt vielleicht mancher Vater. »Er verdient ja schließlich das Geld!« Eine Antwort wäre vielleicht, daß die wirtschaftlichen Gegebenheiten nicht die einzigen unseres Lebens sind. Es ist durchaus diskutabel, ob sie über alles andere dominieren sollten, sobald wir über das Existenzminimum hinaus sind. Von den Familien, die wir interviewten, hätten die meisten leicht mit kleineren Einkommen gut auskommen können. Das Argument des Mannes geht oft dahin, daß er das Recht habe, seine beruflichen Fähigkeiten bis zum äußersten auszuschöpfen. Seine Ohren sind taub für das Drängen seiner Frau, ihr ein gleiches Recht zuzumessen.

Außerdem deutet der Biologe in seiner Geschichte an, daß er (jedenfalls in der goldenen Vergangenheit) annahm, sein Heim und seine Frau seien nur für *seine* Bequemlichkeit und Bedürfnisse da. Solange die Frau nur Ehefrau und keine Mutter war, konnte sie seinen Erwartungen offenbar gerecht werden. Aber wie so viele andere Frauen es auch ausgedrückt haben, kann eine Mutter nicht dem Ehemann *und* dem Kind vollen ›Service‹ bieten; oder jedenfalls nur eine Frau von besonderer Energie und hingebungsvollster Selbstaufopferung. Wie der Mann es darstellt, war die Frau nicht bereit, die kulturellen Erwartungen, die an ihn gestellt wurden, zu akzeptieren, denen zufolge er als Mann beruflich immer höher zu steigen *und* doch zu Hause als starke Vaterperson da zu sein hat. Als beide erkannten, wie falsch die Vorstellungen waren, von denen sie sich bisher leiten ließen, formten sie ihr Leben um. Der Mann meint aber, er habe es nur unter Aufopferung vieler kreativer Möglichkeiten seines Berufes tun können, und erfülle eben jetzt mehr die Routineerfordernisse.

Männer denken über die Beziehung zum Neugeborenen vor dessen Geburt genauso naiv wie Frauen. »Heute weiß ich, daß ich erwartete, gleich einen Sechsjährigen präsentiert zu bekommen«, gestand ein Vater. Viele sprachen von der Gemeinsamkeit, die sie erwartet hatten, anstatt des tatsächlichen Gefühls, das sich dann einstellte, nämlich mit dem Kind einen Fremden im Haus zu haben. Ihre falschen Voraussetzungen deckten sich oft mit denen der Frauen. Ein Vater versicherte uns: »Wer noch kein Kind gehabt hat, hat einfach keine Ahnung, was das bedeutet. Bei mir waren es wohl nur so ein paar vage, allgemeine Vorstellungen, und meine Vision war in lauter Segmente unterteilt; sie war völlig unrealistisch, denn das Wesentliche am Vater-Sein ist ja das *Konstante* daran. Man kann sich, ehe das Kind kommt, verschiedene Situationen vorstellen – es hierhin und dorthin mitzunehmen, ihm Geschichten vorzulesen – aber man realisiert nicht, daß in allen anderen Stunden, in denen man dergleichen nicht tun kann, viel weniger unterhaltsame Dinge zu tun sind. Man *lebt* mit dem Kind, *reagiert* darauf – Essen kommt auf den Tisch, es wird abgeräumt, rumgetobt. Jede Menge gibt es da zu tun, und das kann man sich vorher einfach nicht vorstellen.«

Da wir alle ein gewisses Quantum Unwissenheit über die Elternschaft mitbringen, geht es in der Hauptsache wohl darum, wie wir uns bewähren, wenn die Realität an uns herantritt. Viele Männer werden zugeben müssen, daß sie nie daran dachten, die Last der Kinder könne auch auf sie fallen, und keineswegs alle sind bereit, diese Last auf sich zu nehmen. Einer entdeckte jedoch, daß er sich mit der Übernahme des Großteils der Hausarbeit an den Wochenenden eine willkommene Abwechslung von seiner sitzenden, geistigen Beschäftigung während der Woche einhandelte. »Ich habe den Sauberkeitstick, und es macht mir richtig Spaß. Und da habe ich so schön Zeit für mich selbst. Ich kann ohne Unterbrechung nachdenken, und da ich sonst so wenig körperliche Bewegung habe, finde ich die Anstrengung bei der Hausarbeit gut.« Auch andere Väter übernahmen Pflichten, die früher allein den Frauen zufielen – das Frühstück zubereiten, Betten machen, die Kinder baden. Die Frauen dieser Männer hatten im allgemeinen viel weniger Zweifel über die Kindererziehung als Ehefrauen, deren Männer sich nicht anpassen konnten.

Berufstätige Mütter mit hilfsunwilligen Ehemännern kommen oft in einer Wolke von Gehetztheit und Gereiztheit zu den Tonbandaufnahmen, aber ihren daheimgebliebenen Schwestern ging es auch nicht viel besser. Sie beschrieben ausführlich, wie geschickt sich die Männer davor drückten, irgendwo mit Hand anzulegen. Ein Typus von ›Drückebergern‹ teilt spontan, instinktiv, unbewußt und ohne Ausnahme alle Kinderobsorge der Frau zu. Einer guckte eines Tages über den Rand seiner Zeitung und schrie seiner

Frau in der Küche zu: »Mary, der Junge kackt auf den Boden.« Er saß noch immer, als sie schon mit Toilettenpapier gerannt kam. Ein anderer könnte sein Zwilling gewesen sein, als er in die Küche rief: »Die Kleine war auf dem Töpfchen, und es stinkt im Badezimmer.« Als seine Frau meinte: »Dann leer den Topf doch aus«, sah er sie völlig entgeistert an.

Andere Männer weigern sich mehr oder minder bewußt zu *sehen*, was getan werden müßte. Ob dies Mangel an Phantasie ist oder ein Angriff gegen die Mutter, kann man meist nicht feststellen, aber mehrere Frauen haben schon eine Methode dagegen bereit: »Warum spielt ihr zwei nicht mit der neuen Eisenbahn, während ich Abendessen koche?« oder »So ein schöner Tag heute! Warum gehst du nicht mit der Kleinen raus Ball spielen?« Solche Worte werden am besten mit verhängtem Fragezeichen ausgesprochen, sonst meint der Gute noch, er hätte die Wahl, abzulehnen. Andere Frauen wählen daher erst gar nicht die Frageform, sondern kommen mit einem positiven Vorschlag: »Es wäre *so* schön für den Kleinen heute, wenn *du* ihm die Gutenachtgeschichte vorlesen würdest.« Beide Formen des ›Angriffs‹ müssen aber entsprechend diplomatisch und mit angedeutetem Lob vorgebracht werden; manche Frauen ziehen daher die direkte Methode vor: »Ich brauche Hilfe.« Welche Art Hilfe sie dann brauchen, geben sie nur allzu gerne detailliert bekannt.

Manche Männer reagieren gut auf detaillierte Programme, und ihre Frauen haben daher gelernt, sie genau anzuweisen und anzuleiten. Das hat sich auch bei denen bewährt, deren Männer einfach behaupteten, keine Erfahrung zu haben und zu ungeschickt zu sein, um etwa Windeln zu wickeln (»meine Hände sind zu groß«) oder Flaschen zu halten (»sie spuckt alles raus«). Manchmal nützen jedoch selbst solche Programme und genauen Instruktionen nichts gegen die Ausweichtechnik eines Mannes. Wir kennen einen, der da geradezu erfindungsreich war. Er bemerkte nie, daß die Windeln zu wechseln waren; so konzentriert las er, daß er nie seine Tochter quäken hörte; er behauptete allen Ernstes, das Eingekaufte nicht in die Regale und in den Kühlschrank verteilen zu können, da ungekochtes Essen, vor allem Fleisch, ihm den Appetit verderbe; den Tisch konnte er nicht abräumen, da halbaufgegessene Mahlzeiten ihm Übelkeit verursachten. Seine Frau schaffte alles mit zusammengekniffenen Lippen, bis das zweite Kind kam, dann verließ sie ihn. Eine andere Frau schlug ihrem Mann, einem Professor vor, er solle in den Sommerferien die Kinderpflege übernehmen, damit sie ihre Dissertation fertigschreiben könne. Seine Antwort darauf: »Ich bin psychisch unfähig, die ganze Zeit bei den Kindern zu bleiben«, und damit hatte es sich. Dieses Paar kam aber dann wenigstens zu einem Arrangement mit Babysittern, und die Frau konnte ihr Doktorat machen.

Dieser Professor-Vater war sich wenigstens dessen bewußt, was es bedeutet, sich um Haus und Kind zu kümmern. Viel schwieriger ist der Mann, der nichts versteht und daher völlig verständnislos reagiert, wenn die Frau ihn um Hilfe bittet. »Ich kann einfach nicht begreifen, warum du abends so müde bist«, sagte einer, der für viele hätte sprechen können. »Ich habe acht Stunden gearbeitet und bin nicht so müde.« Ein anderer sagte: »Ihr sitzt doch eh nur den ganzen Tag im Park rum und tratscht.« Gelegentlich schlägt diese Verständnislosigkeit gegenüber dem Tagesprogramm einer Mutter sogar in virulente Feindseligkeit, sogenannte Misogynie um.

Die beste Lösung ist wohl, den Vater einmal zu bitten, an einem Samstag *alle* Haushaltspflichten zu übernehmen. Hausarbeit, Einkauf, Kochen *und* die Sorge für die Kinder. Bitten Sie ihn ja nicht, nur eines dieser Gebiete zu übernehmen, denn dann fühlt er sich womöglich als Held und wundert sich, woher die Klagen kommen. Oder er denkt, weil seine Aufgabe so klein ist, daß er dann für immer ›außer Dienst‹ gestellt bleibt. Ein Mann, der so eine Eintagsmutterrolle spielte, begrüßte seine Frau um halb sechs mit den folgenden Worten: »Du wirst es nicht glauben, aber ich habe wie ein *perpetuum mobile* gerackert, ich bin erschöpft, und zu sehen ist von meiner ganzen Arbeit rein gar nichts.« Was die Frau nicht überraschte.

Ein anderer Ehemann, der eine Zeitlang arbeitslos war, blieb zu Hause, während seine Frau in einer Bank arbeitete, um die Finanzen der Familie aufzubessern. »Ich hatte ja keine Ahnung, was da los ist«, sagte er später. »Das ist ja zum Verrücktwerden.« Ein dritter, der sich um die kleine Wohnung und das Kind kümmerte, während seine Frau einen Sommerkurs abhielt, erklärte: »Ich wunderte mich immer, was du mit deiner ganzen Zeit anfingst, weil du doch scheinbar nichts zu tun hattest, als für das Kind zu sorgen. Jetzt weiß ich's. Außerdem, ich möchte lesen, ich möchte studieren, Musik hören. Und ich bin nicht einmal imstande, Zeit zum Einkaufen zu finden.« Selbst Norman Mailer gestand in seinem Buch ›Gefangen im Sexus‹, daß er zwar phantastische Fähigkeiten in bezug auf Hausarbeit und Kinderpflege habe entfalten können, aber keine Zweifel hege, bei Fortsetzung dieser Rolle den besten Teil seines Ichs absterben zu sehen. Solche Offenheit und Einsicht ist wohltuend, aber das nächste und realste Problem ist es doch, etwas zu unternehmen, damit Frauen (und Männern) derlei unangenehme Routine erleichtert wird. Aber das wäre ein Thema für ein weiteres Buch – und ein utopisches dazu.

Es geht aber keineswegs nur um physisches Überleben, wenn ›Nur-Hausfrauen‹ ihren Männern klar machen, worin ihr Tageslauf besteht. Es steht außer Zweifel, daß gegenseitiges Verständnis und die Bereitwilligkeit, unangenehme Aufgaben miteinander zu teilen, dazu mithelfen müssen, aus einem Ehepaar eine Familie zu machen. Die Frau wird dann ihren neuen Pflichten weniger ablehnend gegenüberstehen und ihren Mann nicht Abend für Abend mit Quengeleien über den entsetzlichen Tag begrüßen. Solche Szenen ereignen sich meistens dort, wo die Mutter meint, niemand verstünde oder respektiere ihre Verzweiflung. Sie fängt dann selbst an, sich für unfähig zu halten, und für eine Schreckschraube dazu. Die positiven Gefühle, die sie selbst über ihre Leistung hegen mag, werden wenig oder gar nicht bestärkt, da die Männer nicht dazu erzogen wurden, Frauen für ihre Hausarbeit zu loben und sie zu hofieren, so wie es Frauen den Männern und ihrer Arbeit gegenüber gelernt haben. Stattdessen kommen Väter eher mit einem Gesicht in das chaotische Heim, das deutlich ausdrückt: ›Alle anderen bringens zustande, wieso gerade du nicht?‹

Hat eine Frau bezahlte Hilfe, so ist die Verwunderung noch größer, wieso das nicht so viel Erleichterung bringt, wie es anzunehmen gewesen wäre. Die Mutter eines Zweijährigen nahm sich zweimal in der Woche eine Zugehfrau, und für drei Nachmittage, an denen sie an einer Universität unterrichtete, einen Babysitter. Da sie also zwei Personen beschäftigte, war ihr Mann erstaunt, als sie ihn um Hilfe bei Routinepflichten bat. »Schatz«, sagte er traurig, »was du tust, machst du ja sehr gut, aber du scheinst nicht allzuviel tun zu können.« Die Frau hatte natürlich immer noch an sechs Tagen in der Woche das Heim zu pflegen, die Gartenarbeit sowieso und sich die meiste Zeit um das Kind zu kümmern, zu kochen, einzukaufen, die Wäsche zu besorgen *und* sich auf ihren Unterricht vorzubereiten.

Solange Hausarbeit und Kinderpflege als ungelernte Arbeit niedrigster Ordnung gelten, werden diejenigen, die diese Arbeit verrichten, auch an unterster Stelle der Statusleiter stehen. Was sie leisten, wird größtenteils unbemerkt und ungelobt bleiben. Die bezahlte Haushaltshilfe macht mehr Eindruck, weil man nach dem Geld berechnet, das sie kostet, während die Hausfrau ja nichts kostet. Wenn Mütter zu Nur-Müttern werden, können sich daher sogar Ehen unter einigermaßen Gleichgestellten in Partnerschaften verwandeln, in der ›manche mehr gleichgeschaltet sind als andere‹. Ohne einen Ehemann – von der Gesellschaft abgesehen –, der ihre Arbeit aus profunder Kenntnis entsprechend einstuft, kann die Mutter in ihrer Selbsteinschätzung auf einen Punkt herabsinken, wo sie noch mehr zur ›Abhängigen‹ wird, als steuerrechtlich unter ›nicht selbständig‹ verstanden wird.

Ein Vater faßte den ganzen Komplex folgendermaßen zusammen: »Ich meine, die Frau sollte dauernd die Beziehung zum Ehemann prüfen, und er umgekehrt auch, denn in einer Ehe ist die *gegenseitige* Beziehung das Dominierende. Und ich meine, daß eine Mutter und ein Vater sich auch in dieser Beziehung prüfen müßten. Wir vereinen alle viele verschiedene Wesenszüge in uns – in mancher Weise sind wir einander untertänig, in anderer unabhängig. Ich glaube, Männer wissen unvorstellbar wenig darüber, was es heißt, Kinder zu haben und aufzuziehen, und sie werden solange nicht wirkliche Partner, als sie nicht wissen, was eine Ehe eigentlich ist und wie man mit Kindern umgeht. Es geht keineswegs nur darum, wer das Geschirr abwäscht.«

Genau! Weiter kommt es darauf an, welchen Stellenwert in einer Familie persönliche Freiheits- und Selbstbeschränkung Respekt und Autorität einerseits und Selbsteinschätzung und individuelle Lebensgestaltung andererseits einnehmen. Und all dies betrifft Mutter, Vater *und* Kind.

Wenn ein Ehepaar wirklich zur Familie wird, rücken Annehmlichkeiten und Vergnügungen der Elternschaft jeden Streß in die richtige Perspektive. Mit Kindern zu leben heißt immer wieder staunen über das Ausmaß menschlicher Energie und Phantasie, heißt Liebe geben und nehmen ohne große Komplikationen (zeitweise wenigstens), und heißt ein Heim schaffen, das ein wahres Refugium sein kann. »Das Schönste ist immer, zu den Kindern heimzukommen. . . Und wenn sie morgens aufwachen, sind sie so eifrig und voller Frische und Lebendigkeit. Ich bin zu solchen Zeiten gern mit ihnen zusammen.« Wie ein Vater so richtig feststellte, gibt es ja auch »das Vergnügen an dem warmherzigen kleinen Ding, das tausend Sachen hervorsprudelt, die man gar nicht erwartet, und das man sich entwickeln sieht. Ich habe es gern, wenn jemand da ist, der mich von mir selbst ablenkt. Ohne die Kinder wäre ich heute ein mürrischer alter Kerl.« Obwohl Kinder einem oft an den Nerven zerren, beziehen sich die elterlichen Ausbrüche doch meist nur auf einen momentanen Vorfall und es bildet sich mit der Zeit in uns eine Flexibilität aus, die uns davor schützt, daß wir zu ständig gereizten oder enttäuschten Wesen werden.

Sicher definiert jeder von uns die höchsten Elternfreuden anders, aber wir alle haben wohl erfahren, was in einem Interview gesagt wurde: »Die Freude an Kindern kann man eigentlich gar nicht erklären. Es ist oft nur ein Augenblick, wenn man sie bei etwas beobachtet, das sie fasziniert. Ein Augenblick, außergewöhnlich und nie wiederholbar. Und an dieser Freude nehmen wir teil, auch wenn es eben nur einen Augenblick lang ist – man hat gelächelt, und das Kind hat etwas geleistet oder hat triumphiert. Wenn was schief geht, ist man natürlich auch mit dabei – beide Eltern und das Kind. Und die Fehlschläge sind oft nicht nur auf den Moment beschränkt, sie wirken länger nach. Erfolge sind nur eine vergängliche Angelegenheit, die jedoch lange im Gedächtnis bleibt und dadurch Dauerhaftigkeit erhält.

V

Die Welt da draußen

Angenommen, es handelt sich um eine gefestigte Persönlichkeit und eine gute Ehe, Schwangerschaft und Wehen waren leicht (recht phantasievolle Voraussetzungen), so werden die ersten Probleme einer jungen Mutter vielleicht ihre Beziehung zur Umwelt sein. Zuerst wird sie entdekken, daß der Begriff Umwelt eine neue Bedeutung für sie bekommt. Es ist jetzt nicht mehr die Stadt oder das Städtchen, wo sie arbeitet oder sich politisch oder sozial engagiert. *Ihre* Umwelt sind jetzt einfach die Leute, denen sie täglich mit dem Baby begegnet, die Orte, die sie mit dem Kind erreichen kann, und die Haltung, die man ihr gegenüber einnimmt.

Egal ob sie vorher berufstätig war oder nur im Haushalt – sie kehrt aus der Klinik nicht nur mit einem quäkenden, noch unbekannte Forderungen an sie stellenden Bündel, sondern auch mit einer ihr unbekannten sozialen Rolle zurück. Vielleicht ist sie froh, die Stunden, die sie daheim verbringt, damit ›rechtfertigen‹ zu können, daß sie sich ja jetzt um ihr Baby kümmern muß. Hat sie aber bisher Geld nach Hause gebracht, so nährt sich in ihr wohl der Verdacht, daß das bloße Muttersein ihr seitens der Umwelt einen niedrigeren Status gibt, als sie ihn vorher hatte, da sie noch zum Budget beitrug. Die Gesellschaft protestiert natürlich vehement gegen diesen Verdacht, so daß die Vermutung naheliegt, sie protestiere ein wenig zu vehement.

Lange Zeit hat die junge Mutter herablassende Bemerkungen über Nur-Hausfrauen gehört und vielleicht auch selbst gemacht. Auch weiß sie, ob sie es zugibt oder nicht, daß das Wort *Hausfrau* oft als Synonym für Mutter gebraucht wird. Ein Baby scheint ihr also die benötigten Gutpunkte für diese Doppelbedeutung zu geben. Aber die vorher gut bezahlte Angestellte fühlt sich mit dem Titel ›Hausfrau‹ oft ebenso ungemütlich wie sie andererseits stolz ist, eine junge Mutter zu sein. (Außer sie nimmt ihre Arbeit gleich wieder auf, aber wenn sie das tut, muß sie natürlich den allgemeinen Verdacht abwehren, sich irgendwie ihren wichtigsten Pflichten zu Hause zu entziehen.) Die junge Mutter steht also nicht nur dem Baby, sondern auch einer neuen gesellschaftlichen Position gegenüber.

Wie sehr sie und ihr Mann einander auch versichern mögen, daß ihre Arbeit als ›Hüterin des Heims‹ genauso wichtig ist wie seine, merkt sie dann doch, daß im Zweifelsfall immer die wichtigste Arbeit – nämlich seine – unter Schutz gestellt wird. Wenn das Kind nachts zu schreien beginnt, weckt der Mann sie auf und sagt es ihr. Er steht aber nicht selbst auf und sieht nach dem Kind. Da wäre er ja für seine Arbeit am nächsten Tag zu müde. Es fällt ihm gar nicht ein, daß sie vielleicht auch schonungsbedürftig sein könnte, weil sie ja auch eine wichtige Arbeit vor sich hat.

Viele Mütter ahnten, daß sie sich durch die Annahme des Hausfrau-und-Mutter-Titels einen niedrigeren Status einhandelten und nahmen sich schon vor der Ankunft des Babys fest vor, ihre Lebensweise nicht zu verändern. Viele mußten dann berichten, wie erstaunt sie über die unvermeidlichen Veränderungen nach der Ankunft des Kindes waren, und welchen Schlag das ihrem Selbstgefühl versetzte. Sie hatten das Gefühl, etwas stimme nicht bei ihnen, stellten aber nie die monumentalen, ihnen nach allgemeiner Anschauung zukommenden Pflichten in Frage. Eine ehemalige Krankenschwester berichtete: »Ich zwinge mich dazu, jeden Tag wenigstens *eine* Zeitung zu lesen; jede Woche lese ich dann noch das Dorfblättchen und natürlich die Pflegerinnenzeitung, denn wenn ich das alles aufgebe, verblöde ich bestimmt.«

»Ja, genau . . .« sekundierte eine Frau, die früher als Künstlerin gearbeitet hatte, ». . . ich bin auch schon ganz verblödet.«

Viele Frauen hatten das Gefühl, in die allumfassenden Pflichten der Babypflege so eingespannt zu sein, daß ihnen wenig Zeit für andere Beschäftigungen bliebe, und sie daher auch wenig Gesprächsstoff zu bieten hätten. Sie bedauerten, daß Außenstehende anzunehmen schienen, Mütter wüßten über nichts als das Baby zu sprechen. So sagte eine: »Ich habe viel gelesen, und ich habe gar nicht über Babys geredet. Aber alle fragten mich nur darüber aus.« Andere Frauen schienen dauernd zu überlegen, was sie denn mit anderen, kinderlosen Erwachsenen reden sollten.

Fast jede akzeptierte die Tatsache, daß Gespräche über Babys meist monoton sind. Wie eine Frau ironisch lachend meinte: »Nichts Schlimmeres, als zu einer Party zu müssen, wo man bestimmt nur übers Kind redet. Da kommt man hin und langweilt alle binnen fünf Minuten. Aber worüber sonst können wir denn reden?«

Warum sehen wir eigentlich Themen, die, gemessen am Leben einer Mutter, beziehungslos, langweilig oder unrealistisch sind, nie auch als langweilig an und versuchen stattdessen immer, sie aufs Tapet zu bringen? Die Frau eines Verlegers berichtete ohne jedes Bedauern, daß sie den Geschmack an beruflichen Partys verloren habe, weil nach der Geburt ihres Kindes diese jetzt *ihr* langweilig erschienen und weltenweit von ihren eigenen Problemen entfernt. Warum auch nicht? Wir halten ihre Anschauung für durchaus gerechtfertigt. Wenn die Gesellschaft mütterliche Probleme als langweilig einstuft, während Fachsimpelei als interessant gilt, dann hat vielleicht die Gesellschaft unrecht.

Die Tatsache, *daß* die Gesellschaft dieser Anschauung so häufig huldigt, zeigt ja nur wieder an, daß die Arbeit einer Mutter zu niedrig eingestuft wird, um als Gesprächsstoff gelten zu dürfen. Unter den von uns interviewten Frauen hat dies solchen Zorn hervorgerufen, daß einige von ihnen zu folgenden Feststellungen kamen:

1. Wäre das Thema Kindererziehung von Haus aus langweilig, dann hätten wohl pädagogische Fachleute und Kinderpsychologen nicht eine so große Gemeinde. Der Unterschied zwischen dem Fachmann und der Mutter ist der, daß der Fachmann Theorien durch Anekdoten illustriert, während die Mutter einfach nur lustige Geschichten oder banale Tatsachen über ihre Kinder erzählt. *Immer wieder* erzählt! Würden Mütter ihre doch vorhandenen Fachkenntnisse auch auswerten, hörte man ihnen sicher auch interessiert zu.
2. Das einzelne Kind – ausgenommen, es sticht durch eine besondere Verhaltensweise hervor – wird gewöhnlich stereotyp dargestellt: *das* irre, liebenswerte, zum Verzweifeln bringende, süße, erfindungsreiche Bilderbuch-Gör. Kein Zuhörer kann sich aber mit solch einem Klischee identifizieren. Dadurch, daß die Mutter sich an ihr Klischee klammert, signalisiert sie aber dauernd, daß sie das Kind nicht als Individuum beurteilt, sondern nur akzeptiert haben will. Ein Klischee aber kann nie interessant scin.
3. Würden Mütter zur Einsicht über ihre Kinder kommen und es den Zuhörer überlassen, diese Einsicht *und* das Kind zu beurteilen – mit genauso weitem Spielraum, wie man ihn anderen Themen zugesteht –, dann wären ihre Gespräche wenigstens so interessant wie diejenigen über andere menschlichen Beziehungen.

Dieselbe Müttergruppe arbeitete auch einige Warnungen vor Müttergesprächen aus. Eine davon lautet: Je ›folgsamer‹ oder ›wohlerzogener‹ ein Kind nach der Beschreibung zu sein scheint, um so eifriger wird man nach Fehlern und emotionaler Unreife suchen. Wenn keine direkt sichtbar werden, flüchtet sich der Beobachter vielleicht noch immer in die Annahme, daß unterdrückter Zorn oder Feindseligkeit später schon ihren Tribut verlangen werden. Die allgemeine Maxime war: »Nur dumme Mütter loben ihre Kinder überlaut.« Eine Frau meinte zusammenfassend, eine Gemeinschaft habe geradezu ein Allgemeininteresse daran, das Unzulänglichkeitsgefühl einer Mutter noch zu fördern; dadurch werde jede Mutter, die ihre Unzulänglichkeit zugebe, entschuldigt. Eine Frau, die angeblich ihrem Kind gegenüber keinen Fehler mache, sei eine Bedrohung für alle.

Und damit wären wir wieder bei einem Hauptproblem der jungen Mutter, die ihr Bild von sich selbst innerhalb der Gemeinschaft verändern muß. Alle unsere Interviewten sprachen von der Schwierigkeit der ersten Begegnung mit anderen Müttern. Wir alle haben Zeiten durchgemacht, in denen wir uns versicherten, daß wir ›nicht wie die anderen‹ seien. Aber wir haben gemerkt, daß wir dies aus dem Grund taten, weil wir das negative Image der Hausfrauen und Mütter übernommen hatten und daher uns selbst nur zögernd mit einer so unattraktiven Klasse identifizieren wollten. Früher oder später kamen wir alle auf so schmerzliche Fragen wie: »Wenn das so ein geistloser, leichter Job ist, wieso fällt er mir dann so schwer?« Oder wie eine es ausdrückte: »Wenn man sich schon dazu herabzulassen glaubt, eine untergeordnete Rolle anzunehmen, und dann herausfinden muß, daß man sie nicht einmal gut spielen kann, ist das Resultat unter Umständen niederschmetternd.«

Eine Mutter sah diese bittere Wahrheit aus einem anderen Blickwinkel. Sie erklärte: »Ich war nicht wie ihr alle. Ich wollte nicht einzigartig sein, sondern nur normal. Ich stellte mir Schwangerschaft, Geburt und Stillen als normale, natürliche und leicht zu bewältigende Dinge vor. Und als meine Tochter sich in den ersten Lebenswochen als ganz besonderes Problem entwickelte, ärgerte ich mich über die Tatsache, daß meine Lage *nicht* normal war und von der anderer abwich.« Ihre Zuhörerinnen hatten jedoch das Gefühl, daß ihre Ansicht über Mutterschaft genauso fragwürdig wie ihre eigene sei: *Haben es nicht schon Milliarden Frauen vor mir getan? Wie kann es dann so schwierig sein?* Sie hatte sich also über die Tatsache geärgert, daß eine so ›gewöhnliche‹ Beschäftigung von ihr so ungewöhnlichen Energieaufwand verlangte.

Wir haben alle bis zu einem gewissen Grad mit der Schwierigkeit zu kämpfen gehabt, uns in eine Rolle zu fügen, die wir vorher so herablassend beurteilt hatten. Frauen berichteten, welche Qual sie ausstanden, wenn sie im Park saßen, sich als Außenseiterin fühlten, Feindseligkeit oder zumindest geringe Bereitschaft bei ihrer Umwelt spürten, sich auf Gespräche einzulassen. Sie fühlten sich diskriminiert oder ausgeschlossen.

Großstadtmütter haben meist eher mit diesem Problem zu tun als jene in Vororten oder auf dem Land, weil sie eben für ihre Kinder auf öffentliche Parks anstatt auf eigene Gärten oder Innenhöfe angewiesen sind. Aber was etwa Frauen in New York erleben, ist nur die Reinkultur dessen, was Müttern auch anderswo begegnen wird, in der Schule, in der Kirche, in Arbeitsgruppen, im Schwimmbad oder in Büchereien. Großstadt- und Vorortfrauen lobten die Unterstützung, die andere Mütter anboten, sobald sie einander kennengelernt hatten, aber alle gaben zu, daß solche Unterstützung erst dann möglich wurde, nachdem sie die Überzeugung über Bord geworfen hatten, sich von anderen Müttern zu unterscheiden. Für mehr als eine unter uns gingen diesem Umdenken böse Kämpfe mit dem Ego voraus.

Unser ursprüngliches Gefühl des Ausgeschlossenseins war aber keineswegs Einbildung. In vielen Fällen schien es uns, daß wir einen richtigen Eindruck registrierten: ›Ältere‹ Mütter, die schon untereinander Gruppen gebildet hatten, betrachteten eine neugekommene mißtrauisch als ›schon wieder so 'ne Mutter‹. Wie eine Parkbanksitzerin erklärte: »Ich *kann* einfach nicht mehr. Ich habe mit einem Zwei- und einem Dreijährigen, die sich vermutlich alle zwei Minuten am liebsten gegenseitig umbringen wollen, alle Hände voll zu tun. Ich hab einfach nicht mehr die Energie, mich neben einen Kinderwagen zu hocken und über Mitternachtsbreichen zu quatschen.« So begegnen Mütter Neugeborener oft tatsächlich echtem Widerstand. Vielleicht steckt auch unbewußt ein bißchen Schadenfreude dahinter – »Wenn's mir so schwer gefallen ist, warum sollst du's leichter haben.«

Sobald Müttergruppen sich innerhalb einer Nachbarschaft, in einem Appartementhaus oder Park gegenseitig vertrauen, können sie einander unterstützen und beschützen gegen die negativen Vorurteile der Umwelt. Aber ehe es so weit ist, wirken Müttergruppen vielleicht eher abstoßend. Gerade die junge Mutter, die versucht, über den Durchschnitt hinauszukommen, ist sehr empfindlich gegen Konkurrenzneid. Wie es eine junge Frau ausdrückte: »Mütter konkurrieren mehr untereinander als irgendwelche anderen Menschen auf Gottes Erde! *Das* sollte Sie den Leuten einmal sagen!« Vom Vernunftsstandpunkt aus betrachtet hat sie wohl recht. Und es trifft auch für jede Gruppe von Frauen zu, deren Mitglieder sich in irgendeiner Form der so verachteten Mütterklasse als Ganzes überlegen fühlen.

Ehe wir uns mit dem Konkurrenzdenken anderer beschäftigen, müssen wir nicht nur seine Existenz als solche anerkennen, sondern auch die *in uns selbst.* Wenn uns selbst Konkurrenzdenken fremd wäre, warum würden wir uns denn dann aufregen, daß eine andere Mutter uns übertrifft? Die ›schlechtesten‹ Mütter entgehen diesem Konkurrenzkampf, indem sie sich einfach weigern, daran teilzunehmen. Oder sind sie vielleicht die besten? Aber welche sind denn nun die Besten? Würden wir uns darüber überhaupt den Kopf zerbrechen, wenn wir nicht Ängste und Zweifel hätten, ob wir selbst unsere Sache richtig machen?

Eine Frau gab uns einen Denkanstoß – sie fragte, warum wir uns bei den anderen Rollen, die wir im Leben spielen, keine solchen Sorgen machten – wie viele von uns sorgen sich etwa darum, ob sie gute Töchter sind? Aus den Antworten darauf ging hervor, daß wir als Mütter einem besonderen

Druck seitens der Öffentlichkeit ausgesetzt sind. Eine Mutter meinte, das Tochtersein ergebe sich ja einfach daraus, daß man geboren werde; da wir uns diese Rolle nicht ausgesucht hätten, fühlten wir uns in dieser Hinsicht nicht besonders verantwortlich. Eine andere wieder sagte, als Tochter müsse man ja nicht seine gegenwärtige Existenz rechtfertigen oder auf die Frage antworten: »Was tun Sie eigentlich? »Als Mutter müsse man das dagegen schon, und daher sei die Feststellung, wie gut wir als Mütter sind, gleichbedeutend mit unserer Einstufung als menschliche Wesen.

Eine dritte Frau legte den Finger auf einen weiteren wunden Punkt: »Alle nehmen an, daß Mütter *die* Töchter bekommen, die sie verdienen, und wir uns daher keinerlei unnötigen Schuldgefühlen hinzugeben brauchen, inwieweit wir als Töchter in Ordnung sind. Es lastet ja die ganze Schuld auf den Schultern unserer Mütter.« Wenn wir es genau betrachten, dann sehen wir, daß diejenigen, die sich am meisten bemühen, *alles* richtig zu machen – durch Lesen und Nachdenken und Definition ihres Verhaltens – die meisten Zweifel über sich selbst hegen und sich am ehesten mit anderen vergleichen. Sie sind auch diejenigen, die sich am meisten darüber bewußt sind, in wieviel Millionen Arten sie bei ihrer Aufgabe als Mütter versagen können. Der Verdacht stieg in uns auf, daß umfassendere Information keineswegs immer die beste Vorbereitung fürs Überleben sein könne, sondern eher Unsicherheit und Konkurrenzdenken noch vergrößert, anstatt das Gegenteil zu bewirken.

Alle stimmten darin überein, die traurigste Erfahrung der Mutterschaft bestehe eigentlich darin, daß man gerade im Stadium größter Unwissenheit und Unsicherheit von allen erwachsenen Freunden plötzlich wie abgeschnitten sei: Plötzlich leben alle, die wir bisher so gut kannten, nach einem ganz anderen Schema als wir. Und in dem Augenblick, wo wir die größte Unterstützung von außen brauchen würden, ist sie am wenigsten verfügbar. Die Verzweiflung dieser Isolation treibt uns dann oft zu den ersten Kontaktversuchen mit anderen Müttern, denen wir begegnen.

Mit diesen ersten Ängsten beginnen auch die Ressentiments gegenüber »Frauen, die meinen, daß sie bei ihren Kindern alles hundertprozentig richtig tun und die eigentlich wie Zootiere im Käfig wirken. . . Sie sind so absolut sicher, alles richtig zu machen, und ich bin so absolut sicher, daß ich alles falsch mache – außer man hat mich bereits in die Defensive gedrängt.« Diese Mutter fügte noch hinzu: »In unserem Park hassen wir uns alle gegenseitig. *So* sieht das mit den Müttern aus.«

Ihre Freundin nahm dann das Gespräch auf: »Warum hassen wir einander? Was für eine Last tragen wir da mit uns herum? Ich meine, wenn ich an Mütter denke, dann kommen sie mir immer so besonders bedrückt und unterdrückt vor. Und trotzdem kämpfen wir ununterbrochen um alles mögliche. Und sind so *kritisch* gegenseitig, oft in der unglaublichsten Weise!«

Der öffentliche Druck – die Kritik der Umwelt an den Müttern – ist nicht immer gleich. Die Verhaltenserwartungen an Kinder variieren, ebenso wie das Ausmaß oder die Art von Freiheit, die man ihnen gewährt. In einer Region läßt man es die Kinder untereinander auskämpfen, während in einer anderen offenen Aggression verboten ist. Vierjährige, die sich gelegentlich ein Babyfläschchen ›borgen‹, mögen in der einen Umgebung toleriert werden, während man sie in der anderen für unterentwickelt hält. An manchen Orten sind Fläschchen nach dem ersten Jahr praktisch unmöglich, an anderen hingegen toleriert man sie bis nach Kindergartenbeginn. Hier dürfen sie gelegentlich draußen nackt sein, während anderswo der Polizist gerufen wird.

Eine Mutter steht natürlich unter besonderen Druck, wenn ihre eigenen Anschauungen sich von denen der Nachbarn unterscheiden. So erzählte eine von der Kritik, als sie ihr dreizehn Monate altes Baby von der Flasche entwöhnte oder als der Kleine sich vor der Zeit selbst auf Sauberkeit umstellte. Einer anderen Mutter lagen ein paar alte Damen dauernd in den Ohren, sie müsse ihrem Kind Schuhe besorgen. Sie tat es schließlich, noch ehe das Kind zu gehen probierte, und dann sagten ihr wieder mehrere junge Mütter, daß der berühmte Dr. Spock dagegen sei.

Unerwünschte Ratschläge können einem sehr zusetzen. Und die Unbekümmertheit und Unverfrorenheit, mit der einem Fremde solche Ratschläge geben, zeigt auch nur an, welch niedrigen Status eine Mutter hat: *jeder* fühlt sich ihr überlegen und daher zu Ratschlägen berufen. Das ist besonders lästig, wenn es sich dabei um ganz banale, unbewiesene Anschauungen handelt. Allzuoft wird noch nach dem Prinzip geurteilt: Kinder, die sich gut verhalten, sind der Beweis für die Tugenden ihrer Mutter, und unerzogene Kinder zeigen, wie unfähig sie ist.

»Besonders schlimm empfinde ich negative Kommentare über die Kinder, wenn ich selber der Anschauung bin, daß sie vor allem ungehemmt sein sollten«, erklärte eine Mutter. »Denn wenn sie ihre Freiheit haben, dann müssen sie auch die Freiheit haben, mal ungezogen zu sein. Aber ihr ›öffentliches‹ Mißverhalten ist das Schlimmste für die Mutter – schon im Babyalter!«

Der Begriff Freiheit muß natürlich genau definiert und qualifiziert werden, denn, wie eine andere Mutter es ausdrückte, »einfach zu sagen, das Kind solle seine Freiheit haben, kann auch heißen, daß man all den Unfug, den man ihm gestattet, rational begründen will.« Sie überlegte dann weiter, ob wir unsere Kinder nicht »als Ersatz der früher über uns waltenden Mächte« einsetzen würden. »Früher mußten wir unseren Ehemännern gehorchen, heute sind solche Ehen nicht mehr so modern. Daher machen wir die Kinder zu diesen Mächten, die stärker sind als wir selbst, denen wir dann dienen können.«

Wieviel Freiheit eine Mutter ihren Kindern auch gewähren, wie nachsichtig sie sein mag, mit ihnen in der gegebenen Umwelt zu existieren, kann sehr problematisch für sie werden. Daß Barrieren zwischen den einzelnen Müttern bestehen, kommt vielleicht von der Angst, eine Auffassung über Kindererziehung verteidigen zu müssen, ehe man sie noch voll durchgedacht hat. Manchmal ist es leichter, für sich zu bleiben und sich nicht herausfordern zu lassen, als die größere Isolation zu riskieren, in die Kommentare über unsere Art der Kindererziehung uns bringen können.

Die Ängste, die durch mütterliches Konkurrenzdenken verursacht werden – selbst bezüglich ganz normaler Regeln und Vorstellungen – sind meist beim ersten Kind besonders kraß. Auf dieses Kind konzentrieren sich gewöhnlich die intensivsten Versuche seiner Mutter, es zu einem höheren menschlichen Wesen zu erziehen. Fügt es sich ihren Forderungen nicht, so weichen diese langsam auf, und die nachkommenden Kinder müssen nicht mehr so strengen Regeln folgen, brilliert es dagegen, so haben seine nachkommenden Geschwister darunter zu leiden.

Alle Mütter, mit denen wir uns unterhielten, waren sich der Ratlosigkeit ihrer »Anfangszeit« bewußt. Alle hatten Erinnerungen daran, die sie meist in Form einer spaßigen Geschichte wiedergaben. Eine erzählte: »Ich erinnere mich, wie meine Kleine sechzehn Monate alt war und noch nicht laufen konnte. Wir verbrachten den Nachmittag mit einem kleinen Mädchen ihres Alters. Während meine mühsam über den Boden robbte, ging das andere Kind selbständig zum Radio, drehte es an und begann zu tanzen!« Eine andere sagte: »Als mein Junge erst ein einziges Wort aussprechen konnte, aßen wir einmal bei Freunden mit einem vier Wochen älteren Mädchen, das sprach seiner Schwester nach: ›Gib mir noch eine Tomate auf meine Spaghetti!‹« Eine dritte erklärte: »Erst dachte ich, Barbara würde recht sportlich werden, weil sie sich viel rumwälzte, dann dachte ich, sie würde gut reden können, aber jetzt sieht es aus, als ob sie auf keinem Gebiet hervorstechen wird. Die Leute behaupten allerdings, daß sie ganz reizend ist«, fügte sie dann hinzu und mußte selbst lachen.

Wie gut erinnern wir uns an unsere Freude, wenn sich unsere eigenen Kinder etwas hervortaten, aber auch an unseren Ärger, wenn andere Kinder dominierten. Eine Frau erzählte von einem Jungen in der Nachbarschaft, der bei allem immer der Erste zu sein schien – beim Sitzen, Krabbeln, Gehen, Reden – und als *der* Champion galt, bis seine Mutter endlich – er war schon drei Jahre alt – zugab, er verlange noch immer mitten in der Nacht zu trinken. Die anderen Mütter ›rächten‹ sich natürlich, indem sie sich energisch gegen eine solche Unsitte aussprachen.

Trotz aller guten Vorsätze mußten wir alle widerwillig zugeben, daß wir, ohne es eigentlich zu wollen, unsere Kinder als Konkurrenzwaffe benützen. Und dieser Wettkampf ist um so intensiver und naiver, je flüchtiger, unwichtiger und mittelmäßiger alle Beweise der Überlegenheit sind. Eine Mutter gab sogar zu, insgeheim etwas gegen die Fernsehsendung *Sesamstraße* zu haben, weil darin schon Zweijährigen das Alphabet beigebracht wurde, nachdem ihr eigener Zweijähriger vor seinen Spielkameraden damit brillierte, daß er es als *einziger* beherrschte. Wir stimmten auch überein, daß unser Konkurrenzkampf nicht so intensiv sein würde, wenn man uns gelegentlich bestätigte, daß wir unsere Aufgabe eigentlich ganz gut bewältigen.

Da solche Bestätigungen selten gewährt werden, sind für uns alle ›öffentlichen Auftritte‹ heikel. Das Deprimierende daran ist ja, daß man nie im vorhinein weiß, wie sich ein Kind verhalten wird. Früher meinte man eben, das Verhalten eines Kindes zeige, wie es erzogen werde. Jetzt kriegen wir aber von unserer Umwelt völlig widersprechende Anweisungen, wie wir das Kind zu erziehen haben. Einerseits trommelt man den Kindern in gewissen Fernsehsendungen ein, daß sie durchaus manchmal zornig sein dürfen, andererseits heißt es allgemein für sie *und* für uns, daß man sich in der Öffentlichkeit nicht gehen lassen darf. Wie können wir aber einem Zweijährigen diesen Unterschied klarmachen, vor allem wenn das, was ihn am zornigsten macht, so oft in der Öffentlichkeit passiert? Und dann schnappt die Falle für uns zu und wir leben in der Furcht, daß kindliche Trotzreaktionen in der Öffentlichkeit wenig freundlich gesinnten Fremden unsere fehlgegangene Erziehung beweist.

So kommen Mütter durch ihre Kinder immer wieder in Verlegenheit, und dies gerade dann am stärksten, wenn die lieben Kleinen am schwierigsten zu programmieren sind. Schreit ein Baby in der Öffentlichkeit, so irritiert das zwar die Leute, aber sie haben irgendwie Mitleid. Schreit ein Zwei- oder Dreijähriger, so wird er von den meisten Umstehenden als öffentliches Ärgernis angesehen – was er ja auch ist. Am schlimmsten, wenn die gequälte Mutter es mit dem unangenehmen zweiten Lebensjahr zu tun hat: Das Kind entwickelt sein Ego und sagt daher auf jede Frage nein und folgt nie und auf nichts. Gerade in dieser Zeit hat die Mutter aber den Drang, mit ihm in die Öffentlichkeit zu flüchten, einfach um aus dem Haus herauszukommen.

An diesem Punkt wird sie, vor allem, wenn es das erste Kind ist, bei dem sie noch die größte Unsicherheit hat, wenig Lust haben, sich öffentlich über das Kind zu beschweren. Sie kann sich über ihren Mann beschweren, zumindest vor engen Freunden, weil sie keine Verantwortung für die Bildung *seines* Charakters spürt. Aber über das Kind zu klagen, heißt sich der Frage aussetzen: *Ja, warum tust du dann nichts dagegen?* Und sich dieser Frage zu stellen, ist besonders schwer, wenn sie selbst doch nicht weiß, was sie tun soll. Niemand setzt sich zudem gern der Möglichkeit aus, durch einen einfachen Vorschlag Hilfe zu bekommen, so daß sich das Problem, mit dem man selbst nicht fertig wurde, plötzlich in nichts auflöst. Die Probleme erscheinen gerade deshalb so unlösbar, weil die Mutter nicht begreift, woraus sie entstanden sind.

Daher wohl auch die Verzweiflung über die Zornausbrüche eines Kindes in der Öffentlichkeit, die für manche Frauen die schlimmsten Augenblicke ihres Lebens als Mutter sind. Die ablehnende Haltung Vorübergehender ist schon arg genug, aber da hat man wenigstens den Trost, daß diese Menschen weitergehen und aus unserem Leben wieder verschwinden. Viel schmerzlicher ist die Abgeschnittenheit von den engsten Freunden, an die man sich sonst in Augenblicken seelischer Bedrängnis wenden würde.

Das Ausmaß der Barrieren selbst zwischen engsten Freunden zeigt wohl an, wie sehr das Mißverhalten eines Kindes Vertrautheit und Vertraulichkeit stören kann. Selbst gegenüber Freunden möchte man sich ja doch eine gewisse Achtung erhalten. Und wie ist diese Achtung noch möglich, wenn man von einem unvernünftigen, auf nichts reagierenden, kreischenden, um sich schlagenden Monster tyrannisiert wird? Wir empfinden Ressentiments gegen unsere Freunde, weil sie unsere Kinder in so unangenehmer Weise miterleben. Und weil sie ein privates Vorkommnis sehen, das wir ihnen freiwillig nicht aufgedeckt hätten. Da stauen sich dann Haßgefühle, die irgendwo hinaus wollen, aber in der Öffentlichkeit haben wir Hemmungen, sie gegen den Grund unseres Dilemmas zu richten, gegen das Kind. Wir sind böse mit dem Kind und nehmen an, daß es unseren Freunden genauso geht, aber wir fragen uns, welches Recht sie zu dieser Kritik haben. Da wir gezwungen sind, uns in solchen Fällen als Mütter zu benehmen, nehmen wir es unseren Freunden übel, daß sie uns als Mütter statt als Individuen beurteilen. Wir fühlen uns dadurch in unseren vertrauten Beziehungen gestört.

Auch die Kinder unserer Freunde sind eine Bedrohung der Freundschaft. »Warum können wir die Kinder unserer Freunde nicht vor deren Eltern zur Rede stellen?« fragte eine Mutter, deren Beziehung zu ihrer engsten Freundin dadurch gefährdet war, weil das Kind der anderen sich in einer bestimmten Phase sehr eigenwillig verhielt. »Wenn sie zu uns kommen«, erklärte sie, »biete ich Getränke an, und die Kinder kriegen natürlich

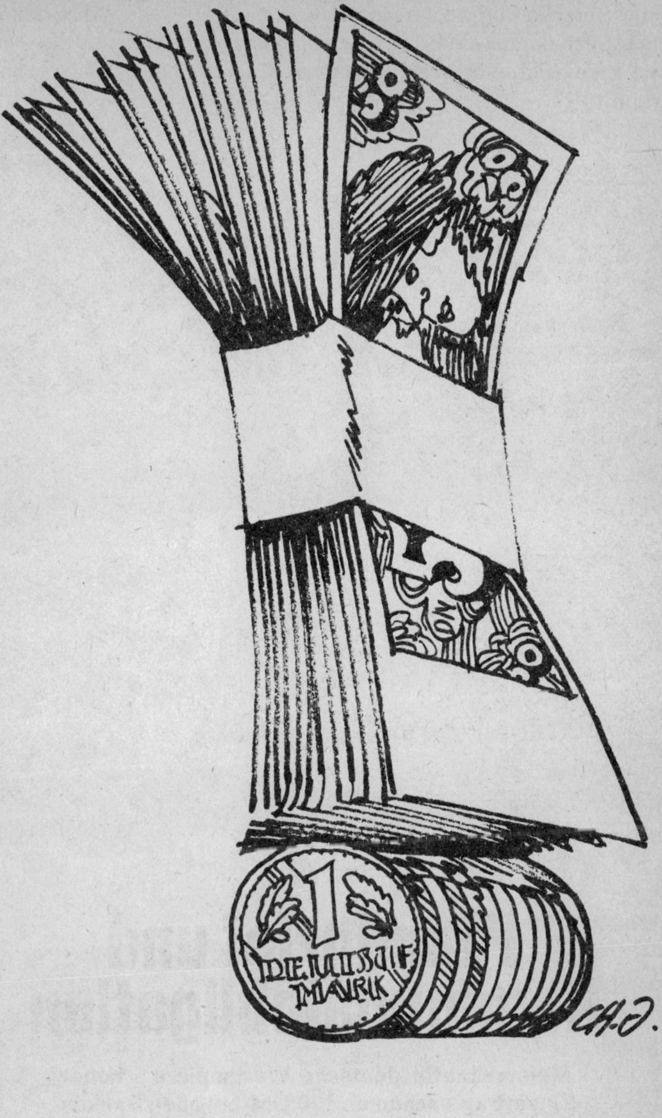

Dem Gelde …

...ist es einerlei, von wem es verdient wird oder gespart. Aber der Mensch vermag auch daraus ein Problem zu machen.

Wo aber Geld selbst das Problem ist, fragt man nicht lange nach seiner Herkunft.

auch was – binnen fünf Minuten hat der andere Junge aber das Glas seiner Mutter in der Hand und schwingt es gefährlich hin und her. Sie sagt ganz schüchtern: ›Bitte nicht, es ist ihr bestes Kristall!‹ Der liebe Knabe hampelt weiter damit herum, meine Spannung wächst und wächst, ich warte, daß es Scherben gibt. Ich will sie gar nicht mehr im Haus haben, weil meine Freundin das Kind so wenig zur Raison bringen kann. Ich kann auch nicht verstehen, warum ich nicht sagen darf: ›Ganz richtig, also nehmen wir ihm einfach das Glas aus der Hand.‹«

Als wir diese Geschichte hörten, wollten wir der Sache erst einmal impulsiv ausweichen mit dem Vorschlag, sie solle eben in Anwesenheit des Kindes nur Plastikgläser verwenden. Uns war selbst nicht klar, um welche Frage es bei dieser Szene ging, obwohl wir die Situation natürlich genau kannten. Zögern wir, in die Kindererziehung einer Freundin einzugreifen, weil wir Angst haben, sie zu beleidigen? Wir wissen aus Erfahrung, wie unangenehm solche Kritik ist, und wir wollen eine Freundin nicht so persönlich angreifen. Oder haben wir Angst, daß die Freundin unsere Normen nicht akzeptiert und die Freundschaft kündigen könnte? Vor allem, wenn wir ziemlich überzeugt sind, daß die eigene Methode wirklich besser ist als die ihre? Wieder kam uns der Verdacht, daß es im Grunde das alte Problem unserer eigenen Unsicherheit war.

Ein scheinbar anders gelagertes, aber doch verwandtes Problem ist der intensive (wenn auch nur momentane) Zorn, den wir gegen die Kinder anderer Leute empfinden, wenn sie sich in abträglicher Weise verhalten, vor allem, wenn sie unsere zufällig einmal ganz unschuldigen Sprößlinge attakkieren. Wie es ein Vater ausdrückte: »Da saß meine Kleine auf dem Fußboden und kümmerte sich um keinen Menschen, und das Nachbarkind kam zur Tür rein und verprügelte sie. Am liebsten hätte ich es gepackt und gegen die Wand geschleudert.«

Ähnlich erging es vielen Müttern in Parks und Spielgruppen oder auf Spielplätzen. Bei der Untersuchung dieser nur allzu vertrauten Reaktionen kamen wir zu mehreren interessanten Ergebnissen. Erstens haben wir etwas dagegen, daß ein anderes Kind unser Kind belästigt oder schlägt, weil es meist dann passiert, wenn ein nettes Erwachsenengespräch im Gang ist oder die Situation sonst angenehm und ruhig gewesen wäre, weil *unsere* Kinder uns einmal gerade nicht belästigten. Und genau in diesem Augenblick, da wir auf ein wenig Frieden hoffen, bricht unser Kind in einen schrillen Schrei aus, der uns zwingt, uns wieder mit ihm zu befassen. Es ist etwa so wie der Anruf vom Büro am ersten Feriennachmittag – eine unfaire Beeinträchtigung der Erholungszeit, ein gestohlenes Vergnügen, auf das wir uns schon gefreut hatten.

Wir haben auch den Verdacht, daß wir deswegen so zornig werden, weil wir beim Zorn über ein anderes Kind keine solchen Schuldgefühle empfinden. Wir versuchen ja bei unseren eigenen Kindern so geduldig und verständnisvoll zu sein, daß es manchmal eine Erleichterung bedeutet, sich laut brüllend an anderer Leute Kinder Luft zu machen. Je mehr wir uns um olympische Weisheit beim Umgang mit den eigenen bemühen, um so mehr hassen wir das nicht so vertraute Kind, das zu Besuch kommt und von uns verlangt, daß wir die Weisheit über unsere eigenen vier Wände ausdehnen – vor allem, wenn diese Ausdehnung sowieso schon weiter geht, als sie von der Natur aus vorgesehen war.

Aus dem Bericht einer anderen Frau ergibt sich eine weitere Erklärung für unseren Zorn. »Neulich habe ich meine beste Freundin erst richtig kennengelernt. Ich sah, wie ihr Kind eine Hand voll Erde aufnahm und sich grinsend vor ihr aufstellte. ›Nein!‹, sagte die Mutter, aber der Kleine warf ihr die Erde ins Gesicht und rannte kichernd weg. Sie fing ihn ein, und er wehrte sich, aber sie flüsterte ihm nur etwas zu. Und da dachte ich: Sie erniedrigt sich ihm gegenüber genau wie gegenüber ihrem Mann. Es war mir entsetzlich, so über sie urteilen zu müssen, aber auf das Kind war ich auch zornig. War zornig auf die Mutter, die solches Benehmen erlaubte – ihm erlaubte, ihre Würde und Autorität anzutasten, und damit im weiteren Sinne auch *meine* Welt, *meine* Autorität. Ich wollte, daß er dafür bestraft würde. Das Kind war in dem Augenblick für mich wohl ein Symbol aller Dinge in unserer Gesellschaft, die mich als Erwachsene unterjochen, mir Leid antun oder mich erniedrigen.«

Eine weitere Möglichkeit besteht noch darin, daß das Kind, das andere an den Haaren zieht, Sand schmeißt oder mit Schaufeln und ähnlichem Gerät herumschlägt, damit Dinge tut, die wir selbst manchmal gern getan hätten, nur daß wir uns selbst oder unseren Kindern dieses Vergnügen nicht gönnen. Und das ist unfair.

Andererseits hat eine Mutter auch zugegeben, ihr Jüngstes aus purem Zorn gebissen und sich danach erleichtert gefühlt zu haben. Andere Frauen gestehen, daß sie ihre ›Regeln‹ je nach Bedarf abändern: »Nicht schlagen« wurde langsam zu »niemand Kleineren schlagen«, schließlich noch zu »Schütze dich selbst« und letzten Endes: »Verteidige auf jeden Fall deine Rechte.« Selbst der absolute Grundsatz: »Kein Baby schlagen« wurde mit zunehmenden Alter des Kindes zu »Verteidige deine Rechte« und schließlich zur Entscheidung zu schlagen, wenn es notwendig schien. In einer Gesellschaft mit so widersprechenden Moralbegriffen über die Aggression kann man von uns wohl kaum etwas anderes als solch pragmatische Veränderungen erwarten.

Sind die antisozialen Impulse eines Kindes in der Öffentlichkeit schon schwierig genug zu handhaben, so oft noch viel mehr vor Verwandten. Eine Mutter berichtete, daß sie immer spürte, wie deren Schweigen ›ohrenbetäubend‹ wurde, sobald sie ihren Zorn spüren ließ. Allen war es schrecklich peinlich. »Zuerst wußte ich immer gar nicht, was ich mit der Kleinen tun sollte, wenn sie absichtlich unartig war. Sie wußte, daß sie damit durchkam, wenn wir bei der Familie meines Mannes waren. Ich versuchte sie geduldig zu ermahnen, aber sie ignorierte mich natürlich. Schließlich war es mir für sie wichtiger, daß ich auf der Stelle reagierte, wenn sie etwas anstellte, das ich nicht tolerieren konnte – und ich beschloß, dies auch vor meinen Verwandten zu tun. Als sie mich eines Tages wieder anschrie, schrie ich zurück. Meine Schwiegermutter saß wie gelähmt da, aber die Kleine hatte verstanden. Und das war mir wichtig.«

Die Ablehnung seitens der Verwandten kann man natürlich nicht von heute auf morgen ändern oder damit fertigwerden. Mehrere Frauen berichteten jedoch, daß man in ihren Familien die neuen Methoden akzeptiert habe – sogar, wenn sie sich radikal von den bequemeren alten unterschieden –, sobald man sie ihnen als bewußtes Programm erklärt hatte, das bestimmte, vorausbedachte Resultate bringen sollte. In darauffolgenden Diskussionen hatte die Familie jeweils Gelegenheit, ihre Zweifel zu äußern, was zumindest den Druck abschwächte.

Eine Gruppe von Müttern, die abwechselnd dieselbe Spielgruppe betreuten, sprachen untereinander ab, daß jede jeweils ihre Regeln aufstellen sollte und für ihre Einhaltung zu sorgen habe. So könnte man auch mit Verwandten, etwa der Großmama halten: Wenn sie ihre Energien damit verschwenden will, bestimmte Verhaltensmuster einzuüben, so soll sie es in ihrem Hause tun. Um den Druck auf das Kind abzuschwächen, kann die Mutter ja entscheiden, wie lange sie es jeweils bei der Großmutter läßt.

Mehrere Frauen kamen mit dem Problem besser zurecht, indem sie sich selbst sagten, es sei ja wertvoll für ihre Kinder, mit verschiedenen Menschentypen und Verhaltensweisen konfrontiert zu werden. Das erleichterte sie dann, wenn sie die Kinder bei Babysittern, Verwandten oder Kindergartenleiterinnen lassen mußten, die anders verfuhren als sie selbst. Es war ihnen klar, daß die Kinder einmal in der Welt mit all ihren Verschiedenheiten leben mußten und sich daher besser früh daran gewöhnten. Und als Mütter müssen sie sich ja auch an diese Notwendigkeit gewöhnen.

Indem man Vorschriften der Großmutter toleriert, kann man allerdings alle Probleme, die in einem Verwandtenclan entstehen können, nicht lösen. »Mein armes Baby«, jammerte eine Großmutter, als sie von einer Veränderung im Tagesablauf bei ihrer Tochter hörte. »Da hab ich zu ihr gesagt«, berichtete die Tochter, »jetzt paß mal gut auf: das einzige Baby, das du je hattest, bin *ich*«.

Eine Schwiegermutter war eines Nachts schneller beim Bettchen des Enkels und sagte dann boshaft: »Du wirst lernen müssen, das Wohlergehen des Kindes über dein eigenes zu stellen.« Eine andere Mutter berichtete zornig von ihrer Schwiegermutter, die dauernd dem Baby zuzwitscherte: »Komm zur Mama, Schätzchen.« Dieser dauernde Freudsche Versprecher war offenbar eine unbewußte Bemühung, sie, die Mutter, völlig aus der Szenerie zu verbannen.

Das Problem einer anderen Frau lag genau entgegengesetzt: Sie fühlte sich von ihren Eltern zurückgestoßen, weil sie ihr klarmachten, daß sie die Kleine nicht gern dahätten. »Vielleicht geht das auch gegen dich«, meinte eine hilfreiche Freundin. Ein anderer Bekannter meinte: »Vielleicht wehren sie sich nur gegen die Tatsache, daß Kinder so eine Plage sein können. Es muß nicht alles persönlich gemeint sein!«

Andererseits berichteten viele junge Mütter, daß die Beziehung zu den Eltern, vor allem zur Mutter, plötzlich viel enger wurde. »Wir stehen uns jetzt viel näher«, sagte eine junge Frau. »Vorher haben wir immer nur gestritten. Jetzt habe ich das Gefühl, nicht nur ein Kind bekommen zu haben, sondern in meiner Mutter eine neue Verbündete.« Eine andere Frau erinnert sich der Zeit, da sie mit Mann und Kind kurzfristig ins Elternhaus zurückkehren mußte. In dieser spannungsgeladenen Periode sehnte sie sich danach, wieder ein Kind zu sein, wurde sich aber immer wieder bewußt, daß es unfair wäre, die Babypflege ihrer Mutter zu überlassen. »Mir half meine Mutter sehr viel, und ich merke erst jetzt, wie es mir fehlt. Und ich habe zu begreifen begonnen, wieviel meine Mutter verlor, als meine Großmutter starb.« Solche unerwarteten Vorteile – neues Verständnis und tiefere, stärkere Liebe – können nicht hoch genug gewertet werden.

Probleme mit Eltern und Schwiegereltern sind den meisten Ehepaaren schon bekannt, neue Spannungen bringen uns die Kinder; wir identifizieren uns so sehr mit den Babys, daß es uns wie die Preisgabe unseres größten Schatzes vorkommt, sie mit anderen teilen zu müssen. Teilen müssen ist gewiß schwer, aber schlimmer ist es, wenn der Schatz abgelehnt wird. Im einen wie im anderen Fall hilft es der jungen Frau vielleicht, zu bedenken, inwieweit sie das Kind als ihr Double betrachtet.

Die zweite Hauptursache solcher Probleme liegt in der traurigen, aber menschlichen Tatsache, daß wir offenbar nie ganz von unseren Eltern frei werden. So bringen die Kinder neuen Zündstoff in den lebenslangen Kampf um Unabhängigkeit. Die einzigen Mütter, die dieser endlose Kampf nicht zermürbte, waren diejenigen, die gar nicht den Wunsch hatten, wegzukommen, oder die sehr weit weg gezogen waren. Die zweite Gruppe kann ja deshalb so gelassen bei dem Problem Großeltern bleiben, weil die Gelegenheiten, bei denen sie sich hätten auseinandersetzen müssen, so selten blieben. Fairerweise müssen wir zugeben, daß es *unser* Problem ist, wenn uns elterliche Einmischung stört – nicht ihres. Es kommt ja daher, daß uns unser gefühlsmäßiges Bedürfnis nach ihrer Zustimmung ärgert, oder weil solche Einmischung uns an vergangene, schmerzliche Kämpfe erinnert, die wir lieber vergessen würden.

Es ist auch durchaus möglich, daß unsere Eltern ihre Abhängigkeit von uns nie überwunden oder abgelegt haben. Wir haben einzusehen begonnen, daß die Geburt des ersten Enkels für eine Großmutter eine schwere Probe bedeuten könnte: sie ist jetzt nicht mehr so wichtig im Leben ihres Kindes; ihre ›geheiligte‹ Rolle als Mutter ist auf die nächste Generation übergegangen. Das abhängige Kind, das sie einst nährte, ist jetzt Nährmutter eines weiteren Kindes geworden; sie wird einfach nicht mehr so dringend benötigt. Für manche symbolisiert die Geburt eines Kindes ihrer Tochter vielleicht das Ende ihrer eigenen Fortpflanzungsfähigkeit. Da verwundert es nicht, daß sich Töchter zur Hilfe beim Neugeborenen oft lieber an die Schwiegermutter wenden.

Einige Jahre später spüren viele Mütter gegenüber den Kindergartenkräften die gleiche Art Spannung, vielleicht weil es uns stört, unsere Kinder von Fremden objektiv statt subjektiv – d.h. liebend – beurteilt zu sehen. Manche Mütter haben Glück und treffen auf eine erfahrene und sichere Kraft, die genügend Wissen hat, in *jedem* Kind etwas zu entdecken, für das sie es gegenüber seinen besorgten Eltern loben kann. Eine Mutter kehrte fassungslos und den Tränen nahe von ihrer ersten Besprechung mit der Kindergärtnerin zurück. Ihren interessierten Freundinnen teilte sie mit: »Sie hat überhaupt nichts Positives zu melden. Sie konnte mir gar nichts Gutes sagen.« Mütter aus der Nachbarschaft, die das Kind kannten, hörten dies zuerst ungläubig, dann empört. Sie erinnerten die verzweifelte Mutter, daß kein Kind von drei Jahren ohne irgendwelche Tugenden und Fähigkeiten ist, und dergleichen anzudeuten, zeige entweder eine Fühllosigkeit gegenüber Mutter und Kind oder die Unsicherheit der Kindergärtnerin im Umgang mit dem Kind. In diesem Fall hatte das betreffende Kind ganz natürlicherweise Schwierigkeiten, da an seinem ersten Kindergartentag ein Geschwisterchen geboren wurde. Die Kindergärtnerin kam gerade von ihrer Ausbildung, hatte jede Menge Kurse hinter sich und war von gutem Willen und hohen Idealen erfüllt, wußte aber fast nichts von Kindern. Der Mutter half dies freilich wenig, als sie die offizielle Bestätigung hören wollte, daß ihr Erstgeborenes sich gut ›einfüge‹.

Eine Mutter hatte dazu einen guten Vorschlag. »Wenn man Ihnen erklärt, wie schwierig das Kind in der Gruppe sei, stellen Sie die Frage, die meine Mutter – langjährige Elternvereinsvorsitzende – mir beibrachte: ›Und was tun Sie dagegen?‹ Wenn dann der Groschen noch nicht fällt, erinnern Sie daran, daß das Verhalten eines Kindes in der Gruppe in den Verantwortungsbereich der Betreuungsperson gehört, genau wie das Verhalten daheim in den Ihren. Versuchen Sie nicht, Ratschläge zu dieser Lösung zu geben; wie sie es fertigbringt, zeigt ja erst, welche Fähigkeiten sie hat. Ist sie gut, dann weiß sie, wie sie damit fertigwird.«

Ein Zeichen mehr, wie sehr wir uns alle nach allgemeiner Anerkennung unserer Kinder sehnen und wie verletzbar wir gegenüber jeder Kritik an ihnen sind. Trotz des Entschlusses, uns unabhängig von den Sprößlingen zu fühlen, wollen wir sie einfach von den andern wohl gelitten sehen. Aber ›nette‹ Kinder sind eben meist solche, denen nichts fehlt. Fehlt ihnen etwas, das heißt, sind sie beunruhigt – wozu sie (theoretisch) wohl das menschliche Recht haben, wenn sie (was unvermeidlich ist) einer Streßsituation begegnen –, so werden sie unangenehm auffällig. Solche Theorien sind freilich leichter zu verstehen als emotional zu verarbeiten. Dieselbe Mutter berichtete nämlich, wie sie nach fünf Monaten, in denen sie sich dauernd ermahnt hatte, ihrem Kind die Freiheit zu lassen, auch Fehlschläge zu erleiden, die Kleine am letzten Semestertag abholte. Dabei wurde ihr ein großer brauner Umschlag überreicht. Sie war sicher, daß er den bekannten negativen Bericht enthielt, und steigerte sich auf dem Heimweg immer mehr in ihren Ärger hinein (was sie der Depression vorher immer noch vorzog). Endlich in Sicherheit hinter ihrer eigenen Haustür, öffnete sie mit zitternden Händen das Kuvert und fand darin – ein Klassenbild. »Das hat mich gelehrt, wie wenig ich das, was ich gelernt hatte, verarbeitet hatte.« Andere Mütter vermieden diese Spannung, indem sie die Kinder ein Jahr länger zu Hause ließen. Eine ließ ihr Kind von Kindergarten zu Kindergarten wechseln, weil ihr keiner gut genug schien. Für manche bestand das Hauptproblem darin, das Kind zum ersten Mal einer fremden Person zu überlassen; für andere wieder, das Kind einer Kritik auszusetzen, der sich die Mutter zum ersten Mal stellen mußte. Für viele von uns waren Kindergarten und Vorschule eine deprimierende Institution, mit der wir am besten dann fertigwurden, wenn wir uns auf den Zuspruch guter Freunde stützen konnten.

Alles in allem muß man sich fragen, warum die Umwelt Frauen mit kleinen Kindern so viele Probleme bietet? In Fairness gegen uns selbst müssen wir feststellen, daß unsere Umwelt meist vor der Geburt der Babys falsche Erwartungen und falsche Normen in uns etabliert hat. Unser Erziehungs- und Gesellschaftssystem hat uns zum Beispiel darauf vorbereitet, daß Arbeit automatisch belohnt wird. Wer gut arbeitet, wird in irgendeiner Weise ›befördert‹. Ein Element des in der ganzen westlichen Welt verbreiteten ›amerikanischen Traumes‹ (ein männlicher Traum) geht davon aus, daß harte Arbeit zum Erfolg führt und dieser Erfolg allgemein anerkannt wird.

Außerdem wird in gutbürgerlichen Kreisen meist geraten, gutes Benehmen durch Belohnungen und nicht durch Strafen zu erzielen. Wer also ein Standardprodukt seiner Gesellschaftsklasse ist, wurde seit der Kindheit für kleine, gut erledigte Aufgaben mit Lob bedacht, außerdem für gute Schularbeiten mit guten Noten, und diese Belohnungen erhielten wir gleich nach dem Erfolg. Manche Belohnungen waren auch zweischneidig – etwa für ein saubergehaltenes Kinderzimmer, obwohl das Fahrrad im Regen draußen lag, oder für eine Eins in Geschichte, während es in Französisch schief ging. Man hat uns als Mädchen und Buben beigebracht, daß wir, wenn wir nur tüchtig genug arbeiten und stark genug an das glauben, früher oder später als Erfolgsmenschen anerkannt würden – oder wenigstens die Arbeit an sich anerkannt würde.

Und dann wurden wir Mütter. Unsere Babys dankten uns nicht für die gute Nahrung; sie schrien nur, wenn sie hungrig waren. Unsere Ehemänner machten uns keine Komplimente über die gewaschene Wäsche, sie wiesen nur auf den Schweinestall von Kinderzimmer hin. Unsere Nachbarn merkten nicht, wie schnell unsere Kinder lernten, von eins bis zehn zu zählen; sie beklagten sich, daß die Kleinen ihre Blumen abrissen. Unsere Umwelt erzählte uns von den Freuden der Mutterschaft, hatte uns aber nicht auf eine unhonorierte, endlose, langweilige und nervenaufreibende Routine vorbereitet. Und wenn wir uns dieser Routine unterwerfen und es sogar fertigbringen, uns selbst und die Familie in Schuß zu halten, deutet man bei Partys an, daß unser Gesprächsstoff wenig interessant sei. Oder wenn wir beschließen, der Routine zu entfliehen, indem wir eine Arbeit im erlernten Beruf annehmen, findet man, daß wir unseren Kindern vielleicht Schaden zufügen, da wir ihnen keine starke Muttergestalt bieten. Und während man uns als starke Muttergestalten sehen will, verlangt man keineswegs, daß uns die Ehemänner als starke Vatergestalten zur Seite stehen.

Der Grund, warum Mütter keine Arbeit annehmen, kann nicht nur der Angst vor dem Konkurrenzkampf in der Männerwelt zugeschrieben werden, wie einige emanzipierte Schwestern gelegentlich behauptet haben. Eine Doktorin der Botanik erklärte: »Ich will jetzt keine Arbeit, denn als ich aufwuchs, sah ich, welche Hysterie zwei übergroße Verantwortlichkeiten verursachen. Meine Tanten arbeiteten alle, und sie kamen mir immer hysterisch vor. Und wenn etwas passierte – ein Ofen kaputt ging oder ein Kind krank wurde –, mußte immer meine Mutter aushelfen und die Dinge in Ordnung bringen. Meine Tanten konnten einfach nicht zwei Sachen gleichzeitig tun. Und sie waren ewig erschöpft von ihren Versuchen, es doch zu tun, selbst wenn alles normal lief. Ich will mich dieser Hysterie nicht unterwerfen und auch nicht der Erschöpfung. Ich bin schon so müde genug.«

Zweifellos formen die arbeitenden Frauen, die wir in der Kindheit kennenlernten, unsere späteren Anschauungen über die berufstätige Frau. Eine sagte: »Meine Mutter hatte sechs Kinder und war beruflich sehr aktiv, aber sie zog uns in Europa auf, wo wir immer vier, fünf Angestellte hatten.« Auf die Frage, ob sie sich je benachteiligt gefühlt habe in den Händen der Angestellten, sagte sie: »Ganz und gar; das ist ja heute eines meiner Probleme. Es fällt mir so schwer, meine Kinder jemandem zu überlassen! Ich habe an drei Nachmittagen in der Woche von zwei bis fünf Babysitter – aber diese Babysitter muß ich wirklich gut kennen, sie eingewöhnen und viel Zeit mit ihnen verbringen.«

Solche Ängste färben natürlich auf unsere Bereitwilligkeit zur Berufstätigkeit ab. Eine berufstätige Mutter, die sich eine perfekte Kinderpflegerin und eine Reinigungsfrau leisten konnte, hatte trotzdem noch Schuldgefühle, »weil sie die wichtigste Aufgabe, die ihr je übertragen wurde – ein menschliches Wesen zu erziehen – anderen überließ.« Einige andere berichteten ebenfalls von ihren Bedenken, Fremde den Charakter ihrer Kinder in den so wichtigen Vorschuljahren bilden zu lassen. Und einige waren sich dessen bewußt, wieviel sie sich durch ihre Abwesenheit an den meisten Tagen von der faszinierenden Entwicklung des Kindes entgehen ließen.

Die meisten Frauen fanden, es sei wichtig, für sie *und* die Kinder, jede Woche zu bestimmten Zeiten nicht beisammen zu sein, aber es wurde von einigen die Schwierigkeit aufgezeigt, eine interessante Teilzeitarbeit zu finden, für die sie sich eigneten. Die meisten Teilzeitstunden sind nach den Ansprüchen des Chefs und nicht den Bedürfnissen der Mutter eingeteilt. Außerdem ist Teilzeitarbeit, obwohl sie sich doch in der Gesellschaft von Erwachsenen abspielt, oft genauso monoton und so weit entfernt vom männlichen Entscheidungsniveau wie die Hausarbeit. Eine Mutter, die solcher Monotonie in eine verantwortliche Führungsposition auswich, auf die sie sehr stolz war, berichtete, daß ihr Aufstieg seine Grenze fand, als sie eine bessere Position ablehnen mußte, weil die Arbeitsstunden nicht mit der verfügbaren Zeit ihrer Babysitterin übereinstimmten.

Nachts zu arbeiten, wenn der Ehemann den Babysitter spielen könnte, ist auch eine Lösung. Eine Frau, die dies erfolgreich tat, meinte jedoch emphatisch: »Ich habe Schuldkomplexe, meinen Mann an so vielen Abenden allein zu lassen, obwohl er sich nie schuldig fühlt, mich acht Stunden am Tag wegen *seiner* Arbeit allein zu lassen!« Jedenfalls beschränkt ein solches

Schema das gesellige Leben des Paares und die Freizeit der Mutter, nachdem die Kinder im Bett sind. Außerdem kann eine Abendarbeit, nach Tagesende und Kinderpflege, eher erschöpfend als lohnend sein.

Kurz und gut, diejenigen, die arbeiteten, litten oft unter Schuldgefühlen, weil sie den Kindern, dem einsamen Ehemann und dem nur halb geputzten Haus so lang fern blieben. Und obwohl die meisten Frauen, die das Haus verlassen konnten, von verstärktem Genuß der Stunden daheim berichteten, hatten einige sehr viel dagegen, nach Schuleintritt der Kinder wieder regulär zu arbeiten. »Schließlich mußten unsere Mütter auch nicht außer Haus arbeiten, nachdem wir ihnen aus dem Weg waren. Sie konnten sich entspannen und ihr Leben genießen. Ich finde, daß Mütter das verdient haben. Es kommt mir unfair vor, uns erst die Babyplage anzuhängen und uns dann noch arbeiten und Geld verdienen zu schicken. Wir haben das Recht, uns zur Ruhe zu setzen, wann wir wollen!« (Amerikanische Kinder sind von Anfang an bis zum Nachmittag in der Schule.)

Andererseits berichteten Mütter, die nicht berufstätig sein wollten, von ihrer Angst, intellektuell nicht mehr weiterzuwachsen, weil es an Stimulus fehlte. Bei diesen wie bei allen anderen Problemen erkennt man rasch, daß der persönliche Lösungsweg auch ganz individuell ausgelegt werden muß. Keine Formel kann je für alle Frauen gelten. Vor allem muß man sich daran erinnern, daß der eigene Weg nicht immer dorthin führt, wo die anderen hinwollen, und daß die eigene Lösung sich nur auf wenige andere übertragen lassen wird. Wir müssen uns davor hüten, anzunehmen, daß Frauen, die andere Wege gehen, entweder Heim und Kinder vernachlässigen oder ihren Geist und ihre Kreativität.

Viele von uns hatten Zweifel wegen der Berufstätigkeit, weil unsere Umwelt uns einander widersprechende Ziele zu setzen scheint. Wir werden darauf angesetzt, unsere Individualität zu kultivieren, während man uns mit der Kindererziehung belastet, die solche Kultivierung ausschließt. Suchen wir Arbeit, so müssen wir oft langweilige Beschäftigungen annehmen, um nicht mit den Familienverpflichtungen in Widerspruch zu geraten. Oder man rät uns, wenn die Kinder größer sind, in unseren erlernten Beruf zurückzugehen, bei dem uns aber die Kenntnisse über die neuesten Entwicklungen fehlen. Berufliche Tüchtigkeit wird durch die Schuldgefühle gemindert, die sich aus den daheim vernachlässigten Verantwortlichkeiten ergeben. Oder man sagt uns, wir sollen doch die gleichen Möglichkeiten wie die Männer verlangen, obwohl man uns nicht die langen Perioden ununterbrochener Konzentration gönnt. Die voneinander abweichenden Normen der Gesellschaft lassen uns heute im Zweifel darüber, wo unsere Hauptverpflichtungen liegen.

Was sollen wir also tun, da wir ja vorläufig in einem Kulturkreis weiterexistieren müssen, der uns als Mütter im Stich gelassen hat? Wir müssen unsere Umwelt anders einteilen, wenn es uns nicht gelingt, sie zu erobern, um wenigstens überleben zu können. Das heißt, wir müssen für den Augenblick die alten Aufteilungen abtun – Klassenzugehörigkeit, politische Anschauung, Berufsgruppen, Altersgruppen und religiöser Glaube – und uns einfach in Mütter und Nicht-Mütter aufteilen. Und dann müssen wir uns mit den anderen Müttern in die Mütterkategorie einteilen. Denn nur der Teil der Gemeinschaft, der sich aus Menschen unserer eigenen Situation zusammensetzt, kann uns dauernde, brauchbare Unterstützung geben. So schwierig es auch aussehen mag, solange wir nicht einsehen, daß andere Mütter im Grunde die gleichen Freuden, Probleme und Schwierigkeiten haben, haben wir keine verläßliche Gruppe und keine Gemeinschaft, die unsere Gefühle teilt.

Sobald wir wirklich bereit sind, uns einer solchen Gruppe anzuschließen, müssen wir uns auf den Weg machen, sie zu finden. Wer scheu ist, schwer Kontakt mit anderen Leuten findet oder gar nicht weiß, wo er danach suchen soll, wird es natürlich nicht leicht haben. Aber solche Hindernisse dürfen uns nicht aufhalten. Wir können eine Babysitting-Cooperative gründen oder ihr beitreten, wir können auf dem Spielplatz oder im Supermarkt andere Mütter für die Idee begeistern. Wir können lange Spaziergänge mit dem Kinderwagen machen, bis wir einen anderen Kinderwagen treffen. Und wenn keiner dieser Wege zum Ziel führt, können wir Zettel an öffentlichen Plätzen anbringen oder durch Inserate Frauen mit Kindern finden, die gerne Spielgruppen oder ähnliche Gemeinschaften bilden möchten.

Die Hilfe und das Mitgefühl anderer Mütter in den ersten Jahren unserer Kinder sind vielleicht das einzige, das uns in dieser Zeit aufrechterhält. Wohl jede Frau, die solche Spielgruppenfreundschaften genießen durfte, hat empfunden, daß die Augenblicke wirklicher Entspannung und Freude den Frauen zu danken waren, mit denen wir unsere Tagesroutine teilten und die uns verstanden. Wenn schon Frauen mitten in New York City – wie allgemein bekannt, das menschlich feindseligste Gebiet in ganz Amerika – geradezu lyrisch werden bei ihren Berichten über Freundschaften aus dem nahen Park, dann können Frauen in einer entgegenkommenderen Umwelt bestimmt auch solche Gruppen bilden.

Außerdem haben wir ja im Augenblick gar keine andere Wahl. Der Streß, dem eine junge Mutter gegenübersteht, ist so monoton, daß nur eine andere Mutter, die gerade unter dem gleichen Druck steht, sich jeden Tag dieselben Geschichten anhören wird. Alle übrigen wollen dann immer gleich zu anderen Themen übergehen.

Eine Müttergemeinschaft kann für die einzelnen Mitglieder unendlich wichtig sein. Die Ängste werden weniger bedrohlich, wenn man untereinander Informationen austauscht; der Wettbewerb wird weniger hart, wenn man alle Kinder gut kennt; Ärger verringert sich, wenn man ihn zur Sprache bringen kann – und vor allem werden wieder Erwachsenengespräche möglich. Wenn die Umwelt als Ganzes an der jungen Mutter versagt, indem sie falsche Erwartungen weckt und falsche Perfektionsnormen aufstellt, so bietet die Müttergemeinschaft eine Erholung von diesen Enttäuschungen und diesem Druck. Eine Erholung; die jede Mutter haben müßte.

VI

Der tägliche Streß

Die meisten Mütter kleiner Kinder sollen Wochen, Monate, ja Jahre hindurch mit ungenügenden und ständig unterbrochenen Ruhezeiten auskommen, haben keine Zeit zum Nachdenken und keine Möglichkeit, den immer schrilleren Forderungen, up to date zu sein, zu entkommen. Diese Forderungen stehen im Konflikt mit anderen nicht aufschiebbaren und drängenden Pflichten – zum Beispiel das Essen für die Familie zu kochen oder wenigstens sich den Weg zur Küche freizuschaufeln. Und wenn die Mütter dann diese Periode durchgestanden haben, oft bar jeder Energie, die für ›konstruktive Gemeinschaftsarbeit‹ nötig wäre, werden sie von ihrer Umwelt als ›Hausfrauen‹ abgetan, eine Bezeichnung, die oft (für jene, die nie Hausfrau waren) eine kritiklose, gelehrige Befolgerin der Konventionen bedeutet. Dabei ist es im Grunde fast ein Wunder, daß so viele Frauen körperlich und emotional stark genug sind, nach der Vorschulzeit ihrer Kinder wenigstens noch in Spuren sie selbst zu sein.

Die meisten Frauen, mit denen wir uns unterhielten, waren offensichtlich nicht nur überlebensfähig, sondern hatten nach diesen anstrengendsten Jahren weit mehr als nur Spuren eines Ego aufzuweisen. Sie fanden auch Lösungen, die wenigstens zeitweise das Feierabendproblem überbrückten. Eine besonders gute Köchin servierte regelmäßig exzellentes *kaltes* Abendessen, das sie in ruhigeren Stunden davor zubereiten konnte. Eine andere ging einmal in der Woche mit der Brut in ein Familienrestaurant in der Nähe, und eine dritte führte periodisch ›Do-it-jourself‹-Sandwich-Abende ein, und viele Frauen warteten einfach auf die Heimkehr des Mannes, ehe sie zu kochen begannen. Die Stunde vor dem Essen war die Spielstunde mit dem Vater, den man gehörig für seinen Erfindungsreichtum bei dieser abendlichen Unterhaltung lobte. Eine altgediente Mutter von sieben Kindern brachte es immer fertig, genau zwischen fünf sechs Uhr abends ihr Baby zu stillen.« Da lernt der Mann dann das Abendessen kochen oder zu hungern«, sagte sie. Und ein weiterer Vorschlag: neues Spielzeug oder sonstige vorzeigbare Neuigkeiten für den Spätnachmittag aufzuheben, wenn das Bedürfnis nach neuen Ablenkungen besonders groß ist.

Natürlich entwickelt jede Mutter ihre eigene Methode, um mit dieser Hexenstunde fertig zu werden. *Jede* Methode, Aufregungen – inklusive elterlicher – zu vermeiden, ist und sollte voll akzeptabel sein. Kein Mensch verlangt von uns, daß wir während der ersten Jahre der Kinder dauernd Gourmet-Mahlzeiten servieren. Kinder essen so etwas ohnehin meist ungern, warum sich also die Mühe machen und nachher gekränkt sein, weil es zurückgewiesen wird?

Dem Fabrikarbeiter, dem Verkehrspolizisten, überhaupt Männern im allgemeinen, also berufstätigen Nicht-Müttern, wird theoretisch am Ende ihres Arbeitstages eine Ruhepause zugebilligt. Aber die Mutter, die tagsüber außer Haus arbeitet, muß sich abends immer noch den Kindern widmen. Wie eine Frau sagte: »Letzten Sommer unterrichtete ich in Kursen, während mein Mann die Kinder übernahm. Mal aus dem Haus rauszukommen, war für mich aber gar nicht so himmlisch, wie ich es erwartet hatte. Wenn ich nämlich müde heimkam und dachte, ich hätte mir Ruhe verdient, sprangen mich die Kinder schon an der Haustür an. Der Augenblick war schlimmer, als den ganzen Tag bei ihnen zu Hause zu bleiben.«

Ob eine Mutter zu Hause arbeitet oder außerhalb, man erwartet von ihr, daß sie mit einem Tagesablauf fertig wird, der dem ihres Mannes diametral entgegensteht. Sie soll den ganzen Tag lang geduldig und erfindungsreich sein wie er auch, und dann bei Sonnenuntergang, wenn sie bestimmt genauso müde ist wie er, soll sie weiter geduldig mit den anstrengenden Kleinen fertig werden. Andererseits muß die Vollzeit-Mutter abends mit denselben Quälgeistern zu Rande kommen, die sie schon den ganzen Tag lang um sich hatte und die um so quengeliger werden, je müder sie sind. Kurz gesagt, Mütter haben keine Ruhepause, in der sie zu sich finden können; die Forderungen sind vielfach unmenschlich. Und darum platzen manche dann um fünf Uhr – oder um acht, wenn sie das letzte Kind ins Bett gesteckt haben und noch eines um ein Glas Wasser bittet.

Aber es gibt Lösungen: Wir dürfen uns solchen Tagesablauf nicht Tag für Tag abverlangen. Wir *können* raus, indem wir gelegentlich mit Freunden wechselseitiges Babysitting vereinbaren oder einen Babysitter engagieren, aber wir müssen jedenfalls *regelmäßig und häufig* für Erleichterung sorgen. Wenn wir nur ein paar Stunden aus gewesen sind, können die Kleinen um fünf Uhr wie die reinsten Engel wirken, und vor dem Herd graust uns auch nicht mehr so sehr. Besser die Kinder eine Weile verlassen – und Tennis spielen, einkaufen gehen, in die Bibliothek gehen, sich mit einer Freundin zum Essen treffen, ins Kino gehen – und sie dann wieder lieben, als bei ihnen kleben bleiben und ihnen die ›dauernde mütterliche Aufmerksamkeit‹ schenken (nachdem wir schon viel zu lange viel zuviel davon geschenkt haben) und das schreckliche Resultat dieser Aufmerksamkeit erleben.

Wenn wir an den Tagesablauf sehr kleiner Kinder denken, so ist die

Hausarbeit gemeint. Für die meisten Mütter besteht das Problem nicht einfach darin, daß sie ›im Subjektiven ersticken‹, sondern daß dieselben lästigen Arbeiten immer wieder drankommen, ehe noch andere angefangen werden können. Rein deswegen können die Mütter daher nie erwarten, alles gründlich zu machen. Es muß genügen, das äußerste, gefährliche Chaos durch nur teilweise wirksame Aktionen aufzuhalten.

Eine gute, fünfzigjährige Hausfrau ohne Kinder kann ihr Heim leicht so sauber halten, daß man vom Boden essen könnte. Sie kann von einem Zimmer ins andere wandern, und wenn alles aufgeräumt ist, das Gefühl haben, daß es bis zum Abend so bleiben wird. In einem früheren Stadium, solange sie noch kleine Kinder um sich hat, findet sie bestimmt, ehe sie noch das Frühstücksgeschirr abgewaschen hat, einen umgekippten Orangensaft auf dem Fußboden, oder kann nicht den Frühstückstisch decken, ohne daß das Besteck darunter landet, anstatt oben an seinen Plätzen zu liegen. Eine Frau löste dieses Problem, indem sie ihren sechzehn Monate alten Forscher im Rückentuch mit sich herumtrug, bis sie die wichtigsten Säuberungsarbeiten und das Kochen hinter sich gebracht hatte. Aber für eine Mutter mit schwächerem Rücken oder dickerem Baby kann die Frage, wie sie eine Arbeit beenden und die nächste beginnen soll, manchmal unlösbar bleiben.

Eine Mutter von zwei Kindern fiel einmal ohnmächtig um, als ihr Mann heimkam. Eine recht dramatische Art, ihm mitzuteilen, was es heißt, ein Haus in Ordnung halten zu wollen, in dem zwei Kinder herumkrabbeln. Aber manchmal sind solche Gesten die einzige Art, in der Frauen grundlegende Fakten über ihr Leben mitteilen können, besonders wenn bei ihnen Sauberkeit göttlichen Rang genießt. Ein Heim in Ordnung zu halten, wenn man kleine Kinder hat, untergräbt einem langsam den Glauben an die Möglichkeit, *je* Ordnung zu halten. Und wir passen uns dann einfach an das Leben im Chaos an oder verfallen in eine immer stärker werdende Depression. Die erste Überlebensregel ist daher, die Realitäten des Lebens zu akzeptieren – also auch die Tatsache anzuerkennen, daß mit kleinen Kindern ein ganzes Haus oder auch nur eine Wohnung nicht in Ordnung zu halten ist. Vorortbewohner mit großen Häusern und Gärten können die Kinderspielplätze einigermaßen auf bestimmte Räume oder den Garten begrenzen. Für Bewohnern von Mietshäusern ist es vielleicht die beste Lösung, regelmäßig *mit* den Kleinen die ärgste Unordnung zu beseitigen. (Sie haben dazu meist viel mehr Lust, wenn sie hören, sie *dürfen* Mami helfen, und nicht dazu befohlen werden.)

Unsere Freunde, Verwandten und sogar Ehemänner scheinen die Schwierigkeit, Ordnung zu halten, oft schwer verstehen zu können. Ein Vater erklärte triumphierend, nachdem er fast den ganzen Tag mit den Kleinen gespielt hatte: »Ich hab's geschafft und ich weiß jetzt, daß es leichter ist, die Kinder in Schach zu halten, als in der Firma zu arbeiten. Es war eine sehr schöne Zeit; ich habe den ganzen Tag lang mit ihnen gespielt.« Da mußte ihn seine Frau leider darauf aufmerksam machen, daß er weder aufgeräumt, eingekauft, gewaschen, gekocht noch das Abendessen vorbereitet hatte, und daß außerdem dieser Tag für ihn etwas ganz Neues gewesen war. Wenn eine Mutter mit ihren Kindern nur dauernd zu spielen brauchte, wäre dasLeben vielleicht wirklich wunderschön. Leider ist ihr Leben aber nicht so.

Das Thema ist so banal, daß Intellektuelle sich hartnäckig weigern, es auch nur in Betracht zu ziehen, aber es stimmt einfach, daß man von Müttern ohne Haushaltshilfe völlig gedanken- und rücksichtslos erwartet, daß sie das Unmögliche möglich machen. Man überantwortet ihnen eine Anzahl Vollzeit-Beschäftigungen, die, von seltenen Ausnahmen abgesehen, unmöglich alle gleichzeitig perfekt bewältigt werden können. Sie sollen den Haushalt managen (Mahlzeiten planen und die Nahrungsmittel dafür herbeischaffen, sonstige Einkäufe machen, sich darum kümmern, daß alle Familienmitglieder rechtzeitig zu ihren Tätigkeiten aufbrechen), kochen (hier kann man am meisten Zeit schummeln, auch ist es eine der wenigen schöpferischen Arbeiten), aufräumen (endlos und unmöglich mit Kindern im Haus), und sich mit den Kindern beschäftigen. Obwohl natürlich wenige dieser Arbeiten intensive, konzentrierte Mühe erfordern, werden sie alle schwieriger, wenn ein Kind ihnen eifrig entgegenwirkt oder sie verkompliziert, indem es anhänglich der Mutter auf den Fersen folgt. Es ist aber auch ebenso klar, daß wir nicht dauernd über unsere menschlichen Fähigkeiten hinaus gefordert werden können, ohne daß wir immer stärker werdende Zweifel an unseren Fähigkeiten empfinden.

Treten solche Zweifel auf, so muß eine Mutter lernen, mit einem veränderten Image von sich selbst zu leben oder eben irgendwie übermenschliche Energien aufzubringen. Wir haben eine Mutter angetroffen, die sich ganz zurecht als gute Haushälterin, sparsame Managerin und ausgezeichnete Köchin fühlte. Sie war ein Dynamo, der jede wache Minute mit häuslichen Arbeiten verbrachte. Ihr Kind hätte nicht glücklicher sein können, als es war. Sie hatte nur eines (wenn man ihren Mann nicht mitzählt).

Für die meisten jungen Mütter werden die Haushaltsarbeiten zu einer Hauptquelle der Zweifel und der Feindseligkeit – nicht weil man sie tun *muß*, sondern weil ihr Ergebnis nie länger als eine Stunde zu sehen ist und weil es zu viele sind.

Da gut eingeteilte Zeit für die Haushaltsarbeiten rar ist, endet es für die Frauen meist so, daß sie die Putzarbeiten ignorieren oder auf ein Minimum beschränken. Eine einleuchtende Lösung, zumindest für diejenigen, denen es wichtiger ist, sich geduldig und freudig mit ihren Kindern zu beschäftigen, als das Haus in Ordnung zu bringen. Nur daß eine Mutter gestand: »Ich mache zwar die Arbeiten nicht, die getan werden müßten, aber ich *sehe*, was getan werden müßte.« Eine Frau spielte mit ihrem Baby, um die Arbeiten nicht tun zu müssen, während eine andere die Hausarbeiten als Ausrede dafür benützte, nicht mit dem Baby spielen zu müssen. Die meisten Mütter stimmten jedoch überein, daß sie normalerweise das eine oder andere sehr gut tun könnten – beides jedoch selten.

Der erste Schritt aus dieser Verrücktheit muß also die Erkenntnis sein, daß normale menschliche Wesen all die Arbeit, die einer Mutter in den Schoß gelegt wird, im allgemeinen nicht ausgezeichnet bewältigen können. Wenn all diese Aufgaben erledigt werden sollen, braucht man dazu einfach mehr als eine Person. Und es ist offensichtlich, daß diese zweite Person eine Verwandte, eine bezahlte Angestellte oder der Ehepartner sein muß. Vielleicht sollten die Ehemänner die Wahl treffen: sie können Zeit für die Hausarbeit – putzen oder sich mit den Kindern beschäftigen, während die Mutter putzt – oder Geld für eine bezahlte Hilfe opfern oder die Verantwortung für eine stets übermüdete, verärgerte, verzweifelte Ehefrau übernehmen oder sie lernen es, kommentarlos im Chaos zu leben.

Selbst Frauen, die entsprechende Hilfe haben und deren Leben zufriedenstellend organisiert ist, stehen immer noch vor dem Problem, daß kleine Kinder einen immer dann stören, wenn man etwas tut, was nicht direkt mit ihnen zu tun hat. Fachleute, die vorzugsweise theoretische Ratschläge geben, anstatt sich mit den Kindern zu befassen, meinen oft, die Mütter müßten eben für die Kinder auch eine Beschäftigung finden, während sie selbst etwas tun wollen. Solche Vorschläge sind ja nicht schlecht – einmal von vier oder fünf Malen funktionieren sie sogar. Der Ratschlag geht aber an einigen Dingen total vorbei: kleine Kinder haben eine nur sehr begrenzte Aufmerksamkeitsspanne, während der sie sich ohne Ablenkung mit einer Sache beschäftigen können. Auch wenn Kinder sich zwanzig bis dreißig Minuten in etwas vertiefen, müssen ja die Mütter immer noch die doppelte Arbeit bewältigen, nämlich dieses Spiel veranlassen, es meist noch überwachen und daneben die eigene Arbeit tun; diese Doppelverpflichtung führt zu Spannungen. Egal wie sehr man sich vorgesehen hat, das Endergebnis ist meist, daß einem das Kind wieder im Wege ist. Wie eine Mutter lachend sagte: »Während ich beim Abwasch stehe, soll ich für das Kind ein Tunnel sein. Meine Beine sind innen ganz zerkratzt.« Vielen Müttern erscheint die Möglichkeit, mit den eigenen Beinen dem Kind Unterhaltung zu verschaffen, während man das Essen vorbereitet oder dergleichen eine wahrhaft utopische Aussicht. Und wenn diese Lösung gar noch helfen sollte, das Frühstück störungsfrei zuzubereiten – für viele Mütter das erste morgendliche Waterloo –, dann wäre es schon nicht mehr utopisch, sondern einfach paradiesisch.

Ein weiterer Störenfried ist das Telefon, da kleine Kinder allgemein etwas gegen Gespräche mit anderen Menschen haben. Ein unternehmungslustiger Knabe merkte, daß er dieses Dilemma lösen konnte, indem er das Telefonkabel herauszog. Seine Mutter wiederum lernte, auf einem Bein zu stehen, während sie das andere gegen die Buchse hielt. Viele Kinder fangen dagegen gleich zu brüllen an, wenn die Mutter zu telefonieren beginnt. Höchst ingeniös handelte eine Frau, die sich beim Reden auf den Boden setzte, so daß der Zweijährige über sie klettern und krabbeln konnte. Das ging so lange gut, bis er sie mit einem scharfgespitzten Bleistift attackierte. Andere Mütter erlernen einen Konversationsstil, der an Telegramme erinnert, und haben etwas gegen Anrufer, die mehr als Schlagzeilen von sich geben. Manche Mütter telefonieren nur während der Schlafenszeiten der Kinder, aber es stört sie, daß die kostbare Zeit der Stille dadurch unterbrochen wird. Oder sie lernen es einfach, hoch aufgerichtet über allem zu stehen und den in Kniehöhe sich abwickelnden Lärm zu überschreien.

Früher oder später muß die Mutter dann das Haus verlassen, weil sie die Einkäufe nicht alle über Telefon erledigen kann, oder weil es so schön ist, daß man in den Park gehen, spazierengehen oder eine Freundin besuchen sollte. Die dazu nötigen Vorbereitungen und Handgriffe und die Hindernisse, die sich entgegenstellen, sind jedoch oft so umständlich, daß man den überwältigenden Wunsch zur Eile spürt, die aber ihrerseits wieder Unruhe stiftet. Wie eine Mutter sagte: »Meine Großmutter sagte zu mir: ›Hab es nie eilig mit den Babys, treib sie nie zur Eile an.‹ Der Ratschlag kam mir komisch vor, aber er blieb mir haften. Ich habe jetzt herausgefunden, warum er so wichtig ist, und ich frage mich: Warum habe ich eigentlich Angst, zu spät aus dem Haus zu kommen?«

Jeder Ausgang erfordert sorgsame Planung, so daß selbst diese kleine Annehmlichkeit uns irgendwie in Hetze bringen kann wegen all der Vorbereitungen. Eine organisatorisch besonders begabte Frau kam immer mit Imbiß, Extrawindeln, Doppelstücken von Spielsachen, um Kinderkämpfe zu vermeiden, einem feuchten Waschlappen in der Plastiktüte, einer Thermosflasche mit Apfelsaft und Papierbechern und einem nichtbrennenden Antiseptikum – alles schön ordentlich im Kinderwagen oder Sportwagen verpackt in den Park. Die anderen Mütter verließen sich dann ganz auf ihre Notvorräte. Und gerade diese Frauen fanden die Einpackerei vor dem Ausgang enervierender als die vorsorgliche Mutter, weil sie eben von Haus

aus nicht bereit waren, so viel Zeit darauf zu verschwenden.

Aber man muß eben einmal raus, erstens, um Wege zu erledigen, und auch um Abwechslung zu haben. Eine Fahrt zum Gemüseladen mit dem Baby kann einen, wenn nicht alles glatt geht, körperlich und geistig völlig fertigmachen. Stehen zu viele an der Kasse, fängt das Baby zu schreien an, also muß man versuchen, außerhalb der Stoßzeiten zu kommen (der unerwünschtesten Zeit). Man muß öfter einkaufen, weil das Baby bei einem langen Einkauf unruhig wird oder nach den Regalen grabscht. Eine Mutter mit zwei Kindern im Abstand von einem Jahr beschrieb ihren Lieblingstraum. »Einmal einfach allein in den Laden zu gehen, ohne die Kinder links und rechts aus dem Karren hängen zu haben.« Ein so banaler Wunsch ist kein Zeichen dafür, wie sinnvoll die Mutter denkt, sondern für die unerhörten Schwierigkeiten, die man selbst bei den gewöhnlichsten Tätigkeiten hat, wenn einen die Kleinen begleiten.

Solche Tätigkeiten sind bei unangenehmen Wetter noch ärger; man muß die Babys durch Regen oder Schnee zerren und Einkäufe und Babys irgendwie nach Hause kriegen. Für Mütter im Vorort, die im Auto durch lebensgefährlichen Schneematsch fahren müssen, während ihre Kleinsten brüllen, kämpfen, vom Autositz herunter und wieder hinaufklettern, ist die Fahrt eine Tortur, die durch Wiederholung nicht leichter wird. Eine Mutter machte den Vorschlag, sehr ernst über alles, was passiert, mit den Kleinen zu reden (auch mit noch nicht redenden Babys) – was sie alles täte und warum es notwendig sei. Selbst die Kleinsten hörten dann aufmerksam der ernsten Stimme zu, behauptete sie, und gurgelten zustimmend zurück. Im Alter von zwei Jahren verstanden die Kinder sie bereits, und beim Einkaufen benahmen sie sich jeweils besser, wenn sie mit ihnen die Regale entlangraste und die Kinder nicht beachtete. Die Angestellten im Geschäft nahmen sicher an, daß bei ihr ein paar Schrauben locker seien, aber diese stumme Kritik störte sie weniger als das Geheul, das sie sonst hätte anhören müssen.

Diese Prozedur bewährte sich auch bei anderen. Wir entdeckten, daß ein kleines Kind, mit dem man früh am Tag die Notwendigkeit, einkaufen zu gehen, bespricht, sich dann schon darauf freut und sich daher auch besser benimmt. Eine Mutter wandte dieselbe Technik bei Familienferien an; sie breitete zum Beispiel die Landkarten auf dem Boden aus, damit die Kinder sie studieren konnten. Durch die Fragen, die sie ihnen beantwortete, wurden alle vergnügt, und Vorfreude stieg auf, sogar im Zweijährigen. Eine andere Mutter entschuldigte sich dafür, daß sie ihre Kinder oft beim Einkaufen bestach, indem sie ihnen etwas versprach – Kaugummi oder ein Bilderbuch. So dumm fanden wir ihre Idee nicht, denn sie ließ die Kinder auch jeweils innerhalb vorbestimmter Grenzen am Einkauf teilnehmen – sie durften ihre Lieblingsflakes aussuchen oder eine Dose Spaghetti mit Tomatensauce. Indem sie die Kleinen an den Einkaufsentscheidungen beteiligte, fühlten sie sich als ›Mitarbeiter‹ und nicht nur als mitgezerrte, lästige Wesen.

Eine Mutter, die mit Kindern ins Geschäft muß, sollte von allen Umstehenden Verständnis erwarten dürfen; ob man es ihr gewährt, ist allerdings die Frage. Eine Mutter, die aus einer Bäckerei zurückkehrte, wo sie die Kinder durch die Menschenmassen gezerrt hatte, um dann in einer langen Reihe anstehen zu müssen, meinte: »Ich werde richtig zornig, wenn die Leute mir bei solchen Gelegenheiten nicht entgegenkommen. Da hatte ich mir wirklich ein Vorrecht erwartet. Aber es kümmert sich ja keiner um Leute mit Kindern.« Da ihr niemand den Vortritt ließ, empfand sie es als gerechten Lohn, daß die Leute dann das Babygebrüll mitanhören mußten. Wir Mütter wären alle dafür, daß man Frauen mit Kindern in der Öffentlichkeit so rasch wie möglich drankommen ließ, damit wir und sie von der Gesellschaft der Kinder befreit werden.

Wenn schon eine so gewöhnliche Sache wie das Einkaufen derartige Anstrengung erfordert, braucht man sich nicht zu wundern, daß Frauen gegen besseres Wissen ihre kleinen Kinder rascher antreiben, als sie gehen können, und damit ›Unruhe stiften.‹ Wie es eine Mutter darstellt: »Wenn ich mit meiner Tochter irgendwo sitze, stört mich ihre Langsamkeit nicht. Sobald sie überzeugt ist, daß ich volles Verständnis für ihr absichtliches Langsamtun habe, gibt sie es auf. Sowie sie gegen nichts zu kämpfen hat, hört sie auf zu kämpfen. Und mein Leben ist ohnehin weit leichter, wenn ich zum Abendessen einfach Reste auftische.« Keine Mutter sagte, was sie servieren würde, wenn Besuch käme, aber schließlich braucht niemand, der kleine Kinder zu betreuen hat, gleich ein vollendetes Menü aufzutischen – nicht einmal für unerwarteten Besuch. Koteletten z.B. tun es genauso gut: man bekommt sie leicht zu kaufen, sie sind schnell zubereitet, und selbst Papi kann nach kurzer Einweisung damit umgehen.

Kommt Besuch oder gibt es sonst das Leben komplizierende Forderungen, so können wir nur den Rat geben, den Tag dadurch leichter zu machen, daß man so früh wie möglich das absolute Minimum von Tätigkeiten festsetzt, die erledigt werden müssen. Dies sollte aber wirklich nur die unumgänglichsten Notwendigkeiten einschließen, und man müßte mehr Zeit für jeden Handgriff vorsehen, als normalerweise gebraucht wird. Wenn wir alles hinter uns gebracht und noch Zeit übrig haben, können wir uns zu unserer Tüchtigkeit beglückwünschen und das haben wir ja auch reichlich verdient.

Ein anderes Handicap, von dem selbst die besten Organisatorinnen zu berichten hatten: Papas ärgerliche Stimme: »Seid ihr denn immer noch nicht fertig? Seit einer halben Stunde fummelt ihr schon rum!« Derlei Fragen werden oft gestellt, nachdem das Baby und die Mutter schon fertig angekleidet sind, Baby aber plötzlich auf das Töpfchen muß (vorherigen Einladungen gegenüber war es taub geblieben). Bei kaltem Wetter bedeutet dies, daß das Kind völlig ausgezogen werden muß und die Mutter von vorne anfangen darf. Solche zarten ehemännlichen Bemerkungen haben bestimmt schon millionenmal imaginäre Mordanschläge provoziert. Um diesen Konflikt zu vermeiden, schlug eine Mutter vor, den Vater Illustrierte oder Zeitungen lesen zu schicken. Eine andere wollte ihn zum Töpfchendienst abkommandieren. (Manche Männer werden sich da herausreden wollen, aber allein der Vorschlag wird ihnen wenigstens den Mund verschließen.)

Das tägliche Leben mit kleinen Kindern kann für die junge Mutter auch deswegen deprimierend werden, weil sie nicht einmal ungestört auf die Toilette gehen kann, früher automatisch einer der geheiligten Freiräume für sie. Sobald das Kind ihr nachkrabbeln kann, ist es zutiefst gekränkt über jede geschlossene Tür, die die Mutter von ihm trennt. Bei einigen Müttern steigerte sich der Ärger über diese verlorene Intimsphäre. Lieber ließen sie die Tür offen stehen, als daß sie das Gebrüll und das Gepolter draußen anhörten, aber langsam bekamen sie das Gefühl, ihre menschliche Würde werde durch diese dauernde Gesellschaft angetastet.

»Kein Mensch hat mir je gesagt, daß man die Kinder sogar noch mit aufs Klo nehmen muß!« schimpfte eine Frau los. Eine andere berichtete, daß das Kind, nachdem sie ihm sorgfältig die Erwachsenenbedürfnisse nach Privatsphäre erklärt hatte, einfach antwortete: »Dann gehen wir doch auf die Toilette, Mami, wir wollen mal Privatleben haben.« Einige Frauen fürchteten, daß eine geschlossene Badezimmertür das Kleine draußen dazu verleiten könnte, verbotene Möbel zu erklettern und sich dabei weh zu tun oder Attacken gegen das kleinere Geschwisterchen zu starten.

Kein Wunder, daß ein mit niemandem geteiltes Badezimmer einem während der ersten Babymonate als luxuriöses Refugium erscheinen mag. Manche Frauen warten dringend auf die Heimkehr ihrer Ehemänner von der Arbeit – nicht wegen der Konversation, sondern um das Badezimmer allein benützen zu können. »Für mich gehört es jetzt zum Herrlichsten, hinter der verschlossenen Tür ein heißes Bad nehmen zu können«, sagte eine. Wenn ihr die Kinderwelt zu viel wurde, blieb sie einfach eine Stunde lang in der Badewanne sitzen. Wer sich jedoch schon früher in der Wanne die Spannungen aufweichen mußte, dem wird der Verlust dieser Privatsphäre doppelte Störungen verursachen – es fehlt nicht nur das körperliche Vergnügen des Bads, sondern auch die seelische Stütze.

Wir müssen davon ausgehen, daß sehr kleine Kinder die Wichtigkeit von Tätigkeiten, die mit ihnen selbst nichts zu tun haben, nicht verstehen. Bis sie das lernen, meist zwischen zwei und drei Jahren, wird von ihren Müttern erwartet, daß sie die Beschränkungen durch die Kinder als Teil der Kinderaufzucht auf sich nehmen.

Solche Ratschläge scheinen unwiderlegbar zu sein. Schließlich kann man wenig dazu tun, die Lernfähigkeit eines Einjährigen zu beschleunigen, und die Einsicht, daß andere diese Zeiten schon überlebt haben, hilft einer verzweifelten Mutter meist wenig.

(Wir wissen heute schon viel über Kindheitstraumata, niemand hat sich aber noch die Mühe gemacht, mütterliche Traumata zu studieren. Und bei vielen völlig normalen Frauen können die dauernden Anforderungen kleiner Kinder ein Trauma hervorrufen, wenn es nie ein Ausweichen oder Sich-Zurückziehen vor diesen Forderungen gibt. Gerade solche Beobachtungen bei jungen Müttern machen aber Frauen, die solche Zeiten schon durchgestanden haben, ungeduldig. Sie versichern der jungen Mutter, daß das doch alles nicht lange dauert, und verweigern ihr damit nicht nur die so bitter benötigte seelische Stütze, sondern verschärfen auch noch ihre Schuldgefühle, weil sie so wenig durchhält.

Gesteht eine Mutter ihre Gereiztheit in diesem Stadium ein, so wird man ihr im schlimmsten Fall an den Kopf werfen: »Du magst eben keine Babys.« Solche Beschuldigung ist deshalb schwer zu ertragen, weil ihr oft andere, (hoffentlich) unerwähnte Urteile zugrunde liegen: Du hast keine Geduld, keine Weiblichkeit, keine Großzügigkeit, keine Liebe in dir. Die meisten Mütter mögen ja ihre eigenen Kinder; sie lieben sie sogar sehr. Was sie nicht lieben können, ist die aufreibende Routine sich ständig wiederholender Tage.

Selbst wenn die junge Frau den Mangel an Erwachsenengesprächen ohne Beschädigung erträgt, hat sie noch nicht alles überwunden, denn sie muß ja auch dem ständigen Geplapper des Kindes lauschen, eine Kunst, für die nicht reine Passivität genügt, sondern aktive Leidensfähigkeit nötig ist. Wenn Mütter von morgens bis abends ihren Kindern ausgesetzt sind, werden ihr die Kinder auf die Dauer lästig und langweilig wie eben alle menschlichen Wesen, die ununterbrochen Geräusche von sich geben.

Eine Mutter sagte: »Als mein Kind acht Monate alt war, holte ich mir einen Stoß Fach-Bücher zum Lesen, damit ich wenigstens herausfand, was ich mit ihm anfangen könnte. Aber das half mir auch nicht, denn die Bücher waren noch alberner als mein Baby.« Das Problem vergrößert sich natürlich im Quadrat mit jedem weiteren Kind, dem man sich widmen muß. Seien wir doch ehrlich: Es ist oft einfach lästig, daß diese superklugen Mittelklassekinder, die wir so zu Selbstäußerungen aneifern, ihren Mund nie halten.

Eine andere Mutter berichtete von ihrem Ärger, als sie auf die zweihundertste Nennung ihres Namens »Ja, was denn?« rief, und dann nur das folgende Gespräch zustande kam:

»Mami.«

»Was denn?«

»Weißt du was?«

»Was denn?«

»Ich hab dich lieb.«

Eine Mutter zweier knapp nacheinander geborener Mädchen berichtete von ihrem Entsetzen, als sie zu spät merkte, daß sie Hilfe brauchte. Als sie mit dem ersten Kind von der Klinik heimgekommen war, war sie so darauf bedacht gewesen, ihr Image als ›gute Mutter‹ aufzubauen, daß sie ihrem Mann nie erlaubte, irgendwelche ›mütterlichen Pflichten‹ zu übernehmen, obwohl er es selbst anbot. Als das zweite Kind ankam und sie seine Hilfe gerne in Anspruch genommen hätte, hatte er daher beschlossen, sich nicht mehr einzumischen. Eines Sonntagmorgens brach sie während der Ausfahrt mit ihren zwei Kleinen im Park zusammen. In der Ambulanz sagten ihr die Ärzte nach der Untersuchung, daß sie erschöpft sei, heimfahren und sich Ruhe gönnen solle. Leider sagten sie ihr nicht, wie.

Die meisten Mütter lassen es nicht so weit kommen. Nicht infolge größerer Tüchtigkeit, sondern indem sie sich entspannen und ihre Lebensnormen tiefer setzen. Allerdings war die ohnmächtig gewordene Frau keineswegs schwächer als der Durchschnitt, sondern eher stärker. In ihrer Nachbarschaft war sie für ihre fröhliche Art und ihre außergewöhnliche Organisationsgabe bekannt. Während andere schon klagten und um Hilfe schrien, zuckte sie nur mit den Achseln, lachte und kam herrlich mit ihren zwei Windelkindern, einem altmodisch erzogenen Ehemann und einer Stadtwohnung im dritten Stock ohne Lift zurecht. Ihr Beispiel zeigt, daß man das Schicksal herausfordert, wenn man nicht zugeben will, daß ein ausgezeichnet funktionierendes Haus mit zwei gut versorgten Babys ohne jede Hilfe eben über normale menschliche Kräfte geht.

Auch Müttern mit stählernen Nerven fällt es nicht leicht, ständig ihre bestgemeinten Bemühungen zurückgewiesen zu sehen. Kinder, die an einer Unterhaltung besondere Freude hatten, danken ihrer Mutter keineswegs, wenn die Sache vorbei ist, sondern brüllen, wenn sie heim sollen. Je schöner es war, um so lauter oft das Gebrüll. Ein Zweijähriges dankt seiner Mami nicht für den schönen Nachmittag auf dem Spielplatz, sondern brüllt oder erklärt seiner Mutter nach einer halben Stunde: »Mami, jetzt hab ich aber genug, ich bin böse mit dir und ich will heim!« Solche Reaktionen auf sorgsam geplante Unternehmungen führen natürlich oft dazu, daß die entmutigte Mutter dergleichen nie wieder probiert.

Daheim sind Kinder auch meist keine Engel, sondern in erstaunlich frühem Alter bereits fähig, mit voller Absicht Unheil zu stiften. Selbst die Kleinsten zerbrechen, beschmutzen und verwüsten keineswegs nur unschuldig ihre Umgebung. Und sie fangen auch absichtlich Streit an. Ebenso wie andere menschliche Wesen lassen sie ihrer Gereiztheit und ihrem Zorn freien Lauf gegenüber dem nächststehenden und am schnellsten verfügbaren Subjekt, und das ist meist die Mama. Wie eine solche Mama erklärte: »Manchmal läuft mir mein Kind nach, wenn ich bereit bin, es allein zu lassen, und fängt Streit mit mir an.« Vielleicht ist das seine Art, sein Ego zu entwickeln, oder der Wunsch, gegen seine Abhängigkeit zu protestieren; vielleicht das Bedürfnis, sich abzureagieren, oder einfach ganz gewöhnliche Streitsucht.

Selbst das frömmste Wunschdenken der Mütter kann keine fröhliche Atmosphäre erhalten. Offensichtlich brauchen die Kinder manchmal einfach eine Szene, einen Streit und großes Geheule. Und in solchen Fällen kommen sie auch zu ihrer Szene, und man könnte sie, wenn diese Notwendigkeit offensichtlich wird, schnell hinter sich bringen. Mütter kommen besser durch, wenn sie das menschliche Bedürfnis nach Kampf anerkennen und sich darüber klar werden, daß Kinder nicht nur gerne untereinander streiten, sondern auch mit den Eltern. Und es ist keineswegs ein negatives Zeichen für die Mutter, wenn dieser Streitimpuls in ihren Kindern sichtbar wird. Schließlich ist sie *nolens volens* das sichtbarste Abbild einer Welt, die alles dazu tut, den Aktionen der Kinder Grenzen zu setzen. Eine Frau fand als einfachste Lösung, die Kinder zu fragen, worüber sie am liebsten streiten würden, und wo und wie der Kampf durchzuführen sei. Machten die Kinder Vorschläge, wurden sie auch akzeptiert. Hatten sie keine, so schickte sie die lieben Kleinen nach draußen.

Das Schwierigste im Umgang mit der Streitsucht ist für manche Frauen die Einsicht, daß das Kind, wenn es sich am schlimmsten aufführt, im Grunde um Liebe bittet. Eine Mutter, die das begreift, weiß auch, daß sie genau in der entgegengesetzten Weise reagieren sollte. Manchmal gelingt es ihr, aber wenn sie ein normaler Mensch ist, manchmal auch nicht. Wir meinen, sie sollte sich nicht schuldig fühlen, wenn sie gelegentlich menschlich reagiert. Fühlt sie sich schuldig, so kann sie sich immer noch sagen, das Kind müsse eben lernen (zu seinem eigenen Schutz natürlich), daß Feindseligkeit Feindseligkeit hervorruft.

Aber nicht jedes Gebrüll eines Kindes ist das Resultat schlechter Laune. Das Leben mit Kindern ist deswegen so anstrengend, weil man manchmal nicht imstande ist, zu erraten, was los ist, wenn ein sonst liebenswertes Kind plötzlich hysterisch wird. Eine Mutter ließ einmal ihre vierjährige Tochter bei einer heißgeliebten Babysitterin und wollte sich mit ihrem Mann bei Freunden treffen. Das Kind, das sich normalerweise auf Abende mit dieser Betreuerin freute, heulte so sehr, als die Mutter wegging, daß sie nach einer Stunde daheim anrief und zu ihrem Entsetzen hören mußte, daß das Heulen noch nicht aufgehört hatte. Sie kehrte heim und fragte ihre schluchzende Tochter nach dem Grund – ohne Erfolg. Als sie schon aufgeben wollte, fragte das Kind plötzlich: »Mama, werde ich bei dir *und Papi* leben, bis ich sterbe?« Und plötzlich kam Sinn in die Sache: ein paar Tage zuvor hatte das Kind zu seinem größten Erstaunen gehört, daß ein Ehepaar aus der Nachbarschaft auseinanderging. Ihr Spielkamerad und seine Mutter sollten in der Wohnung bleiben, der Vater zog woanders hin. Als ihr eigener Vater nun an diesem Abend nicht heimkam und die Mutter auch noch wegging, fürchtete sie eine ebensolche Situation. Nachdem die Mutter ihre Tochter beruhigt hatte, konnte sie zu den Freunden zurückkehren.

Was passiert aber, wenn man *nicht* erraten kann, was plötzlich fehlgegangen ist, wenn dauerndes Fragen keinen Erfolg bringt? So kletterte zum Beispiel ein Zweijähriger jede Nacht mehrmals aus dem Gitterbett und erschien tränenüberströmt am Elternbett, er konnte aber nicht erklären, was ihn so verstörte. Schließlich kauften die verzweifelten Eltern mit ihm ein Bett für Erwachsene, das er selbst aussuchen durfte. Kaum lag er in diesem eigenen Bett, hörte er mit den nächtlichen Wanderungen auf. Niemand fand je heraus, was der wirkliche Grund gewesen war, aber die wesentliche Veränderung in seinem Zimmer beseitigte jedenfalls das Symptom und gab den müden Eltern wieder schlafreiche Nächte. Eltern, die die Wurzel eines lästigen Verhaltens nicht ausgraben können, sollten also versuchen, die Symptome zu beseitigen. Ein Wechsel in der Routine oder der Umgebung hilft manchmal.

Es gibt ein britisches Sprichwort: »Wenn dir das Wetter nicht gefällt, hab eine halbe Stunde Geduld.« Ein ähnliches Sprichwort würden wir für gewisse Kindersituationen brauchen, denn da kann sich lästiges Benehmen fast so schnell verändern wie der englische Himmel. Kindliche Verhaltensmuster, die ebenso unerklärlich wie unerträglich erscheinen, können sich binnen zwei Wochen ändern. Die Eltern sollten also erst versuchen, wenigstens etwas zuzuwarten, ehe sie sich zu sehr über Vorgänge erhitzen, die auf längere Zeit gesehen natürlich unerträglich wären. Hat man diese Geduld nicht, so ist die nächstbeste Lösung eben eine Beseitigung der Symptome, die durch augenfällige Umweltveränderungen erfolgen kann. Eine solche Möglichkeit auch nur zu überdenken, ist die Mühe wohl wert, die Mutter fühlt sich dabei als freischaffende Erfinderin, und das ist sie im Grunde ja auch.

Schlechtes Benehmen bringt natürlich auch das Problem der Bestrafung mit sich, eine Frage, der wir Mütter uns stellen müssen. Alle Mütter, die manchmal bis ins Unerträgliche unter Druck stehen, hatten etwas gegen die Verallgemeinerungen der Fachleute zu sagen. »Diese Spezialisten, die ihr Geld für das Herumsitzen in klimatisierten Büros und einstündige Behandlung von lästigen Kindern erhalten (natürlich nur von neun bis fünf Uhr), meinen über Bestrafung mitreden zu können!«

Alle akzeptierten den Grundsatz, daß man bei Bestrafungen konsequent sein müsse, und gaben gleichzeitig zu, oft inkonsequent zu sein. »Ich rede einfach nicht mehr mit den Kindern, wenn ich mich ärgern muß«, sagte eine Mutter, »Schweigen bringt jeden um. Mann, Kind oder Tier.« Bei größtem Streß habe sie schon Stühle geschmissen, aber die ›Schweigebehandlung‹ hielt sie immer noch für die beste. Das Stühlewerfen kam erst, wenn das Schweigen nichts nützte. Was geht daraus hervor? Nichts weiter, als daß eine Mutter ehrlich genug war, ihre eigene Inkonsequenz, ihre Menschlichkeit zuzugeben. Uns kam der Verdacht, daß alle Ermahnungen, stets konsequent zu bleiben, nur eine verhüllte Bestrafung der Mutter darstellen, da einem die Vernunft sagt, daß Menschen nie und unter keinen Umständen unfehlbar konsequent sind. Die Mütter sollten aufhören, sich schuldbewußt zu fühlen, daß sie menschlich sind – nämlich gelegentlich inkonsequent –, und lieber anfangen, daran zu denken, daß, laut Emerson, dauernde Konsequenz auch töricht sein kann.

Konsequent oder nicht, ist das Kind einmal ein Jahr alt, muß die Mutter über Strafmethoden nachdenken. Bei den darüber geführten Diskussionen ergab sich, daß Mütter in verschiedenster Art strafen. Das Wichtigste schien aber nicht die sorgsame Auswahl eines Strafsystems zu sein, sondern daß die Mutter sich selbst so akzeptiert, wie sie tatsächlich ist. Zu versuchen, anders zu sein, ist ohnehin erfolglos, also sollte die Mutter die Tatsache hinnehmen, daß sie ohnehin das tun wird, was sie für richtig hält, vor allem bei der Bestrafung des Kindes. Es ist für beide viel besser, wenn die Mutter dem Kind einen Klaps auf den Popo gibt, weil es das Bonbonglas zerbrochen hat, und dann den Schaden beseitigt, als wenn sie sich mit aller Mühe zurückhält und dann den ganzen Nachmittag verstimmt bleibt.

Wir meinen, daß die gewissenhafte Mutter sich nicht selbstquälerischen Betrachtungen darüber hingeben sollte, ob ihr persönlicher Strafstil der beste ist, sondern hinnimmt, daß sie im Streß automatisch reagiert und das tut, was ihr dazu einfällt. Manche brüllen eben los, andere schlagen, und andere zischen nur mit zusammengebissenen Zähnen. Wir können in guter Laune jederzeit ein rational programmiertes Verhaltensschema befolgen, aber keinesfalls dann, wenn Vorfälle automatische Reaktionen hervorrufen. So sind wir Menschen eben. Vielleicht ist es deprimierend, so fehlbar zu sein, aber es ist immer noch besser, die Fehlbarkeit zu akzeptieren und die Energien lieber auf Lebensaspekte zu konzentrieren, die sich vielleicht ändern lassen.

Eine Mutter, die sich sehr bemühte, ihre eigene Fehlbarkeit anzuerkennen, merkte, daß ihre Strafen nützten, wenn sie ihrem Kind gegenüber die Irrtümer zugab, sobald sie sie erkannt hatte. Als sie zum Beispiel zum Geburtstag ihrer Tochter einen unerwünschten Gast eingeladen hatte und dagegen opponiert wurde, gab sie sofort zu, einen Fehler begangen zu haben. Später entschuldigte die Tochter einige eigene Fehler damit, daß sie die Mutter an ihre gemeinsame Fehlbarkeit erinnerte. Trotz der darauffolgenden Diskussionen nach dem Motto ›zweimal schlecht ergibt nicht einmal gut‹ und ›Fehler sollten zugegeben und vergessen werden‹, hatte die Mutter doch das Gefühl, das Kind auf wünschenswerte Gedankengänge gebracht und die elterliche Heuchelei ein wenig gebremst zu haben.

Bei den Strafen darf man nicht vergessen, daß sich der eigene ›Stil‹ ändert, je mehr Kinder kommen. Wir erfuhren, daß dann meist mehr Klapse verteilt werden; nur wenige Eltern wurden nachsichtiger und schlugen weniger. Außerdem ändern sich die Strafarten auch mit dem Alter des Kindes. Ganz kleine Kinder können ja wohl kaum mehr tun als heulen oder schreien, und die meisten Mütter versuchen einfach, dieses Geheul irgendwie zu stoppen.

Manchmal läßt es sich aber nicht stoppen. Und dann lassen manche Eltern das Baby einfach weiterschreien – ein Vorgehen, das sich bei einer Frau als Eigentor erwies, deren Kind jeweils zehnminütige Schläfchen einlegte und danach mit neugestärkter Kraft zu weiterer Heulerei bereit war. Eine Mutter von vier Kindern (die Anzahl der Kinder, die sie ›bewältigt‹ hat, ist hier wesentlich) war dafür, ein zu lange schreiendes Kleinkind zu verkloppen, damit es weiß, daß man das nicht mag. »Natürlich kein mörderisches Verhauen. Aber jede von uns war doch schon in dieser Lage. Man hat alles getan, was man konnte, und plötzlich kommt das Tier in einem heraus. Ehe man sich diesem irren Zorn ergibt, hilft ein schneller Klaps dem Kind und den Erwachsenen. Die Mutter verhindert, daß sie noch zorniger wird, das Kind brüllt einmal fest auf und schläft dann ein.«

Die Frauen, die dieser Stimme der Erfahrung lauschten, waren nicht allzu begeistert von dem Rat. Eine meinte: »Ich schlage ohne Überzeugung, also ist es auch nicht so wirksam. Eher schadet es dem Kind, weil es das Unrecht daran fühlt.« Eine andere erzählte, daß sie und ihr Mann sich dazu entschlossen hatten, das Kind ohne körperliche Strafen großzuziehen, damit es selbst nicht aggressiv würde. (Diese Taktik gaben sie später allerdings auf. Dasselbe Kind wurde von seinen dreijährigen gleichaltrigen Kindergartenkameraden so regelmäßig verdroschen, daß die Kindergärtnerinnen es für nötig hielten, ihm Unterricht im Zurückschlagen zu geben.)

Mütter fühlten sich sicherer in ihren täglichen Strafmethoden, wenn sie sich vorher überlegen konnten, was sie bei gewissen, durchaus voraussehbaren kindlichen Übergriffen zu tun beabsichtigten. Zum Beispiel, wenn Essen auf den Boden geworfen wird – was jeder von uns schon passiert ist. Eine rettete ihren empfindlichen Fußboden, indem sie vor jeder Mahlzeit ein Plastiktuch unter den hohen Kinderstuhl breitete und die eingesammelten Überreste in die Toilette schüttete. Eine andere nahm das Essen weg, wenn das erste Wurfgeschoß geflogen war, da sie annahm, das Kind sei nicht mehr hungrig, wenn es statt zu essen mit der Mahlzeit herumwarf. Eine andere schlug auf die ›schlimme Hand‹. Wieder eine andere machte die Erfahrung, daß die Tischmanieren ihrer Tochter sich verbesserten, wenn sie *mit* den Eltern essen durfte, anstatt separat, denn manchmal schien das Kind sich einfach nur schlecht zu benehmen, weil es sich einsam fühlte. Wieder eine andere berichtete, daß die Unruhe beim Essen sich sehr verminderte, nachdem ihr Mann und sie begonnen hatten, das Kind in die Tischkonversation mit einzubeziehen. Wichtig scheint uns, daß die Mutter weiß, was sie wirklich nicht ertragen kann, und, nachdem sie ihre *absoluta* auf ein Minimum reduziert hat, wie Luther mit reinem Gewissen ihren Standpunkt verteidigt. Strafen muß sie; und sie braucht sich bei niemandem, auch nicht sich selbst, für diese Notwendigkeit zu entschuldigen.

Es gibt aber auch noch eine andere Erklärung für die Schwierigkeiten der Mutter beim täglichen Strafen. In populären Rollenklischees ist das Strafen Pflicht der männlichen Autoritätsgestalten. Man lehrt uns, daß die Männer diejenigen sind, die die Regeln aufstellen und für ihre Einhaltung sorgen. Aber während der meisten Wachstunden des Kindes ist der Vater weg, und die meisten liebenden Väter sind natürlich in den wenigen Stunden, die sie mit den Kindern verbringen können, lieber Spielkameraden statt strafende Autorität. So bleibt der Mutter die unwillkommene Aufgabe des Strafens. Das kann sie aus der Balance werfen, denn ihr ganzes Leben lang hat man ihr beigebracht, daß dies ›unweiblich‹ sei.

Ein Politiker in Florida, der sich selbst als Männlichkeits-Chauvinisten bezeichnet, hat laut New York Times gesagt: »Ich meine, daß man Frauen verhätscheln, lieben, küssen und streicheln sollte. Man sollte sie ehren und ihnen die Türen weit öffnen, die Stühle für sie zurechtstellen und sie ganz altmodisch verwöhnen. Sie sollten stets sauber gewaschen sein und immer süß duften.« Straft eine Mutter ihre Kinder, so veranlaßt das diese keinesfalls, sie zu küssen, zu umarmen und zu streicheln, sondern eher das genaue Gegenteil, und Mütter, die solche Kämpfe durchstehen müssen, werden für die Kinder, mit denen sie sich befassen, kaum frisch gewaschen wirken oder süß duften. Kleine Kinder haben auch kein besonderes Talent dazu, die liebe Mami in der guten altmodischen Art zu verwöhnen oder ihr Türen aufzuhalten, schon gar nicht, wenn sie sie verhaut.

IIronischerweise verlangt die weiblichste aller Rollen – die Mutterschaft –, daß Frauen, die den ganzen Tag über allein mit ihren Kindern verbringen, ein Verhalten zeigen müssen, das traditionellerweise maskulin ist: sie müssen Gesetze machen, für deren Einhaltung sorgen und die Missetäter bestrafen. Im Rahmen ihrer sakrosankten weiblichen Rolle als Mutter müssen sie sich höchst ›maskulin‹ betragen. In unserem Kulturkreis heißt es, daß Mütter warmherzig und liebevoll und andersgeartete Frauen Hexen und Schandweiber seien, die die natürlichen Wünsche der Kinder beschneiden. Kinder größtenteils allein aufzuziehen, erfordert aber manchmal einfach, daß man Impulse beschneidet oder bekämpft, auch wenn sie höchst natürlich zu sein scheinen. Die Mutter muß also Vater spielen, wenn er nicht da ist. Ist es da ein Wunder, daß diese Notwendigkeit sie belastet? War ihre Freude an der Ehe und der Schwangerschaft nicht teilweise dadurch verursacht, daß sie an ihre natürliche weibliche Rolle glaubte? Wenn sie dann bald nach der Geburt des Kindes entdeckt, daß sie sich selbst zum Vater und zur Autorität machen muß, während sie das Kind doch empfing, um ihre eigene, glückselige Weiblichkeit zu bestätigen, so muß das ihre Meinung von sich selbst völlig zerstören.

Ein merkwürdiges Paradoxon wurde uns an diesem Punkt klar. Wir merkten, daß Frauen, die die größte Befriedigung über ihr Leben während der schwierigen ersten Jahre der Kinder ausdrückten, jene waren, die sich vorher sehr wenig weiblich gefühlt hatten, lieber in Gesellschaft von Männern waren und womöglich Berufe ausübten, die sonst eher Männern vorbehalten sind. Zuerst hatten wir natürlich den bösen Verdacht, daß sie dankbar für das Baby waren, weil es ihre Zweifel an ihrer sexuellen oder femininen Begabung löschte. Aber solche Frauen kamen uns zu häufig unter, als daß diese Erklärung hätte gültig sein können. Schließlich kam es uns logischer vor, anzunehmen, daß Frauen, die maskuline Wesenszüge entwickelt hatten – Selbstbehauptung und offensive Erfindungsgabe gegenüber Streßsituationen, in der Wahl der Freizeitbeschäftigungen und gegenüber anderen Leuten, im Bewältigen eines umfassenden Arbeitsprogramms oder Fähigkeit, sich auf das Wichtigste konzentrieren und bloßes Tändelwerk liegen lassen zu können – am glücklichsten mit ihren kleinen Kindern waren, weil dieses Stadium der Mutterschaft solche männlichen ›Qualitäten‹ erfordert.

Die durch und durch ›weiblichen‹ Frauen fühlten sich in dieser Periode am elendesten – also die passiven, ruhigen, die nicht bereit waren, Zorn oder Feindseligkeit laut werden zu lassen. Sie legten großen Wert auf Gepflegtheit und brauchten dauernde Selbstbestätigung und Liebe. Das waren die Frauen, deren Identität durch den ›Mutterjob‹ am stärksten gefährdet wurde. Die eher männlichen Typen konnten ohne Schuldgefühle nachmittags mit den Kleinen rumtollen, ohne jede Scham Essensreste in der nicht blitzsauberen Küche servieren und sich gestatten, sich abends im unaufgeräumten Wohnzimmer gemütlich mit der Zeitung hinzusetzen. Was immer die Nachbarn über ihren Haushalt denken mochten, sie schienen am besten durch das potentielle Trauma der ersten Mutterjahre zu segeln. Sie kamen auch besser durch, weil sie von Haus aus sich weniger darum kümmerten, was die Nachbarn für Auffassungen von guten Ehefrauen und Müttern hatten. Und wenn gestraft werden mußte, waren sie eher bereit, entschieden zu handeln und sich erst später Gedanken zu machen.

Wir glauben auch, daß die Mütter alle zuerst an ihr eigenes Wohlbefinden denken sollten, weil sie sonst ja auch nicht gut für die Kinder sorgen können. Wenn Kinder zum Beispiel nur auf Drohungen gehorchen, sieht sich die Mutter selbst in einem sehr schlechten Licht – es steigt in ihr der Verdacht auf, daß sie dauernd denen Angst einzujagen versucht, die sie liebt. Sie muß irgendeinen Weg finden, die Kinder zur Kooperation zu bringen, und Willenskonflikte zu verhindern; nicht, weil die dauernden Drohungen für die Kinder so schlecht sind, sondern für sie selbst.

Eine Gruppe von Müttern, die die leidige Notwendigkeit, dauernd zu drohen, analysierte, kam zu einigen interessanten Lösungen für ihre speziellen Probleme. Eine Mutter, deren ältere Tochter nicht einmal zwei Häuserblocks weit gehen wollte, versuchte, den Weg zur Rennstrecke zu machen und mit dem Kind um die Wette zur nächsten Ecke zu laufen. Mit einem Kinderwagen vor sich sah das bestimmt sehr merkwürdig aus, aber das System bewährte sich. Einer Frau, deren Zweijähriger bei Besuch ständig die Gespräche störte, wurde geraten, den Knaben in ein anderes Zimmer zu führen, wenn er das erste Mal unterbrach, und ihm dort ruhig, aber intensiv zu erklären, wie lange die Leute bleiben würden und wieviel sie reden würden, und was er inzwischen tun könnte. Sie berichtete später: »Jetzt muß ich wenigstens nur alle halbe Stunde ermahnen, früher war es praktisch in jedem Satz.« Solche Lösungen mögen sich nicht immer und überall bewähren, aber sie erfüllen dann wenigstens noch die so wichtige Funktion, Frauen klarzumachen, wie erfindungsreich sie als Mütter sein sollten.

Natürlich ist für jede Frau etwas anderes an der Tagesroutine lästig. Für die eine war es das hyperaktive Kind, das nie länger als eine halbe Minute still sitzen konnte, für eine andere, die selbst als Einzelkind aufgewachsen war, die Tatsache, daß sie Dinge, die sie am meisten schätzte – schöne Sachen, ihren Lebensraum und ihre Zeit – mit einer unvorsichtigen Kreatur teilen mußte, die oft etwas davon zerbrach und zerstörte. Für eine dritte war es die Quengeligkeit des Kindes nach dem Tagesschläfchen, die sie völlig ›aushöhlte‹. Wieder eine andere sagte, das Schlimmste sei, wenn das Kind in der Nacht zu heulen anfange. Die Frauen, mit denen wir sprachen, lernten aber jedenfalls, daß ihre Hauptschwierigkeiten nicht Beweis für ihren Mangel an Mütterlichkeit waren, selbst wenn andere unter den gleichen Unzuträglichkeiten nicht so litten. Sie lernten auch noch die viel schwierigere Lektion, daß ihre Geduld angesichts von Provokationen, die andere zur Weißglut brachten, nicht Beweis dafür war, daß sie sich weniger ärgerten oder bessere Mütter waren.

Eine der größten Hürden der Mutterschaft – die leider von manchen nie bewältigt wird – ist es, anderen Müttern gegenüber tolerant zu sein. Wenn man selbst versucht, ›die bestmögliche Mutter‹ zu sein und sich ausrechnet, was dies an intellektueller, körperlicher und emotionaler Energie kostet, dann kann der Anblick einer Frau, die nicht bereit ist, so viel zu bezahlen, eine enorme Bedrohung darstellen. Solange wir nicht lernen, die Entscheidungen, Reaktionen und Schwächen anderer Mütter ebenso zu tolerieren, wie ihre von den unseren so verschiedenen Methoden, sich mit den Kindern zu befassen, sie zu bestrafen oder mit der Tagesroutine fertig zu werden, solange werden wir an unseren eigenen Inkonsequenzen und Fehlern leiden. Toleranz gegenüber der Verschiedenheit anderer Menschen zu lernen, heißt, ›das Menschliche in uns selbst‹ tolerieren lernen. Und diese Toleranz ist notwendig, wenn wir in der Tagesroutine mit den Kindern unsere Selbstachtung behalten wollen.

VII

Schwächen, Ängste und Launen

Von Ängsten zu sprechen kann Ängste erzeugen. Die Gesamtheit aller mütterlichen Ängste ist zwar groß, doch macht jede einzelne Frau wohl nur jeweils ein oder zwei davon durch. Wir zogen es vor, nur erfahrene, kreative und selbstbewußte Frauen über diesen Komplex zu interviewen. Wir hatten oft dabei das Gefühl, ihre Bereitwilligkeit, über Ängste zu sprechen, sei eher ein Zeichen der Stärke; sie fühlten sich sicher genug, zugeben zu können, daß sie nicht unfehlbar waren und zu erkennen, daß die intensive Beziehung zwischen Mutter und Kind sehr zwiespältig sein kann.

Außerdem führt die Erkenntnis der komplexen Möglichkeiten jeder menschlichen Situation oft zu Ängsten, und dies auch in den stärksten und sichersten Menschen. Jedenfalls wissen wir, daß Frauen, die als werdende Mütter Angstzustände bekommen, völlig normal sind. Diejenigen, mit denen wir uns unterhielten, standen vielleicht über dem Durchschnitt in ihrer Offenheit, Nachdenklichkeit und Selbsterkenntnis. Und sie sprachen frei heraus in der Hoffnung, damit anderen helfen zu können.

Sie waren sich alle bewußt, daß es ihnen nicht oft ›gestattet‹ ist, zuzugeben, daß sie als Mütter vor etwas Angst haben. Eine Frau, die dieses Kapitel vor der Veröffentlichung las, schrieb uns: »Die Mütter, die sie da beschreiben, sind wie neurotisch-psychotische Grenzfälle porträtiert . . . es fiel mir schwer, mich mit ihnen zu identifizieren.«

Sie gab zu, einige der geschilderten Ängste selbst zu haben, aber diejenigen, die außerhalb ihres Erfahrungsbereiches lagen, waren ihr so fremd, daß sie die Frauen, die davon sprachen, als ›verhaltensgestört‹, wenn nicht schlimmer einstufte. Diese Antwort zeigt, warum es nur die Stärksten unter uns es fertigbringen, ihre tiefsten Ängste zu äußern. In einem Kulturkreis, der sich dem Totem der *›mental health‹* beugt, riskiert man mit dem Eingeständnis mütterlicher Unsicherheiten eine wütende Reaktion. Zorn scheint *die* Reaktion auf Ängste zu sein, die der Zuhörer nie erlebt hat – es ist so, als ob eine Frau, die von einer merkwürdigen Erfahrung berichtet, sich eigentlich schämen müßte, sie ›durch das Gehege ihrer Zähne schlüpfen zu lassen‹ (wie Homer es wohl ausgedrückt hätte). Wir glauben, daß dieser Zorn vielleicht von der Sorge verursacht wird, bei anderen die Existenz von Ängsten sehen zu müssen, die man mit sich selbst nicht gern in Zusammenhang bringen möchte. Wir glauben, daß solcher Zorn nur ausdrücken soll: »Niemand dürfte so empfinden.« Aber *wenn* sie nun einmal so empfinden?

Eine Mutter von vier Kindern, besonders perfekt im Meistern auch noch der schwierigsten Situationen, faßte es so zusammen: »Gibt man Ängste oder Sorgen preis, so ist die Standardantwort meistens ›Ach, das lernen Sie schon noch‹ oder ›Na komisch! Daß ausgerechnet *Sie* sowas empfinden!‹ Solche Taktlosigkeit erweckt eine Art Schuldgefühl und Scham in der Mutter, die den *faux pas* begangen hat, etwas Negatives über sich selbst zu sagen.«

Wir möchten darum allen Müttern zur Beruhigung feststellen, daß irgendwelche Ängste fast in jedem aufsteigen, und zwar so häufig, daß man sie als ›normal‹ bezeichnen muß. Niemand braucht sich ihrer zu schämen.

Ganz allgemein gesprochen, lassen sich Mütterängste in vier Kategorien einteilen: Angst vor eigener Schwäche, Angst vor Schwächen der Kinder, Angst vor Veränderungen und Angst davor, unsere gesellschaftlichen Tabus falsch weiterzugeben – letzteres scheinbar nur eine Frage der Methode, die aber doch auch mit großen Ängsten verbunden ist. Die am häufigsten erwähnten Ängste betreffen die *eigenen Schwächen.* Natürlich hofft eine Mutter, die Bedürfnisse ihrer Kinder richtig erfüllen zu können, aber früher oder später steigen doch Ängste auf, daß es ihr an irgendetwas mangelt.

Eine junge Frau fürchtete zum Beispiel, daß sie in Notfällen zu langsam oder dumm reagieren würde, falls sie überhaupt einigermaßen reagierte. Diese Angst wurde nicht durch eine tatsächliche Notlage ausgelöst, sondern durch einen ganz gewöhnlichen Vorfall: sie wachte eines Nachts nicht auf, als das Neugeborene schrie, obwohl sie im selben Raum schliefen. Danach mußte sie sich dauernd selbst versichern, daß nicht jeder Schrei wichtig sei und daß das Baby sie bestimmt aufwecken würde, wenn etwas Schlimmes vorläge. Von diesem ersten Vorfall an begann diese Mutter jedoch über ihre Unzulänglichkeiten in anderen Situationen nachzudenken – daß sie zum Beispiel die Bereitschaft des Kindes, in neue Entwicklungsstadien überzugehen, nicht erkennen könnte (und damit die Entwicklung behindern würde). Sie sagte: »Eines Tages, als ich ihr das noch gar nicht zutraute, kletterte sie auf einen Stuhl. Ich war sehr überrascht. In diesem winzigen Augenblick wurde mir klar, daß sie immer um einen Schritt weiter sein würde, als ich es gerade vermutete.«

Diese scheinbar so unterschiedlichen Ängste – daß man nicht richtig mit Notlagen fertig wird und das Heranwachsen des Kindes nicht erkennt – sind zwei Abarten der einen Angst: daß wir nur unzulänglich mit unseren Kindern fertigwerden beziehungsweise für sie sorgen können. Solche Ängste liegen weniger in der Sorge um das Wohl des Babys, als vielmehr in der Anschauung der Mutter über sich selbst begründet.

Eine andere Mutter gab zu, daß sie in einer sehr gefährlichen Situation dumm und falsch gehandelt hatte: Sie sah ihr acht Monate altes Krabbelkind zur offenen Klappe der Geschirrspülmaschine kriechen und sich halb aufgelöste Seifenpaste in den Mund stopfen. Als das Kind zu brüllen begann, nahm die Mutter an, daß ihm eben die Seife schlecht schmecke. Da das Brüllen immer schlimmer wurde, erkannte die Mutter schließlich, daß die Seife vielleicht gefährlich war. »Ich dachte zuerst«, sagte sie, »daß da nichts dabei sein konnte, da wir ja damit die Teller waschen, von denen wir wieder essen.« Mutter und Kind verbrachten dann die Nacht in der Intensivstation einer Klinik, wo die verbrannte Kehle des Kindes behandelt wurde. Erst dann fing die Mutter an, sich Sorgen zu machen, daß ihr für manche Situationen einfach die Kenntnisse fehlen könnten, aber sie tröstete sich mit dem Gedanken, daß sie ja dauernd versuche, ihr Wissen zu bereichern. Und aus dieser Erkenntnis heraus hofft sie, schließlich genauso viel zu wissen wie alle anderen Menschen ihrer Umwelt, zumindest in den meisten Fällen. Natürlich hat ihre relativ positive Ansicht über sich selbst und ihre Fähigkeiten auch ihre Ansicht über sich als Mutter geprägt, und so auch die Art ihrer Mutterängste.

Eine häufig geäußerte Angst war die vor dem Krankwerden. Krank zu werden heißt, sich für die nächsten Stunden oder Tage mit der eigenen körperlichen Unzulänglichkeit abfinden zu müssen. Für eine Mutter bedeutet das ein monumentales Problem – nämlich jemanden zu finden, der sich um die Kinder kümmert und die tägliche Arbeit leistet. Obwohl jeder weiß, daß ›Mütter nie krank werden‹, plagt die Furcht davor viele Frauen. Wir stellten fest, daß die meisten Mütter sogar bei schweren Grippeattacken bis zum Wochenende durchhielten, wo dann der Mann einspringen konnte. Aber manchmal *muß* man einfach an einem Wochentag im Bett bleiben; viele Mütter fürchten vor allem, plötzlich so krank zu werden, daß man sie in die Klinik schafft, ehe sie etwas arrangieren können. Wie es eine Mutter darstellte: »Als ich in diesem Winter so lange erkältet war, erkannte ich, daß ich nicht die seelische und schon gar nicht die körperliche Widerstandskraft hatte, diese Erkältung abzuschütteln. Ich habe solche Angst vor Krankheit, daß ich praktisch nie krank bin, und diese Erkältung war daher für mich ein Anzeichen des kommenden Zusammenbruchs.« Die Angst vor dem Zusammenbruch, die also schon bei einer Erkältung aufsteigen kann, Angst davor, das lästige Alltagsleben mit einem kleinen Kind körperlich nicht mehr zu bewältigen, kann Frauen unfähig machen, die täglichen Arbeiten zu leisten. Und was passiert dann? Entweder der Vater springt ein oder die Mutter holt sich aus einer geheimnisvollen Kraft namens ›Notwendigkeit‹

die Energie zu überstehen, oder sie bricht tatsächlich zusammen. Die Angst davor kann bedrohlich werden.

Die Möglichkeit, selbst krank zu werden, erweckt in einer Mutter das Gefühl, gegen etwas ankämpfen zu müssen, das sich nicht mehr durch vernunftsmäßige, sondern nur durch fast schon instinktive Kräfte besiegen läßt, die seit langem in ihr gespeichert worden sind. Von wem? »Von meiner Mutter«, antworteten die meisten Frauen und brachten damit eine weitere Angst aufs Tapet, die auch sonst häufig erwähnt wurde: die Angst davor, genau das zu tun, was die eigene Mutter getan hat, und in genau der gleichen Weise. Da die Mutter jeder Frau selbst voller Schwächen ist und jede Frau die Fehler ihrer Mutter mindestens so gut wie die eigenen kennt, wollen wir alle die Fehler vermeiden, die wir an unseren Müttern am wenigsten mochten. Weil wir ja ›die bestmöglichen Mütter‹ sein wollen. Für viele Frauen ist es deprimierend, zu entdecken, wie sie gedankenlos ihre Mutter sogar dann nachahmen, wenn sie überhaupt nichts von ihr halten.

»Offenbar mache ich alles meiner Mutter nach, was ich mir schwor, *nie* zu tun«, sagte eine Frau wütend. »Ich traute meinen eigenen Ohren nicht, als ich neulich meinem Sohn erklärte, ich würde ihm alle Knochen im Leib brechen.« Die anderen Frauen lachten darüber und erzählten ebenso ›gräßliche‹ Dinge, bei denen sie sich selbst erst kürzlich ertappt hatten. So zum Beispiel: »Wenn du nicht zu heulen aufhörst, dann schlag ich dich so, daß du weißt, warum du heulst« oder »Wenn du nicht aufhörst, bring ich dich um.«

Das waren ja wenigstens nur verbale Nachahmungen, aber viele Mütter regten sich am meisten über die emotionalen und Verhaltens-Muster auf, die sie wiederholten. Eine Frau, deren Jugendzeit ein einziger Kampf gegen das Überbehütetsein durch ihre Mutter war, hatte entsetzliche Angst vor den Gefahren, die ihrem Kleinen von freilaufenden Hunden in den Parks drohte. Eine andere, die das Gefühl hatte, von ihrer Mutter zu wenig gegen die Gefahren beim Bäumeklettern und dergleichen behütet worden zu sein, sah ruhig zu, wie ihre Tochter mit dem Roller ein Gerüst erstieg, über eine Planke hinunterfuhr und sich beim Sturz die Lippe bös verletzte.

Wahrscheinlich gehört bei Töchtern der Kampf gegen die Mütter zum Erwachsenwerden, zum Erreichen der Unabhängigkeit. Sie sind entsetzt über die Vorstellung, im Umgang mit den eigenen Kindern wie die Mütter werden zu können. Im Grunde zeigt dieses Vorgehen aber nur, daß sie gelernt haben, sich selbst zu akzeptieren und die Tugenden der Großmutter anzuerkennen. In sehr schwierigen Situationen scheinen wir alle nach mütterlichem Vorbild vorgehen zu müssen. Solange also jede Frauengeneration von neuem mit kleinen Kindern fast ohne Hilfe und Entlastung fertig werden muß, haben wir nur zwei Möglichkeiten: Wir können uns in Schuldgefühlen baden wegen der ›falschen‹ Art – der Art unserer Mutter –, in der wir die Dinge tun, oder wir können die möglichen Vorteile alter oder allzu vertrauter Methoden erwägen. Vielleicht könnte man zu folgender Kompromißlösung kommen: »Ich werde soviel wie möglich nach meinen eigenen Prinzipien handeln. Tue ich es manchmal nicht, so werde ich mich daran erinnern, daß mir gewisse menschliche Verhaltensweisen immer noch ein Rätsel sind. Also nehme ich an, daß Verhaltensformen, die ich weder loben noch hochhalten kann, vielleicht doch gewisse gute Nebenwirkungen haben.«

Angenommen, eine junge Frau erinnert sich, daß ihre Eltern allzu rasch zu Schlägen mit der Haarbürste auf den Popo bereit waren. Sie vermutet, daß körperliche Züchtigung kleine Kinder dazu konditioniert, als Erwachsene Gewalt zu akzeptieren. Sie schließt daraus, daß Schläge einen ganzen Kulturkreis so weit bringen können, daß man allgemein auf Druck mit Gewalt antwortet und es dann zu geradezu kriegsmäßigem Verhalten kommt. Nun schlägt sie gelegentlich ihre eigenen Kinder. Anstatt sich danach zutiefst schuldig zu fühlen, sollte sie nicht lieber daran denken, daß ihre kindlichen Ressentiments gegen die elterlichen Schläge sie rascher unabhängig machten und in ihr gerade die Aversion gegen Gewalt weckte?

Mütter, die entgegen ihren besseren Absichten die Kinder verwöhnen, sollten sich daran erinnern, daß unser Wertgefühl, unsere überströmende Freude am Spaß und der Genuß des Verwöhntwerdens vielleicht aus derselben Quelle stammen wie unser Mangel an Selbstdisziplin. Wir müssen uns klar werden darüber, daß es keine absoluten und unbedingten Tugenden gibt; noch die höchste Tugend trägt irgendein Laster in sich, und sei es nur Hochmut oder Intoleranz. Also dürfen wir genauso stolz sein auf die Tugenden unserer Kinder, wie wir uns Sorgen machen über ihre Fehler. Es heißt ja, daß es sogar Gott – der doch nur zwei Menschenwesen und zwar erwachsene, im Garten Eden zu überwachen hatte – nicht gelang, die beiden zur Vollkommenheit zu erziehen. Wieso hoffen dann Mütter, bessere Resultate zu erzielen?

Wir haben auch gelernt, daß er die Geduld verlor, als Adam und Eva im Paradies alles falsch machten. Wenn die heutige Müttergeneration anfängt, zugeben zu können, daß sie gelegentlich die Geduld verliert, ist das wohl nur ein Zeichen besserer seelischer Gesundheit. Manchmal sind sie sogar imstande zuzugeben, daß sie bitterböse Gedanken hegen. »Als mein Junge noch sehr klein war«, sagte eine Mutter, »nahm ich ihn im Babysitzchen in die Waschküche unseres Appartementhauses mit. Ich war ganz allein mit ihm und dachte plötzlich: Ich könnte ihn hier loswerden, ohne daß irgendjemand davon etwas erfährt.« Dann fuhr sie fort: »Von diesem Gedanken habe ich nicht einmal meinem Mann erzählt. Ich wies ihn natürlich sofort zurück, aber ich werde nie vergessen, *daß* er mir einmal kam. Da war die große Feuerungsanlage . . .«

Nach dem ersten, hörbaren Erschrecken fingen die anderen Frauen zu lachen an, denn sie wußten plötzlich, daß solche spontanen Einfälle selbst bei der engsten Mutter-Kind-Beziehung vorkommen können. Eine Mutter sagte: »Als mein erstes Kind, ein Mädchen, zur Welt gekommen war, sang ich immer ein Lied von den hübschen Mädchen, die einen nur belügen und betrügen wollen. Jetzt habe ich einen Jungen dazubekommen und ertappe mich oft beim Kinderwagenschieben, wie ich ein Lied über die bösen Männer summe.«

»Jetzt fällt mir gerade erst auf«, fiel die Mutter eines sehr widerborstigen Kindes ein, »daß ich jedesmal beim Windelwechseln ›Flieg, Vogel flieg!‹ singe.«

»Das ist noch gar nichts«, meinte eine dritte. »Ich singe: ›Bald, oh Herr, sind meine Prüfungen vorüber.‹«

Mit Hilfe der anderen Gruppenmitglieder können wir lernen, keine Angst mehr davor zu haben, unsere negativen oder unguten Gefühle zuzugeben. Was einen bei diesen Gefühlen so ängstigt, ist natürlich die Erkenntnis, daß die Kinder, die ihnen ausgesetzt sind, darunter leiden könnten. »Was mich so erschreckt,« sagte eine Mutter, »ist, daß man sein Kind auch kaputtmachen kann. Man hat sie in der Hand und formt sie. Und man will doch ihr Bestes.« So überkommen einen täglich kleine Ängste. Wie zum Beispiel: »Geb ich ihm genug oder zu viel Unabhängigkeit?« Aber wie dosiert man sie richtig? Das ist natürlich verschieden, nicht nur je nach Alter des Kindes, sondern auch je nach Kind.

Und auch je nach Mutter. »Für mich ist es am schwersten«, erklärte eine Mutter, »meinem Kind zuzugestehen, daß es seine eigenen Fehler machen kann. Es ist schlimm, zusehen zu müssen, wie sie an einem Spielzeug herumfummelt und es nicht in Gang kriegt. Ich möchte einspringen und es ihr zeigen. Und den gleichen Impuls habe ich bei anderen, größeren Sachen. Immer meine ich, ich wüßte, wie man es richtig anfängt, und vergesse ganz, daß es oft mehrere richtige Wege gibt – und beim Spielzeug im Grunde nie nur einen einzigen. Das Wichtigste ist ja, sie forschen und falsch machen und herausfinden lassen – meine autoritäre Haltung in Frage zu stellen. Ich nenne sie meinen Diktatorinstinkt, der zum Großteil auf nichts weiter als bloßer Ungeduld beruht – so wie damals, als ich ihr das selbständige Anziehen beibringen wollte und doch mit meinem Tagespensum durchkommen mußte.«

Manche Kinder weigern sich, mit einem Spielzeug zu spielen, das die Mutter ihnen erklärt, weil es dann ›Mamis Spielzeug‹ ist, oder weil Mami eben besser damit umgehen kann. Ein anderes Kind spielt nur dann mit einem neuen Ding, wenn die Mutter es ihm vormacht, so daß die Sache eine gewisse Wichtigkeit bekommt. Mütter machen sich meistens Sorgen, weil es keine eindeutigen Regeln dafür gibt, wie man Kindern neue Spielsachen oder Erfahrungen ›beibringt‹. Aber letzten Endes lernen wir wohl alle, welche Methoden bei welchem Kind am besten funktionieren. Warum loben wir uns also nicht lieber für unsere intelligenten Experimente, anstatt uns dauernd Sorgen zu machen?

Das *zweite Angstpaket*, das von den daran leidenden Müttern als irrational angesehen wird, betrifft *Schwächen der Kinder*. Die intensivste Furcht hatten sie vor körperlichen Defekten. Sie beginnt natürlich während der Schwangerschaft, wenn die junge Mutter sich nicht sicher ist, ob sie ein ›tadelloses‹ Baby produzieren kann. Eine Mutter sagte allerdings, daß ihr solche Sorgen erst in der zweiten Schwangerschaft kamen, als sie sich zum ersten Mal stark genug fühlte, sich solche Gedanken bewußt zu gestatten.

Die gleichen, alles überschattenden Sorgen können binnen kürzester Zeit Jahre später wieder auftauchen. Eine Frau erzählte zum Beispiel: »Eines Morgens erkannte ich plötzlich, daß meine Tochter nichts hörte. Und da fiel mir dann ein, daß sie in den vergangenen Tagen mehrmals nicht auf mich reagiert hatte, weil sie mich eben offenbar nicht hörte. Ich bat meinen Mann, mir bei einem Test zu helfen, und wir fanden heraus, daß das Kind tatsächlich nicht hörte, wenn wir von hinten kamen. Wir riefen den Doktor an, und er erklärte, daß sie nach ihren drei eben durchgestandenen Ohrinfektionen noch eine Weile schlecht hören würde, daß dies aber vergehen werde. Man hätte glauben können, daß ich plötzlich erfahren hätte, mein Kind würde binnen fünf Tage sterben müssen. Ich kann das irrationale, herzlähmende Entsetzen gar nicht beschreiben, das mich überkam. Obwohl man selbst mit Taubheit fertigwerden kann. Ich sehe selbst sehr schlecht und bin mein Leben lang damit durchgekommen. Aber irgend etwas in mir sagte damals: »Ich kann das nicht aushalten, ich werde nicht fertig damit. Es kommt mir vor, als wäre es für mich lebenswichtig, daß mein Kind so in Ordnung ist, daß auch all seine Sinne völlig in Ordnung sein müssen.«

Viele Eltern wollen, daß ihre Kinder bessere körperliche Fähigkeiten haben, als sie selbst besitzen. Eine Freundin erinnerte diese Mutter ganz zart daran, daß hier wohl noch etwas anderes mit im Spiel war, was mit zu diesem herzlähmenden Erschrecken führte. Zwei Tage zuvor hatte sie das Kind nämlich trotz Ohrenschmerzen nicht mehr zum Doktor bringen wollen, obwohl man ihr gesagt hatte, daß Ohrenleiden sehr gefährlich sein können, einfach weil sie es ›satt hatte, sie mit Antibiotika vollstopfen zu lassen‹. So hat sie wohl auch gegen den Verdacht angekämpft, daß die Taubheit des Kindes ihrer Nachlässigkeit zu verdanken sein könnte.

Es ergibt sich daraus, daß Sorgen um körperliche Schwächen der Kinder auch auf Schuldgefühlen und Mißtrauen der Mutter sich selbst gegenüber beruhen könnten. Die Mutter sieht das Kind als ein Spiegelbild ihrer selbst, und reagiert auf seine Schwächen mit ihren Schwächen, über die sie keine Gewalt hat, die sie nicht verändern kann; ein Reflex, nach dem sie unbewußt dauernd Ausschau hält, weil sie Angst hat, daß irgendwo ihre eigenen Unzulänglichkeiten zutage kommen.

Die Eltern wünschen natürlich, ihren Kindern Leiden zu ersparen, dieser Wunsch kann aber zur Vision eines ›harm‹-losen Lebens werden; ohne Schmerzen, ohne Heimsuchungen, ohne Herzweh – eine sterile Kammer auf alle Zeiten, die schon durch ihre Langeweile töten würde, wenn Leben in einer solchen Kammer überhaupt möglich wäre. Körperliche Schwächen zu überwinden, kann die Selbstachtung eines Kindes stärken; das wissen wir alle – bis unsere Kinder in eine solche Lage kommen.

Mehrere Frauen sprachen von den intensiven Ängsten, die sich bei Krankheiten der Kinder breitmachten, auch zu Zeiten, da kleine Kinder noch häufig Krankheiten durchmachen mußten. Eine Frau erinnert sich, jede Nachtstunde nach dem kranken Baby gesehen zu haben, ob es auch noch lebe, obwohl es weiter nichts als seine erste Halsentzündung hatte. Eine andere erinnert sich an eine hysterische Heimfahrt, nachdem die Babysitterin so ganz nebenbei von einem Fieber über 44 Grad gesprochen hatte. Als medizinische Assistentin wußte sie, daß eine solche Temperatur unmöglich war, zumal die Betreuerin weder von Krämpfen noch von sonstigen auffälligen Erscheinungen berichtet hatte. Es war eher anzunehmen, wie es sich dann auch als richtig erwies, daß die kurzsichtige alte Dame das Thermometer falsch abgelesen hatte. Trotzdem konnte die Mutter ihre Hysterie nicht bremsen.

Ein Großteil solcher Angst läßt sich damit erklären, daß die Mutter, vor allem beim Erstgeborenen, sich oft für die Krankheit schuldig fühlt, auch wenn dies ganz unnötig oder absurd ist. Eine Mutter berichtete von ihrer Verzweiflung, als ihr erstes Baby gleich nach dem Entwöhnen Fieber bekam. Als man sie fragte, warum sie die zwei Vorfälle miteinander in Verbindung bringe, antwortete sie vage: »Ich habe eben gemeint, das Baby hätte seine Immunität gegen Krankheitskeime verloren.« Die anderen Frauen fragten, ob sie nicht einer üblichen Herbsterkrankung zuviel Gewicht beigemessen und in Wirklichkeit sich vielleicht eher Gedanken gemacht habe, das Kind zu früh entwöhnt zu haben – aus Bequemlichkeit und ohne an das Wohlbefinden des Babys zu denken. Oder war ihr der Gedanke gekommen: Ich habe das Kind entwöhnt, um die allzu enge Bindung zu lokkern, und jetzt werde ich es ganz verlieren? Eine Frau berichtete von den Schuldgefühlen, die sie empfand, als sie das Baby mit ihrer Erkältung ansteckte, und eine hielt sich für schuldig, daß ihre durch zuviel Rauchen entstandene Halsentzündung sich offenbar auf den kleinen Sohn übetrug.

Eine Mutter hat all diese Reaktionen gut zusammengefaßt: »Natürlich packen einen die Schuldgefühle und die Angst, daß ein kurzfristiger Wunsch, das Kind los zu werden, sich erfüllen würde. Und wer hat diesen Wunsch noch nie gespürt, wenigstens eine Sekunde lang?« Zum Teil alarmieren uns also die Krankheiten unserer Kinder so unverhältnismäßig, weil sie unseren Kindern das anzutun drohen, wogegen wir so ankämpften – ihnen ernstlich zu schaden. Sie drohen, unsere unausgedrückte, sorgsam überwachte, vielleicht sogar noch unbewußte Feindseligkeit in die Tat umzusetzen. Nach dem ersten hohen Fieber ihres Sohnes sagte eine Mutter: »Ich mußte vierundzwanzig Stunden lang selbst im Bett bleiben. Es war gräßlich. Ich war *so* schwach.«

Andererseits berichtete eine Mutter von drei Kindern, daß ihre Angst vor Kinderkrankheiten sich bei jedem neuen Kind drastisch verminderte; nicht, weil sie die Dinge leichter nahm, sondern eher wohl, weil sie unter den mit jedem Kind verstärkten Anforderungen immer häufiger ›explodierte‹, sich also öfter erleichtern konnte. »In meinem Gehirn ist einfach nicht mehr so viel in die Ecken geschoben.«

»Vielleicht habe ich deswegen bei meinem zweiten Kind noch genauso viel Angst vor Krankheiten wie beim ersten«, überlegte eine andere. »Ich gestatte mir nämlich immer noch keine offenen Zornesausbrüche.«

Die Theorie, daß die Ängste über Krankheiten und Schwächen der Kinder im Grunde projizierte Ängste über sich selbst sind, könnte zwei weitere, häufig vorgebrachte Sorgen erklären. Erstens die Sorge um die Sicherheit des Kindes, und zweitens die, daß die eigenen negativen Anlagen sich im Kind wiederholen könnten. Eine Mutter, die keine der von den anderen beschriebenen Ängste in sich spürte, berichtete, daß sie mit den Kindern im Auto immer übervorsichtig fahre. »Ich habe Angst vor einem Unfall und daß den Kindern etwas passieren könnte. Daran denke ich immer beim Autofahren.« Eine andere sagte: »Ich habe Angst, meine Tochter auch nur zwei Schritte ohne mich tun zu lassen. Obwohl ich ansonsten vor nichts Angst habe – ich nehme sie zum Beispiel bei hohem Wellengang auf ein Floß mit, aber ich muß eben dabei sein.«

Wir glauben, daß beide Frauen Angst um die Sicherheit des Kindes haben, wenn auch in verschiedener Form. Als die zweite uns von ihrem Verhalten berichtete, versuchte sie gerade vergebens, ein zweites Mal schwanger zu werden. Das erste Kind hatte sie nach sechs Jahren Wartezeit und mehreren Operationen bekommen. Natürlich hatte sie etwas mehr Angst um dieses Kind, das zu bekommen sie so viel mehr Mühe gekostet hatte als andere Frauen. Bei schwierigen Geburten oder Schwangerschaften weigert man sich oft, auch nur vorübergehende Zweifel an dem dafür bezahlten Preis zuzugeben, sobald das Kind da ist. Die Unterdrückung der unvermeidlichen Feindseligkeit verlangt aber ihren unvermeidlichen Tribut, der in der verstärkten Sorge der Mutter um die Sicherheit des Kindes besteht. Eine Mutter neigt oft dazu, ihr Kind zu sehr zu umsorgen, wenn sie sich dauernd selbst bestätigen muß, daß die kurzfristigen Wünsche, von dem Kind befreit zu werden, nicht wahr geworden sind. Es ist darum wichtig, diesen Punkt nochmals zu unterstreichen: Mütter sind nicht nur *manchmal* wütend auf ihre Kinder, sondern *oft*. Es gibt sehr gute Gründe für diese Wut: erstens, Mütter sind auch nur Menschen; zweitens, Kinder ebenfalls. Solche Feindseligkeit ist natürlich und normal, wenn man bedenkt, wie viele Stunden die Mütter jeden Tag mit ihren Kindern verbringen. Sie ist weder eine Schande, noch unvernünftig. Unvernünftig ist die Weigerung, diese Feindseligkeit zuzugeben.

Heutigen, oft zu analytisch denkenden jungen Frauen gilt zu große Besorgtheit oft schlimmer als Feindseligkeit. Wir haben nur wenige Mütter angetroffen, die Überbesorgtheit zugaben; viel häufiger waren sich die Mütter der Angst davor bewußt, daß ihre Kinder dieselben Eigenschaften entwickelten, gegen die sie in sich ankämpften. Interessanterweise sind jedoch die Fehler der Kinder, die die Mutter so deutlich sieht und in sich so genau kennt, den Freunden der Mutter kaum je erkennbar. So erklärten zwei Mütter, ihr eigener Jähzorn sei in den Töchtern wieder aufgetaucht. Freundinnen beider Mütter protestierten; die kleinen Mädchen waren nicht schlimmer als andere Kinder ihres Alters, und die Mütter konnte man ihrer Ansicht nach nur als Frauen von eisener Beherrschung bezeichnen. Die besorgten Mütter schienen also ihre eigenen Anlagen und die der Töchter zu übertreiben. Man braucht kein Psychiater zu sein, um zu verstehen, daß eine Veranlagung, gegen die eine Frau dauernd ankämpfen zu müssen meint, genau das ist, was sie in ihrem Kind zu sehen fürchtet. Vielleicht sucht sie geradezu nach Anzeichen danach, weil sie eben das Schlimmste befürchtet. Aber was ist an gelegentlichen Zornesausbrüchen überhaupt so Schreckliches? Könnte man sie nicht positiv betrachten als Zeichen eines Ego, das beneidenswert entschlossen seine Rechte wahrt? Jedenfalls könnten Mütter, indem sie nach der positiven Seite solcher angeblich negativen Anlagen suchten, sich und ihre Kinder danach auch viel positiver sehen.

Da unsere ganze Kultur sich über Aggression noch so uneinig ist – was man dagegen tun soll, wieviel Gutes daran ist und wieviel Schlechtes –, wird schon kindlicher Zorn zu einer Quelle der Angst für Mütter, egal, ob sie über ihre eigene Neigung zum Zorn beunruhigt sind oder nicht. Eine unerfahrene Mutter weiß ja meist nicht einmal, wie sie den Zorn des Kindes ablenken oder ›konstruktiv umlenken‹ kann. Angenommen, sie hat dem Kleinen einen Punching-Sack gegeben, und vor lauter Zorn benützt er ihn gar nicht. Was dann? Wie wär's, ihn eine Weile brüllen zu lassen? Ihn vielleicht zu fragen, ob er nicht vielleicht noch lauter brüllen könne? Diese Frage kommt ihm vielleicht so komisch vor, daß er ruhig darüber nachdenken muß. Und wenn die Schreie an den Nerven der Mutter zerren, hat sie alles Recht, zu fordern, daß sie anderswo als in ihrer nächsten Nähe ausgestoßen werden. Und wenn sie auch zornig wird, kann sie versuchen, ihm das klar zu machen. So lernt er vielleicht schließlich, zu sagen ›Ich hab' eine Wut‹, anstatt loszubrüllen.

Sich Zornesausbrüche zu gestatten oder sie zu lenken, scheint ein besonderes Problem für Mütter zu sein. Man sieht ja bei uns nicht nur verächtlich auf zornige oder aggressive Mütter, sondern betrachtet Unbeherrschtheit sogar als unmännlich. Ob es also die Mutter mit einem Jungen oder Mädchen zu tun hat, sie weiß nicht, was sie mit den direkten, unmäßigen Zornesausbrüchen tun soll. Töchter scheinen manchmal mehr unter Druck zu stehen als ihre Brüder: sie sollen immer Spielzeug mit anderen teilen, keine Kinder verhauen und im Sandkasten friedlich sein. Aber am meisten zuwider waren den Müttern doch Jungen, die häufig in Jähzorn verfielen. Das Schlimmste am Jähzorn von Jungen oder Mädchen ist aber die Verzweiflung, in die die eigene Mutter darüber gerät.

Wir möchten hier darauf hinweisen, daß es für Kinder in den ersten Lebensjahren oft sehr schwierig ist, die richtigen Kanäle für den Ausdruck ihres Zorns zu finden, und so tun sie dann das, was man bei älteren Kindern als neurotisch bezeichnen würde. Eltern sind oft so entsetzt über die Dinge, die einem ein Zweijähriger antun kann, daß es sich wohl lohnt, hier die Standardmahnungen zu wiederholen: Ein Zweijähriger ist oft viel frustrierter als alle anderen, weil er noch nicht recht reden kann oder körperlich zu schwach ist. Er hat somit auch viel weniger Möglichkeiten, seine Frustrationen abzureagieren – er kann sie sich nicht von der Seele reden, und seine wiederholten Bemühungen, das zu tun, was er tun will, führen nicht zum Ziel. So schlägt er mit dem Kopf gegen den Fußboden, zieht sich die eigenen Haare aus oder hält den Atem an, bis er ohnmächtig wird. Er hat noch nicht entdeckt, was er sonst tun könnte, wenn sein Zorn ins Übermächtige wächst.

Seine Eltern denken leider oft nicht an diese Erklärungen seines Verhaltens, weil sie darüber so verzweifelt sind. Ein Ehepaar, dessen Tochter anfing, sich die Haare auszureißen, überlegte bereits, ob sie eine kleine Masochistin heranzögen. Sie sagten ganz sanft: »Zieh dir doch nicht die Haare aus, wir mögen doch deine Haare«, und sogleich griff das Kleinchen wieder nach dem Haar – das Ziehen diente jetzt dem doppelten Zweck, den Zorn auszudrücken und die Eltern zu bestrafen. Eine Freundin, deren eigenes Kind mit dem Kopf gegen die Wand rannte, half ihnen, indem sie das Kind mit der Haarsträhne in der Hand ansah und ganz höflich fragte: »Macht das Spaß, Kleines?«

Ein anderes Mädchen schlug seinen Kopf so heftig gegen den Küchenschrank, daß die Mutter sich umwandte und vor lauter Aufregung zu schielen begann. Aber sie wartete ruhig, bis das Hämmern aufhörte und mit der Zeit wurden die Anfälle immer schwächer. Eine dritte reagierte noch kaltblütiger: »Wenn er den Atem anhält, bis er umfällt, dann benütze ich die Gelegenheit, ihn vom Anlaß seines Zorns zu befreien – zum Beispiel seinen nassen Windeln.« Frauen, deren Kinder das Alter von drei Jahren schon überschritten hatten, konnten die Mütter, die diesem Höhepunkt noch zustrebten, beruhigen, daß solches Benehmen sich meistens ändert, sobald das Kind besser reden kann und körperlich geschickter ist.

Solche Zornexplosionen werden zum Problem, wenn die Mutter anfängt zu überlegen, ob ihre Erziehung nicht daran schuld sei. Eine meinte etwa: »Das vernunftlose, unbeherrschte Verhalten des Kindes ist ein Spiegel des eigenen Charakters.« Selbst wenn sich die Mutter insgeheim für vernunftlos und unbeherrscht hält, muß dieser Satz nicht unbedingt stimmen. Kein Kind ist je das exakte Spiegelbild seiner Eltern. Es ist nur auch ein Mensch, zudem ein noch nicht vollentwickelter. Aus dem Wunsch heraus, das Bestmögliche zu vollbringen, hoffen Mütter, daß die Kinder besser sein werden als die Eltern, das heißt also, die Mütter hoffen auf vollkommene Kinder, egal, ob die Eltern vollkommen sind oder nicht. Man erwartet also einen Übermenschen, und so fällt es der Mutter schwer, die Tatsache zu akzeptieren, daß das Kind genauso schwach, unvollkommen und unberechenbar sein wird wie die übrige Menschheit. Sie belastet damit das Kind unmenschlich, das sich genauso emphatisch dagegen wehrt wie sie es einst tat. Es ist viel schwerer für die Mutter, hinzunehmen, daß sie kein gottähnliches Kind hervorbringen muß, als daß sie keinesfalls göttergleich zu sein braucht. Befreit sie sich selbst von der Last der Göttergleichheit, muß sie aber konsequenterweise das kleine Kind auch davon befreien. Sobald beide frei sind, können sie mit großem Vergnügen das Menschliche an und um sich erleben.

In gewisser Weise ist die Angst der Mutter vor Kinderängsten die rührendste aller elterlichen Ängste. »Mein Kind fällt ja aus einer Angst in die andere. Ich mache mir Sorgen, weil ich immer überlege, womit ich dieses Kind so ängstlich gemacht habe.«

Wenn es auch nicht viel Trost in der unmittelbaren Verzweiflung bedeuten mag: Kinder entwachsen ihren frühen Ängsten wirklich eines Tages oder lernen zumindest, damit fertig zu werden. Eine Frau berichtete allerdings entsetzt von ihrer früher furchtlosen Zweijährigen, daß sie plötzlich Furcht vor Autos, Lastwagen und sogar Flugzeuge habe: »Wenn wir die Straße entlanggehen, klopft ihr Herz wie rasend, und sie hält mich so fest an der Hand, daß es weh tut. Ich habe ihr schon viele Spielzeugautos und -lastwagen gekauft, aber es hat nichts geholfen. In letzter Zeit wollte sie nicht einmal mehr damit spielen.«

Hierzu könnte man sagen, daß solche Furcht vielleicht ein hoffnungsvolles Anzeichen der sich entwickelnden Intelligenz ist. Die Zweijährige begreift, daß dahinrasende, kreischende Fahrzeuge wie Feuerwehrautos und Ambulanzen sie umbringen könnten. Vielleicht erinnert sie sich auch entsetzt ihrer früheren, häufigen Impulse, einfach gedankenlos auf die Straße zu rennen. Oder symbolisieren die lärmenden Lastwagen für sie die Grausamkeit aller namenlosen und furchtbaren Dinge, die sie erschrecken? Es ist jedenfalls für das Kind leichter, alle aufkeimenden Ängste vor namenlosen Dingen auf ein einziges Objekt zu konzentrieren, dessen Gefährlichkeit es kennt. Vom Standpunkt der Mutter aus dürfte es natürlich tröstlicher sein, sich zur Intelligenz, Auffassungsgabe und Denkfähigkeit des Kindes zu beglückwünschen, als Angst zu haben, einen ängstlichen Menschen heranzuziehen. Immerhin dürfen wir uns daran erinnern, daß Kinder, die Angst vor Schmerzen haben, gefährlichen Situationen eher ausweichen als furchtlose Kinder, daß Angst und Furcht also auch Schutzfunktionen haben.

Gleich nach der Ankunft eines neuen Geschwisterchens trat bei einer Dreijährigen die Angst davor auf, von Löwen aufgefressen zu werden. Eines Abends, kurz nach dem Zubettgehen, klopfte das kleine Mädchen laut bei der Mutter an und rief: »Mami, ich muß mal kurz mit dir reden.« Amüsiert über diesen Erwachsenenton ließ die Mutter sie noch zu einem kurzen Gespräch ins Wohnzimmer hinein.

»Mami«, begann die Kleine, wobei sie die gestreckten Finger beider Hände in der klassischen Nachdenkensgeste ineinanderlegte. »Ich hab da so eine Angst.«

»Angst wovor denn?«

»Tja, vor 'nem Löwen.«

»Was für 'nem Löwen?«

»Tja, ich hab Angst, daß ein Löwe in meinem Zimmer ist.«

»Na schön, dann sehen wir mal nach.«

Geduldig durchsuchte die Mutter das Zimmer – unter dem Bett, unter den Schränken und in den Schränken. Und dann fragte sie: »Glaubst du immer noch, daß ein Löwe hier drinnen ist?«

»NNNNein«, meinte die Kleine nachdenklich. Dann verzog sich ihr Gesicht zu einem triumphierenden Lächeln, und sie meinte: »Dann spielen wir doch einfach Löwe!«

Die Mutter meinte, daß das Kind ganz gut wußte, zumindest mit einem Teil ihres Gehirns, daß der Löwe nur eingebildet und das liebe Kind durchaus bereit war, sich der Angst ihrer Mutter vor ihrer Angst zu bedienen, wenn als Resultat längeres Aufbleiben herausschaute. Also wurde sie mit der Versicherung wieder ins Bett geschickt, daß man alle zufällig vorbeikommenden Löwen gleich an der Haustür abfertigen würde.

Die Löwen verfolgten sie aber. Eines frühen Morgens schlich sie zum Kühlschrank und schmierte sich selbst und das Jüngste von Kopf bis Fuß mit Butter ein. Zu ihrem Entsetzen hörte die Mutter den Vater brüllen: »Jetzt will ich dir mal was sagen: wenn irgendwo hier ein Löwe steckt, dann frißt er dich zuerst, weil du dich rundum eingebuttert hast wie ein Riesenmaiskolben!« Ängstlich wartete die Mutter, welch psychologischen Schaden diese irrationale Behauptung anrichten würde. Anstatt dessen hörte die Kleine sofort auf, sich über Löwen Sorgen zu machen und erwähnte sie nie wieder. Kaum hatte man die Waffe ihrer Angst gegen sie anstatt gegen die Eltern gewendet, schien es ihr offenbar ratsam, sich anderen Dingen zuzuwenden.

Damit soll natürlich dieses Vorgehen des zornigen Vaters beim Umgang mit den Ängsten kleiner Kinder nicht empfohlen werden. Aber die Geschichte zeigt doch auf, daß die Seelchen unserer Kinder manchmal viel abgehärteter sind, als die Eltern oft wahrhaben wollen. Ihre Ängste können eine ausgetüftelte Methode sein, mit Problemen fertig zu werden. Mütter sollten sich daher nicht zermürben, weil sie keine spannungsfreie psychische Umgebung schaffen können, die verhindert, daß das Kind sich je bedroht fühlt, sondern lieber stolz sein, wenn die Ängste ihres Kindes zeigen, daß es so gut wie möglich mit den Bedrohungen seiner Umgebung fertigzuwerden versucht.

Das *dritte Angstpaket*, von dem die Mütter sprachen, betrifft *tabuisierte Themen und Handlungen.* Die meisten dieser Tabus betreffen das Geschlechtliche, die Geschlechtsorgane und die Exkremente. Oberstes Problem dabei ist, wie man die Dinge benennen soll, die man selbst mit seinen Freunden nicht bespricht – etwa die Fäkalien. Jedermann hat offenbar schon von dem möglichen Schaden gehört, den man durch die falsche Benennung anrichten kann, aber – wie eine vernünftige Mutter ganz richtig bemerkte – »der Name ist nicht so wichtig, jedenfalls nicht zu Anfang. Wenn überhaupt, wird er erst später zum Problem, aber nur wegen der Haltung der Mutter.« Dem Kind ist es ziemlich egal, wie man das Ergebnis seines großen Geschäfts nennt, Häufchen, Würstchen, Stinkstink oder Stuhl. Es begreift, was die Mutter mit ihrem jeweiligen Wort sagen will und findet seine Körperabfälle nur dann unappetitlich, wenn es die Mutter auch tut. Mütter, die volle Windeln immer als ›Schweinerei‹, ›Stinkerei‹, ›dreckig‹, oder ›schmutzig‹ bezeichnen, übertragen ihr Schamgefühl nur dann, wenn für sie diese Dinge eine Schande sind. Und alle von uns befragten Frauen waren der Meinung, daß solches Schamgefühl nicht am Platz ist.

Ob die Familie wissenschaftlich exakte Bezeichnungen wählt oder Euphemismen, ist ziemlich unwichtig. Das Kind wird die Haltung seiner Eltern diesen Dingen gegenüber einnehmen und wird auch die Namen, die man ihm sagt, früher oder später in der Öffentlichkeit gebrauchen. Wichtig dagegen ist, wie alle Mütter meinten, daß das Kind nichts Abträgliches daran findet, sein Wort für die Fäkalien in der Öffentlichkeit auszusprechen. Wenn ihm je der Gedanke kommen sollte, daß eine Wiederholung der Worte unerwünscht ist, wird es sie vermutlich viel häufiger anwenden, als es der Mutter recht sein kann. Viele Frauen haben deshalb die sterilsten abstrakten Ausdrücke gewählt, da die Kinder diese, ohne daß man rot werden muß, auch vor Freunden aussprechen können.

Das Problem, einen Namen für das Fortpflanzungsorgan unserer Töchter zu finden, amüsierte uns alle. Für Mutter von Jungen existierte das Problem offenbar nicht, da die meisten den Penis einfach Penis nannten und so kein anderes Wort suchen mußten. Das Wort hat den Vorteil, präzise und wissenschaftlich exakt zu sein, für die Genitalien des Mädchens gibt es jedoch unserer Meinung nach kein klares, akkurates Wort ohne negative emotionale Bedeutung. Interessanterweise fragten wir vergeblich ein Dutzend Frauen nach einem solchen Wort, bis dann ein Ehemann endlich *Vulva* beitrug. In manchen Familien sagt man Pipi, das wurde aber als unbefriedigend abgelehnt, da es Genitalien und Urin durcheinanderbringt; andere benützten das Wort Vagina (Scheide), was aber ebenso unbefriedigend bleibt, da hier die ganze Genitalzone mit dem Eingang zum Uterus verwechselt wird. Alle volkstümlichen, derzeit gebräuchlichen Bezeichnungen sind unerwünscht, da sie ganz eindeutig negative Bedeutung mit sich tragen (ein ziemlich scheußlicher Kommentar zu unserer sogenannten Kultur). Es bedrückte die Mütter, daß keine ein richtiges Wort wußte, da eben in unserem Kulturkreis keines in Gebrauch ist. Daß es so lange dauerte, bis einer das richtige Wort sagte, das von keinerlei Nebenbedeutungen gefärbt ist, zeigt nur, wie sehr bei uns die weiblichen Genitalien als ›unaussprechlich‹ gelten. Das kommt uns den Mädchen gegenüber unfair vor, die genauso neugierig auf die richtigen Namen ihrer Körperteile sind wie ihre Brüder und es erklärt auch, warum die Mütter mit keinerlei Bezeichnung herausrücken wollten.

Wie immer man es auch nennen mag, Kinder beiderlei Geschlechts scheinen jedenfalls bei den meisten sich bietenden Gelegenheiten zu masturbieren. Daß dies selbst die fortschrittlichsten Eltern immer noch etwas verstört, zeigte sich darin, daß das Thema ungefragt in fast jedem zweiten Interview angeschnitten wurde. Die meisten Eltern sprachen über anderer Leute Kinder; über eine kleine Nichte, deren Schlafzimmergeräusche stark nach Orgasmus klangen, oder den Sohn von Freunden, der seinen Penis nur losließ, um nach dem seines Bruders zu grabschen. Eine Mutter erklärte, daß sie bei allem Bemühen, Verständnis aufzubringen, doch immer noch ein unbehagliches Gefühl habe, wenn der Sohn mit der Hand auf dem Penis herummarschiert. »Zumindest versuche ich, meinen Blick abzuwenden.«

»Warum machen sie es nur?« fragte eine verzweifelte Mutter ziemlich ängstlich, denn bei Dr. Spock steht ja, daß zuviel davon bei kleinen Jungen zeige, daß sie sich unsicher fühlen.

Die eindeutige Antwort darauf gab eine Dreijährige. »Weißt du, warum ich gern mein Pipi angreife?« fragte sie ihre Mutter. »Weil das sehr schön ist«, erklärte sie und fügte dann noch hinzu: »Ich schau's so gern an, weil es wie ein glückliches Lächelgesicht aussieht.«

Selbst wenn Eltern sich entschlossen haben, kindliches Masturbieren kommentarlos durchgehen zu lassen, haben sie immer noch peinliche Gefühle, wenn es in der Öffentlichkeit oder vor Verwandten passiert. So berichtete eine Mutter, wie schrecklich es ihr war, als die Vierjährige vor der Großmutter nackt erschien, mit blauem Toilettpapier zwischen den Schamlippen, das ihr bis zu den Knien herunterhing.

»Schau mal, Oma, ich hab einen blauen Penis!« schrie sie begeistert über ihre eigene Klugheit. Die Mutter mußte innerlich lachen, aber es war ihr doch peinlich, obwohl Großmama die Sache mit stoischer Ruhe über sich ergehen ließ. Vielleicht wußte sie genauso gut wie die Mutter, daß Kinder durch das Erforschen ihrer Körper körperliche Freuden genießen lernen, und daß man lieber solche Situationen akzeptieren sollte, als ein derartiges Vergnügen zu beschneiden.

Nach dem, was die Eltern zu diesem Thema zu sagen hatten, läßt sich schwer feststellen, ob das Masturbieren oder offensichtliches Fehlen jeder Neigung dazu mehr Unsicherheiten schafft. Eine Mutter, die ihre Tochter noch im zweiten Lebensjahr ununterbrochen in Windeln wickelte, fing an, sich Sorgen zu machen, daß das Kind dadurch seine Genitalien als Tabu empfinden könnte. Sie erzählte, wie es ihr erging, als ihre Tochter dann eines Abends in schüchternstem Tonfall aus der Badewanne rief:

»Mami, weißt du was ich jetzt mache?«

»Nein, was denn?«, antwortete die Mutter mit einer Mischung von Angst und Resignation.

»Es wird dir aber gar nicht gefallen«, setzte das Kind seinen Singsang fort.

»Nun sag schon, was machst du denn?«, sagte die Mutter eisern.

»Weißt du was?« sagte die Tochter, die offensichtlich jede Sekunde des Hinziehens genoß. »Ich trink mein Badewasser«.

Nur eine der interviewten Mütter erklärte emphatisch, daß sie ihren Kindern das Masturbieren mit der Begründung verbot, daß »es Besseres mit den Händen zu tun gebe‹. Die meisten Frauen fanden sich mit dem Masturbieren ihrer Kinder genauso ab wie mit ihren Fieberkrankheiten, da es gegen keines von beiden wirksame Mitteln gibt. Die Mutter eines kleinen Jungen erklärte, daß es ihr schwerer fiele, den Mädchen dieses Privileg zuzugestehen, aber wie wir aus allen Berichten wußten, sind Mädchen noch erfindungsreicher beim Erforschen ihrer Genitalien als die Brüder. Zwei Mütter von Zweijährigen berichteten innerhalb kürzester Zeit, daß ihre Töchter versucht hatten, sich den Stiel eines Spielzeughammers hineinzuschieben.

Ein größeres Problem stellte für die Mütter der Sexualneid kleiner Kinder dar, denn der ist ja als Quelle neurotischen Verhaltens gebrandmarkt. Penisneid vor allem wurde in letzter Zeit mit der Bevorzugung der Männer in unserem Kulturkreis in Zusammenhang gebracht, und manche interpretieren ihn daher als ein weiteres Zeichen der Schäden, die Mütter ihren Töchtern antun können, wenn sie die Söhne bevorzugen. Wir bitten andersdenkende Psychologen um Verzeihung, aber die Frauen, mit denen wir uns unterhielten, glaubten mehr oder weniger an Penisneid; diejenigen, die nur eine einzige Tochter hatten, konnten sich zwar nicht erklären, wie sie ihrer Kleinen eine Bevorzugung des männlichen Prinzips hätten vorführen können, aber die meisten Mütter stimmten überein, daß es Penisneid gebe, da ihre Töchter alle erklärten, sie hätten gern einen Penis. Aber die Mütter haben auch eine andere Erklärung als Freud dafür: sie hatten nicht das Gefühl, daß die Töchter sich minderwertig, kastriert oder unkomplett fühlten. Sie erkannten vielmehr, daß jedes Kind von zwei Jahren automatisch alles das haben will, was er oder sie *nicht* hat. Eine Frau gab folgendes Gespräch mit ihrer Tochter wieder:

»Wo ist dein Penis, Mami?«

»Ich habe keinen, nur Männer haben einen Penis.«

»Ja, Mami, aber *du* hast *Brüste*!«

Interessanter fanden wir – weil es nicht so anerkannt ist – die Berichte von Müttern, daß ihre Söhne den Mädchen oder Frauen ebenfalls neidisch waren. Einer wollte seinen Penis weg haben, damit er wie die Mami sei. Ein anderer fand, daß sein Penis nutzlos sei, denn er könnte ja nie ein Baby machen, wie seine kleine Spielgefährtin von sich behauptete. (Kann er doch, rieten die Freundinnen seiner Mutter ihm zu sagen.) Ein kleiner Junge heulte, weil seine Brüste nie Milch geben würden wie die von der Mami. Und ein anderer erklärte beim Baden mit einer Freundin: »Ich will auch eine Vulva!« Eine Frau faßte alle diese Neidgefühle unter den Slogan zusammen: ›Des Nachbarn Gras ist immer grüner.‹ Sie erklärte: »Wenn man sieht, wie sie immer das Spielzeug von anderen haben wollen, ist es doch erklärlich, daß sie auch die Organe des anderen haben wollen. Bei einem zweijährigen Kind scheint mir das ganz voraussehbar und absolut normal zu sein.«

Obwohl die meisten Eltern das Masturbieren mit einigem Gleichmut hinnahmen und auch spontane Wünsche nach hermaphroditischer Vollkommenheit mit Ruhe anhörten, blieben sie viel weniger kühl bei dem kindlichen Wunsch danach, die Körper der Eltern zu berühren. Wenn der Papa sich nackt in scheinbarer Einsamkeit im geschlossenen Badezimmer rasiert und plötzlich eine kleine Hand nach seinem Penis greift, wird er wohl selten lange überlegen, sondern laut losbrüllen. Vielleicht sollte man eines feststellen: Die Eltern reagieren unmittelbar und spontan auf die üblichen kindlichen Wünsche, jeden Körper und alle Körperfunktionen zu erforschen. Da diese Spontanreaktionen sich kaum vermeiden lassen und die meisten in ziemlich gleicher Art reagieren, sollten wir aufhören, uns Gedanken darüber zu machen. Wenn wir etwas dagegen haben, daß Johnny unsere Brustwarzen berührt, warum sollen wir ihn dranlassen? Er wird schon eines Tages welche finden, an denen er herumspielen darf, und es vielleicht besonders genießen, weil wir es ihm verboten haben. Und wenn es uns *nichts* ausmacht, warum sollten wir seine Neugier zurückdrängen, nur weil unsere besten Freundinnen die Sache widerlich finden? Wer für das Nichtberühren ist, kann Dr. Spock zitieren zum Beweis für die Richtigkeit seiner Empfindungen, und wer anderer Meinung ist, zitiert Paul Goodman oder einen anderen.

Eine weitere Quelle elterlichen Unbehagens ist die scheinbar erstaunliche Sexualität kleiner Kinder, die sich schon oft lange bevor sie es ›nach den Büchern‹ sein sollten, des Geschlechtlichen bewußt sind. Eine Zweijährige erklärte ihrer erstaunten Mutter aus heiterem Himmel: »Ich bin dein Kind. Du hast mich gemacht. In deinem Bett mit Papa.«

Gleich nach der Geburt einer kleinen Schwester fing eine Dreijährige mit Alpträumen an, und zwar über einen Mann, der in das Bett ihrer Mutter stieg. Endlich beschloß die Mutter, den Stier sozusagen bei den Hörnern zu packen und sagte einfach: »Der einzige Mann, der in mein Bett kommt, ist Papa. Und was sagst du dazu?« Die Antwort war genauso geradeheraus: »Eigentlich nichts.«

Anstatt solche sexuell aktiven Phasen unserer Kinder etwa kalt abzufertigen, sollten wir vielleicht die Haltung einer Mutter übernehmen, deren dreijähriger Sohn ihr sehr zugetan war. »Er ist verliebt in mich? Na schön, soll ich mich vielleicht deswegen an die Brust schlagen und mit den Zähnen knirschen? Ich find' es prächtig!«

Eine weitere mütterliche Sorge geht dahin, ob die Kinder durch die ›richtigen‹ sexuellen Zuneigungen zum ›richtigen‹ Elternteil zur ›richtigen‹ Zeit die ›richtige‹ sexuelle Identität entwickeln. Wer kann denn schon solche ›Richtigkeiten‹ wirklich festlegen? Wenn wir Glück haben, befreit uns das derzeitige Umdenken über die wünschenswerten Grenzen sexueller Identität von der Notwendigkeit, unsere Kinder auf eine bestimmte, imaginäre Linie hinzutrimmen. Vorläufig erwartet man jedenfalls allgemein von Jungen, daß sie sich später mit ihren Vätern identifizieren, und die Mädchen mit den Müttern. Aber wenn ein Junge nun keinen Vater mehr hat? Eine Witwe berichtete empört von einem Brief aus der Schule ihres Sohnes, in dem es hieß, er müsse eine starke Bindung an einen Mann finden. »Was erwarten Sie eigentlich von mir?« schrieb sie wütend am nächsten Tag zurück, » – soll ich vielleicht um einen Mann annoncieren?«

Auf einen Großteil des Lebens ihrer Kinder haben die Mütter praktisch keinerlei Einfluß. Wir tun unser Bestes, und mehr sollten wir auch von uns nicht erwarten. Wenn also der zweijährige Willi (oder die zweijährige Mary) sich mit Erfolg bemüht, jede zufällige Umarmung oder jedes Gespräch der Eltern zu stören, und damit den Papa wütend zu machen, ist das Ihr Fehler? Warum machen sich Mütter solche Sorgen über ›übertriebene ödipale Bindungen‹, vor allem, wenn sie ohnehin schon alles nur Menschenmögliche tun, um die Beziehung zwischen Vater und Sohn zu fördern?

Am häufigsten bezogen sich Ängste bezüglich Tabus jedoch auf die Sauberkeitserziehung. Die Kinder trocken und sauber zu kriegen, ist eine der schwierigsten Arbeiten, die manchmal durch liebe Freunde noch schwieriger gemacht wird. Da ist einmal die Prahlerei, wenn ein Kind früh von allein sauber wird. Auf der Parkbank sagt natürlich keine, was sie für Schwierigkeiten mit ihren Kindern hatte, und sei es nur, weil sie nicht den wissenden oder anschuldigenden Blicken begegnen will, die sich dann bestimmt auf sie richten werden. Wer Schwierigkeiten mit dem Sauberkriegen hat, ist immer in der Defensive gegenüber denen, die es leichter haben. Wir wünschten uns alle, daß die Kinder es von allein lernen würden, wie man es von manchen sagen hört, aber wir haben nicht den richtigen Weg dazu gefunden. Wir sind uns alle bewußt, daß das Sauberkeitstraining für die Kinder traumatisch werden und ein Erzwingen offenbar zu Neurosen führen könnte: Die Kinder könnten lernen, ihren Körper zu fürchten oder ihm zu mißtrauen, ihre Besitztümer eifersüchtig zu bewachen oder anderen Menschen wichtige Dinge vorzuenthalten, wenn wir sie dabei grob anpacken. All die kleinen Schuldgefühle und das Gefühl der Unzulänglichkeit hängen wie ein Damoklesschwert über dem Kopf der Mutter, bereit, gnadenlos auf sie herunterzufallen, wenn das Training nicht glatt geht. Hier ein typischer Bericht: »Erst im vorigen Frühjahr habe ich angefangen, Elisabeth an das Töpfchen zu gewöhnen, und das nur, weil ich wußte, daß sie bis zum Kindergarten im Herbst sauber sein müßte. Und wahrscheinlich habe ich's verkehrtrum angefangen, denn mir schien es viel wichtiger, daß sie ihr Pipi in den Topf macht, als die großen Geschäfte. Ich dachte mir nämlich, die kann sie ja bis zu Hause zurückhalten. Dann kam der Herbst, und ich fing an, sie dazu anzuhalten, auch die großen Geschäfte in den Topf zu machen. Außerdem kam mir die kluge Idee, sie zum Trockenbleiben über Nacht anzuregen – was sie schon gut konnte – und jedesmal, wenn sie es fertigbrachte, belobten wir sie überschwenglich. Dann bekam sie plötzlich Verstopfung. Ich wartete zwei oder drei Tage lang, dann gab ich ihr ein mildes Laxativ. Es wirkte ebenso wenig wie Magnesiamilch und Zäpfchen in den nächsten Tagen. Elisabeth schrie schon vor Schmerzen, da band ich ihr eine Windel um, und schon ging es. Aber ich heulte tagelang, so niedergeschlagen war ich.«

Elisabeths Mutter entschloß sich darauf, das Kind wieder in Windeln zu packen. Einen Monat später berichtete sie, daß dies gewirkt habe. Sobald man nicht mehr vom Stuhlgang sprach, war Elisabeth sogar bereit, auf die Toilette zu gehen. Der wichtigste Kommentar war jedoch nach Ansicht der Mutter von einer Freundin gekommen, die zu ihr sagte: »Meine Güte, was hat das Kind für eine Selbstbeherrschung! Es ist unfaßbar! Und dabei ist sie erst drei! Du solltest stolz sein auf sie!« Nachdem die Krise vorbei war, beschloß sie jedoch, sich an diesen Ratschlag möglichst nicht mehr zu erinnern.

Soweit wir feststellen konnten, hatten die meisten Mütter, die ihr erstes Kind zur Sauberkeit erzogen, gelegentlich Schwierigkeiten oder Rückfälle – sofern man unter Sauberkeitstraining die systematische Benützung der

Toilette für alle Angelegenheiten versteht. Mütter, die damit angeben, daß ihre Sprößlinge in wenigen Tagen ›von selbst‹ sauber geworden seien, können damit höchstens meinen, das Kind habe in dieser kurzen Zeit verstanden, daß es die großen Geschäfte ins Töpfchen machen soll. Prahlereien dieser Art stimmen fast nie, ohne daß die stolzen Mütter ihre Zuhörer absichtlich an der Nase herumführen wollen. Aber genau auf solche Weise werden eben anderen Müttern Minderwertigkeitskomplexe eingepflanzt.

Wir kamen zu der Überzeugung, daß die Mütter mit Hilfe von ein wenig offenem und weniger hochnäsigem Erfahrungsaustausch sich nicht mehr so unglücklich fühlen würden, wenn ihre Kinder es nur langsam lernen, sauber zu werden. So schön der Erfolg ist, wenn man ihn endlich erreicht hat, so sehr sind unsere Sorgen während des Übungsprozesses reinste Selbstbestrafung – und völlig unnötigerweise. Wir dürfen uns damit trösten, daß ein ›erfahrener Fachmann‹ wahrscheinlich genauso lange brauchen würde, so ein liebes Kleines dazu zu bringen, die Geschäfte dort zu erledigen, wo sich das gehört.

Kaum zeigen wir Interesse am Stuhlgang unserer Kinder, scheinen auch sie oft eine Vorliebe für Fäkalien zu entwickeln, seien es eigene oder Fremde, selbst Hundewürstchen werden interessant, und sei es nur, um hineinzutreten. Mütter werden es, milde gesagt, lästig finden, immer wieder die Schuhe putzen zu müssen, aber sie können sicher sein, daß auch dieses Interesse vorübergeht. Sollte die Mutter auf den Gedanken kommen, solche Freiluftvergnügungsstätten ›unausstehlich‹ zu nennen, so wird sie allenfalls das Interesse noch anstacheln. In einem solchen Falle sollte sie mit den Ermahnungen aufhören und noch einmal von vorn anfangen, und sich so leger wie möglich benehmen. Es empfiehlt sich, daran zu denken, daß jedes Kind diese Phase durchmacht.

Manche Ängste, die wir mit den Müttern diskutierten, schienen zuerst kaum Ähnlichkeit miteinander zu haben, kristallisierten sich aber dann als *Angst vor Veränderungen* heraus. In ihrer dramatischesten Form ist dies die Angst, daß das Kind sterben könnte. Das kann natürlich eine Verlagerung der eigenen Todesfurcht auf das Kind sein, aber auch echte Angst vor dem Tod des Kindes: die Angst vor dem Leben ohne das Kind. Nach längerer Diskussion mit einer Frau über Ängste, die sie als neurotisch oder unwesentlich ansah, meinte sie: »Es wundert mich, daß eine sehr reale Angst noch nicht erwähnt wurde: die Angst nämlich, daß ich nicht weiterleben könnte, wenn meinen Kindern etwas Ernsthaftes passieren würde, sei es Verstümmelung, schweres Leiden oder Tod. Ich glaube, es würde mir das Herz aus dem Leibe reißen, und ich würde auch sterben. Ich würde aufhören zu leben.«

Schon zu der Zeit, da unsere Kinder zwei oder drei Jahre alt sind, überlegen viele von uns, was sie täten, wenn die Kinder ihnen ›genommen‹ würden, auch wenn sie sich nicht immer gleich eine so krasse Situation vorstellen. Was wird zum Beispiel passieren, wenn sie in der Schule sein und uns nicht mehr so sehr brauchen werden? Da die Sorge für die Kinder unsere physischen und seelischen Energien in den ersten paar Jahren so stark in Anspruch genommen hat, stehen wir etwa nach dem Wechsel, der sich mit dem Eintritt in den Kindergarten ergibt, scheinbar plötzlich ohne Beschäftigung da; ein Gefühl, das wir gleichzeitig ersehnen und fürchten mögen. Während viele von uns sich darauf freuten, wieder Zeit für sich selbst zu haben, war uns doch auch bewußt, daß es bezahlte Jobs im Moment kaum geben wird und daß wir uns unsere Jobs schon selbst schaffen müssen. Es ist durchaus ein Zeichen für die Intelligenz der Mütter, wenn sie eine Veränderung schon lange vor ihrem Eintritt einkalkulieren, das heißt, praktisch schon zu der Zeit, da die Babys noch in den Windeln stecken. Solche ›Voraus-Angst‹ ist das erste Anzeichen dafür, daß wir uns klug und vernünftig mit dem späteren Problem auseinanderzusetzen versuchen.

Wir machen uns aber auch Sorgen über kleinere, weniger auffällige Veränderungen in der Tagesroutine. Die Angst, die Kinder irgendwohin ohne uns gehen oder etwas tun zu lassen, gehört vielleicht zu der Angst, sie für immer zu verlieren; gleichzeitig scheint es aber auch eine Angst davor zu sein, selbst nur vorübergehend das zu verlieren, was uns als wichtigster Teil unserer eigenen Persönlichkeit erscheint. Eine besonders sensible Mutter meinte dazu: »Wenn man ausgeht, fühlt man sich doch ohne den Kinderwagen vor sich irgendwie nackt; der Wagen hat einen versteckt, nicht wahr? Als ich heute abend heimkam, hielt ich den Regenmantel auf dem Arm vor mir, und plötzlich erkannte ich, daß er einen Ersatz für den Kinderwagen darstellte. Da dachte ich: ›Hätte ich jetzt den Kinderwagen, müßte ich mich nicht hinter dem Regenmantel verstecken.‹«

Wir sahen sie alle überrascht an, und dann platzte eine heraus: »Genau, ohne den Schutz meines Babys gehe ich nie in ›verrufene‹ Gegenden.« Sie hielt kurz inne und setzte dann nachdenklich fort: »Ich meine das im Ernst. Wenn ich mit dem Baby unterwegs bin, versucht niemand, sich mir zu nähern oder mir ordinäre Worte nachzurufen. Ich gehe wie eine unsichtbare Frau durch die Straßen, und das ist mir in den üblen Bezirken wichtig.« Eine andere Frau stimmte auch ein: »Ein Baby kann einen zur anonymen Mutter machen, und man sehnt sich nach dieser Anonymität.« Die Anwesenheit des Babys kann sogar noch mehr tun: »Sie signalisiert Fremden, daß man geliebt wird, sich etabliert hat, irgendwo akzeptiert wird, ein Heim hat.«

»Es ist das gleiche Gefühl wie das, wenn ich mit meinem Mann gehe«, sagte eine Mutter. »Ich sage damit den Vorübergehenden, daß ich liebe und geliebt werde. Daß ich jemandem wichtig bin. Wenn man allein ist, schätzen einen die Leute auch als allein ein. Hat man einen Gefährten oder das Baby dabei, so signalisieren die unseren Wert.«

Unsere Babys schützen uns also nicht nur vor unliebsamen persönlichen Begegnungen (ist unsere Weigerung, mit anderen Müttern über nichts als die Kinder zu reden, vielleicht eine andere Form dieses Selbstschutzes?), sie signalisieren auch unseren Wert und, wichtiger noch, erlösen uns von der Notwendigkeit, irgend etwas anderes als eine Mutter sein zu müssen. Unsere Angst, das Baby in die Welt gehen zu lassen, ist vielleicht die Angst vor der Veränderung, die uns zwingt, der Welt ohne das Kind ins Antlitz zu sehen, sich wieder als Individuum beurteilen lassen zu müssen.

Die Angst vor der Veränderung, die manche von uns schon spürten, als sie das Baby noch in den Windeln hatten, war die, daß unsere Kinder sich in ihrer Haltung uns gegenüber schließlich ändern würden, sich gegen uns wenden oder uns gar zurückweisen könnten, egal wie sehr wir uns um sie bemühten. »Kinder nehmen einem alles, was man ihnen überläßt, und auf eine sehr böse Art« sagte eine. »Ich hoffe, daß meine Beziehung mit den Kindern zivilisierter ist. Ich hoffe, daß wir uns nicht anbrüllen werden, statt zu diskutieren, und vernünftig reden können und nicht nur auf emotioneller Basis.« Eine andere meinte, sie hoffe, ihre Kinder würden einmal ihre Eltern mögen und stolz auf sie sein. Und eine weitere Frau sagte, ihre Furcht davor, von einem Kind später oder schon bald zurückgewiesen zu werden, habe ihr Bestrafungssystem untergraben, selbst bei so einfachen Dingen wie dem Mittagsschlaf. Sie werde aber jetzt mit ihren Ängsten fertig. »Wenn er krank ist, und ich finde, er würde ein Schläfchen brauchen, und er will nicht, dann kann höchstens passieren, daß er sich vor lauter Heulen übergibt. Früher dachte ich, das Schlimmste wäre, wenn er mich hassen würde, aber jetzt weiß ich, daß er eben meist nur nicht schlafen wird.«

Und als letztes noch die Bemerkung einer Mutter: »Ein Bekannter sagte einmal zu mir: ›Abhängigkeit ist immer unerträglich, darum habe ich versucht, meinen Kindern so schnell wie möglich die Mittel in die Hand zu geben, sich von uns unabhängig zu machen.‹ Ich begann nachzudenken und glaubte zu erkennen, daß Kinder, die meinen, ihre Eltern zu hassen, damit wahrscheinlich gar nichts so Entsetzliches über sie sagen. Was sie wirklich sagen wollen, ist vielmehr: ›Ich hänge noch so von meinen Eltern ab, und ich hasse meine Abhängigkeit.‹ Das Kind redet vielleicht eher von sich selbst als von den Eltern, weil es noch nicht die Kraft gefunden hat, sich von ihnen zu befreien. Es ist nicht immer die Schuld der Eltern, wenn das nicht gelingt, und das Kind sich deswegen selbst nicht mag.«

Vielleicht ist die Angst vor diesen Veränderungen, die uns von unseren Kindern trennt, aus der gleichen Furcht vor Abhängigkeit geboren: Wenn sie sich von uns befreien, werden wir dann wirklich von ihnen frei sein? Oder werden wir sie weiter brauchen, um das Gefühl zu haben, daß wir irgendwohin gehören, daß wir lieben und geliebt werden? Egal, wie tüchtig wir als Mütter sein mögen, wir werden vielleicht immer mit den bohrenden Zweifeln über Gegenwart und Zukunft zu kämpfen haben, so lange, bis wir uns ein erfülltes Leben vorstellen können, nach dem die Kinder einmal weg sein werden. Denn *die* Veränderung, der sich jede Mutter als Mutter stellen muß, ist absolut unvermeidlich: Sie *muß* sich dieser gefürchteten Leere in der Zukunft stellen, die nach dem Weggang der Kinder einmal eintreten wird.

VIII

Ein zweites Baby im Haus

Fast alle Mütter bestanden darauf, daß ihr zweites Kind ein reizendes Baby gewesen sei. Es sei leichter zu versorgen gewesen, angenehmer im Wesen, habe den Familienkreis weniger gestört, sei unabhängiger gewesen und habe sich leichter selbst beschäftigen können als das erste. Für eine Mutter war das zweite Kind das einzige Wesen, das ihren Erstgeborenen zerstreuen und ihn ihr abnehmen konnte. Eine andere erklärte, das zweite sei so lieb, so fröhlich: »Vielleicht deshalb, weil man ihm viel weniger Aufmerksamkeit widmet, und es sie, *wenn* man es tut, mehr genießt?« Eine dritte erklärte, daß sie ihren zweiten Sohn vorziehe, weil sie ihn auch einmal schreien lassen könne. Die zwei Buben waren nur eineinhalb Jahre auseinander, aber ihre Ängste waren einfach fixiert auf den ersten: »Ich laufe immer zu ihm, wenn er schreit oder weint, weil ich fürchte, daß er irgendeine entsetzliche Angst entwickelt oder einen psychischen Schaden bekommt. Der zweite ist mir psychisch nie so zart vorgekommen.« Eine andere hatte viel ungetrübtere Freude am zweiten Kind, weil sie von vornherein bei seiner Ankunft wußte, daß es sich manchmal gegen sie wenden würde. So konnte sie seine guten Augenblicke genießen, ohne daß ihr das Vergnügen daran durch böse Erinnerungen getrübt wurde: »Beim ersten Kind war jeder Kampf, den wir miteinander ausfochten, ein körperlicher Schmerz für mich. Etwas ging verloren – ein kleiner Fisch knabberte an meiner Seele.«

Einige Mütter hatten Schuldgefühle, weil sie dem zweiten Kind verhältnismäßig viel weniger Zeit widmeten und sich auch weniger bemühten, ihm Abwechslung zu bieten. »Zwei Kinder brauchen zwei Mütter«, sagte eine nachdenklich. Und es stimmt, daß zwei Kinder, die genausoviel ungeteilte Aufmerksamkeit erhalten sollen wie ein einziges, zwei Mütter oder ein vollbeschäftigtes Elternpaar brauchen würden. Wir denken da an die außergewöhnliche Familie des amerikanischen Schriftstellers Henry James sen., in der der Vater fast die ganze Zeit zu Hause war und die Erziehung seiner fünf Kinder selbst überwachte. Diese Familie brachte zwei außergewöhnliche Männer hervor – den Philosophen William und den berühmten Schriftsteller Henry. Wir dürfen aber auch nicht vergessen, daß unter den fünf James-Kindern mehrere und verschiedene Geisteskrankheiten und Nervenzusammenbrüche vorkamen. Es gibt eben bei jeder Lösung unserer

Probleme zwei Seiten zu bedenken. Ein Grund, warum zweite Kinder angenehmer wirken, mag sein, daß man ihnen die Aufmerksamkeit und den Druck erspart, den erste Kinder erdulden müssen. Es kommen bei ihnen sowohl weniger oft psychotische Verhaltensweisen und häufiger außergewöhnliche berufliche Leistungen vor als bei Erstgeborenen.

Manche Mütter berichteten, daß die Zeit, die sie für das zweite Kind aufwandten, ihnen viel rascher vergangen sei. Eine meinte jedoch, als ihr zweites Kind ein Jahr alt war: »Mein Mann und ich sind darauf gekommen, daß bezüglich eines zweiten Kindes eine allgemeine Verschwörung des Schweigens zu bestehen scheint: Niemand hat uns je gesagt oder auch nur angedeutet, daß bei zwei Kindern die Probleme sich nicht verdoppeln, sondern vervierfachen.«

Obwohl die Mütter rasch und gerne die Vorzüge ihrer zweiten Kinder herausstellten, sagten sie doch auch freimütig, daß die Probleme in den ersten zwei Jahren, während man für zwei kleine Kinder zu sorgen habe, einfach ins Monumentale anwüchsen. Eine Künstlerin erklärte das näher: »Mir ging es gut, bis das Zweite kam. In der zweiten Schwangerschaft hatte ich schon das Gefühl, daß mein Leben mir entglitt: ich wurde hoffnungslos. Mein Studium mußte ich aufgeben, weil ich es mir bei den Kosten für zwei Kinder und Babysitter nicht mehr leisten konnte. Und es war für mich das einzig Eigene gewesen, das ich hatte.« Eine andere Frau, die neben ihrem ersten Kind ein ganzes Buch hatte schreiben können, entdeckte, daß die Zeit, die sie sich immer so sorgsam abgespart hatte (»Kaum hatte die Kleine die Augen geschlossen, war ich schon an der Schreibmaschine«), sich, bei der Ankunft des zweiten einfach in nichts auflöste, weil die beiden nie gleichzeitig schliefen. Die Zeit für die eigene Arbeit, die sie sich hatte reservieren können und auf die sie auch baute, war einfach verschwunden. Und ohne diese Zeit ging nicht nur ihr Beruf drauf, sondern zerfiel auch ihr Stolz.

»Ich bin oft geradezu wahnsinnig«, meinte eine andere Mutter von zwei Kindern.« Wenn das zweite ankommt, ist es nämlich oft endgültig aus mit dem Lebensstil, den sich die Eltern beim ersten Kind noch stolz erhalten hatten. Museen kann man mit *einem* Kind auf dem Rücken besichtigen. Einladungen mitmachen, während das *eine* Kind friedlich auf dem Bett des Gastgebers schläft; es gibt Restaurants, in denen die Kellner ihre größte Freude an so einem kleinen Menschenbündel haben, sogar Reisen wären möglich, da man in Hotelzimmern gern noch ein Kinderbettchen aufstellt. All dies wird aber praktisch unmöglich, wenn zwei kleine Kinder mit verschiedenen Bedürfnissen, Essens- und Schlafgewohnheiten da sind.« Eine Schauspielerin hatte es fertig gebracht, ihr erstes Baby zwischen den Aufnahmen im Fernsehstudium zu nähren. So galt sie als prächtige Mutter und konnte doch ihre Karriere erhalten – als das zweite Kind kam, mußte sie sich vorübergehend zurückziehen. Babysitter, die bereit sind, sich um zwei Kinder zu kümmern, sind auch schwerer zu bekommen.

Das Einschneidendste aber scheint doch die völlige Zerstückelung des Tagesablaufs, zu dem die Mütter sich beim ersten Kind schließlich durchgerungen hatten und der ihnen noch eigene Zeit ließ. Der Schrei: »Ich habe nie eine Minute für mich selbst!« war immer häufiger und stärker zu hören, wenn zwei kleine Kinder zu versorgen waren. Und die Probleme gehen ins Astronomische, wenn das zweite Kind vielleicht nicht ganz gesund ist. Eine Mutter berichtete uns von ihrer Qual, als das zweite Baby fünf Monate lang nach der Geburt schrie, weil es allergisch gegen Milch war. Da es jedoch normal heranwuchs, entdeckte der Arzt die Allergie nicht. »Es fing um vier oder fünf Uhr nachmittags an. Ich hielt das kreischende Baby im Arm, und zum Schluß heulten wir beide. Bis mein Mann heimkam, heulte ich in einem Zimmer und der ältere Bub im anderen. Ich hätte auf einer Tageshilfe bestehen müssen, mein Mann hätte sie mir auch nicht verweigert; aber ich bildete mir ein, sie nicht zu verdienen und nicht zu benötigen.«

Bei solch verstärktem Streß haben die Mütter natürlich auch ein viel größeres Bedürfnis nach Alleinsein und Ruhe. ›Angenehme Stunden‹ bietet jetzt nicht mehr ein Restaurant- oder Kinobesuch oder eine Einladung zu Freunden, sondern nur *absolute Ruhe.* Einige Frauen berichteten, wie sehr sie sich auf Abende zu freuen begannen, an denen die Ehemänner nicht daheim waren. Sie sehnten sich nicht mehr nach Erwachsenengesprächen, sondern nach Stunden, in denen keinerlei Konversation irgendwelcher Art mehr notwendig war. Wie es eine ausdrückte: »Ehe ich meine Kinder bekam, fühlte ich mich der typischen Vorortshausfrau, die da still vor dem Kamin ihre Zeitung liest, so überlegen. Ihr Leben kam mir so langweilig vor und meines so aufregend. Aber seit ich das zweite Kind habe, ist dieses Bild für mich die Vision einer fernen, besseren Zukunft geworden, in der ich wieder Muße haben werde.«

Versucht die Mutter etwa Forderungen eines ›Erwachsenenlebens‹, mit dem sie sich identifiziert, zu erfüllen, dann merkt sie oft bald, daß es ihr an Kräften fehlt. Eine erinnerte sich: »Im Frühling nach der Geburt meines zweiten Kindes wurde mir eine Aufgabe gestellt, die ich einfach durchführen wollte und mußte. Ich weiß noch, wie ich bis zum Schlafengehen an der Schreibmaschine saß und jeden Abend aufs neue überlegen mußte, ob ich noch die Energie aufbringen würde, aufzustehen und die zehn Schritte zum Bett zu machen.« Die meisten Frauen begegnen dieser Situation offenbar damit, daß sie alle Aktivitäten aufgeben, die nicht direkt mit Heim und Familie zu tun haben.

Kein Wunder daher, daß einige Frauen das zweite Kind als Wunschkind ihres Mannes ansahen. Bezüglich des ersten Kindes äußerten wenige irgendwelche ernsthaften Zweifel, aber die meisten, die zwei oder mehr Kinder hatten, sagten ganz offen, daß sie sich das zweite nicht so unbedingt gewünscht hätten. Leider werden die Ehemänner hier manchmal zu Sündenböcken gemacht, aber die Zweifel über das zweite Kind scheinen durchaus gerechtfertigt zu sein.

Die meisten Frauen finden es beim zweiten Kind am schwierigsten, die bisher noch stolz beibehaltenen persönlichen Freiheiten langsam abbröckeln zu sehen. Sie halten Schreien, Schlagen, Aufstampfen, Dinge-schmeißen für einen Rückfall in den Infantilismus und sind daher zutiefst verstört und entsetzt über ihre Unfähigkeit, solches Verhalten bei sich selbst zu bremsen. Es erscheint doch bedeutsam, daß die Selbstkontrolle und Beherrschung einer Mutter dann zu zerbrechen beginnt, wenn sie der so viel größeren, fast pausenlosen und daher viel aufreibenderen Sorge für *zwei* kleine Kinder gegenübersteht.

Aber warum sind diese Anforderungen so viel größer, als man sie sich vorstellt, wo die Mutter doch schon beim ersten Kind gelernt hat, mit Babys fertig zu werden? Eine Antwort steht außer Frage: Wir lernen zwar mit *bestimmten* Kindern umzugehen, aber nicht mit *allen.* Sind die Kinder sehr ähnlich, kann man die gleichen Methoden anwenden. Sind sie aber verschieden, was ja weit häufiger der Fall ist, muß die Mutter umlernen, und dies zu einer Zeit, wo ihre eigenen Lernprozesse nicht mehr besonders interessant für sie selbst oder andere sind. Die Aufmerksamkeit hat sich vielmehr den neuen Problemen beim erstgeborenen Kindes zugewandt. Dazu eine Mutter: »Das Schlimmste am zweiten Kind ist das, was es meinem ersten Kind antat, und meiner Ansicht über dieses Kind – also der Ansicht über Kindererziehung.« Und dies scheint wirklich das Haupt-Problem zu sein.

Alle Mütter von zwei oder mehr Kindern stimmten darin überein, daß jedes Erstgeborene früher oder später durch das Erscheinen eines neuen Babys negativ beeinflußt wird. Es ist wichtig für Mütter, sich dieser unvermeidlichen Tatsache zu stellen. Zweitens ist festzustellen, daß Erstgeborene auf sehr verschiedene Art reagieren: ein Junge spielte verrückt, als man ihm seine neue Schwester zeigte. Andere hörten zu reden auf, zogen sich in sich selbst zurück und wurden passiv und still (eine Reaktion, die die Mütter natürlich den anderen vorzogen). Manche Kinder ignorierten das Baby, bis es ›richtig lieb‹ wurde, also etwa im Alter von vier Monaten; manche Erstgeborenen hielten an sich, bis das Baby zu krabbeln und an ihre Spiele und Spielsachen zu gehen begann. Andere wurden zu Bettnässern,

Daumenlutschern oder verlangten wieder das Fläschchen – durchaus normale Reaktionen. Ein Kind zeigte seine Verstörtheit erst mehrere Jahre später durch Vandalismus im Schulzimmer. Ein anderes Kind war stets ganz normal und fröhlich, solange das Baby schlief, »wurde aber wie verrückt und ging keine Sekunde vom Baby weg«, sobald es aufwachte. Jedenfalls reagierten alle Kinder irgendwann, wie es ja auch natürlich scheint, sofern sie ein bißchen Intelligenz, Sensibilität und Erkenntnisfähigkeit haben. Eine Mutter kam zu dem Schluß: »Es wäre eine Beleidigung, anzunehmen, daß ein neues Geschwisterchen das erste Kind in keiner Weise beeindruckt. Dann wäre das Kind ja kein ›Mensch‹.«

Die Frage ist also nicht, warum normale, fröhliche Kinder auf neue Geschwister negativ reagieren. Sie tun es gerade, weil sie normal und gescheit genug sind, zu erkennen, daß das Baby ihre Privilegien beschneidet und die Hingabe und Aufmerksamkeit ihrer Eltern teilweise von ihnen abziehen wird, was ja völlig realistisch ist. Die Frage ist vielmehr, warum dieses Phänomen die Eltern oft so sehr überrascht und erregt.

Die Eltern erzählten immer wieder voll Erstaunen und Entsetzen die altbekannten, völlig normalen ›schrecklichen‹ Anekdoten. Eine Mutter berichtete von einem Zweijährigen, das versuchte, das Baby mit einem Bettpolster zu ersticken. Eine andere erwischte den Vierjährigen, wie er Baby samt Wagen eine lange Treppe hinunterstoßen wollte. Auf das Gebrüll ihres Babys rannte eine Mutter zum Bettchen, und der Dreijährige erklärte kühl, ein Unhold hätte den kleinen Bruder gebissen. Wieder eine andere fand die zweijährige Tochter mit einer Schere über dem Babybettchen, das Kleine hatte schon einen Schnitt auf der Brust; ein Vierjähriger erklärte auf die Frage der Mutter, warum das Baby weine: »Vielleicht hat ein kleines Vögelchen ihm den Daumen verbogen.« Die Variationen von Torturen, die Erstgeborene sich ausdenken können, sind unerschöpflich. Mütter berichteten, daß es sogar noch nach der ›Mordversuchs-Periode‹ nicht möglich war, das ältere Kind mit dem Baby allein zu lassen. Eines war mit Butter beschmiert, das nächste mit Lippenstift, ein drittes wurde grob über das Bett hin und hergezogen: »Er ist mein Wagen, ich muß ihn ziehen.«

Eine Mutter mußte sich zu ihrem Entsetzen in der Öffentlichkeit immer wieder von ihrem größeren Mädchen laut schreiend beschuldigen lassen: »Du bist eine böse Mami! Ich werde dich verhauen!« Wollte das Kind die Mutter und sich selbst bestrafen, indem es eine Situation schuf, die sie beide erniedrigte, da keiner von beide ›gewinnen‹ konnte? Oder ›flüchtete‹ das Kind deshalb in die Öffentlichkeit, weil dadurch das Ausmaß und die Konsequenzen des mütterlichen Zornes automatisch gebremst wurden?

Abgesehen vom Entsetzen über den Zorn ihrer Erstgeborenen empfanden manche Mütter auch die Frage, wie die älteren Kinder sich zum Baby ›stellten‹, als ungehörig. Eine Mutter meinte wütend: »Genauso gut könnte man eine Jungfrau fragen, wie es ihr in der Hochzeitsnacht ergangen ist. Sowas tut man doch nicht in unseren Kreisen.« Woher nur diese Ressentiments? Eine Mutter meinte, die Frage bedeute doch, daß ihr geliebtes erstes Kind, auf das sich all ihre Erziehungskünste konzentrierten, auch nicht besser sei als irgendein Durchschnittskind. Andere empfanden sogar eine subtile Anschuldigung in dieser Frage: »Haben sie das Kind gut vorbereitet oder wieder einmal alles vermasselt?« Wieder eine andere erklärte, daß man von der Mutter in der Öffentlichkeit eine Stellungnahme fordere, zu der sie weder öffentlich noch privat schon bereit sei.

Vielleicht hilft es, sich einmal konkret vorzustellen, was in der Welt des ersten Kindes geschieht, wenn ein neues Baby kommt. Vor allem werden seine Bedürfnisse, Wünsche und auch akuten Nöte im Haus nicht mehr wie bisher allen anderen vorangestellt. Wenn Nummer eins zum Beispiel sehr hungrig ist, muß sie manchmal warten, bis Nummer zwei gefüttert ist. Sie beobachtet, wie ihre Gespräche mit den Eltern oft durch das unhöfliche, selbstsüchtige Kleinkind unterbrochen werden oder wie oft sie ihre Vergnügungen wegen des Kindes aufschieben muß. Insgesamt hat sie also genauso viel Grund wie ihre Eltern, darüber zu klagen, daß Babys das Normalleben stören, ohne allerdings die reifere Perspektive der Eltern zu besitzen oder die Wahl ›Baby oder nicht‹ gehabt zu haben. Das erste Kind hat jedes Recht, die Dinge übel aufzunehmen.

Warum aber sind die negativen Gefühle des älteren Kindes so schwierig für die Mutter? Eine Mutter erklärte geradeheraus: »Ehe ich mein zweites Kind bekam, dachte ich immer, es läge an der Mutter, die das erste Kind nicht richtig vorbereitet hat. Es war mir nicht klar, daß Vorbereitung dem Kind zwar helfen kann, mit dem Problem fertig zu werden, das Problem selbst aber nicht aus der Welt schafft.« Eine zweite sagte: »Ich glaube, ich war deswegen so böse auf meinen Jungen, weil ich meine eigenen Ressentiments gegen *meinen* Bruder noch nicht abgearbeitet hatte. Als Tomy negativ auf das Baby reagierte, war mein einziger Gedanke: ›Wie *kann* er mir dies antun?‹ Ich wollte mir nicht einmal darüber klar werden, *was* er tat.«

Ein Teil der Krise wird also dadurch verursacht, daß die Mutter ihre eigenen Aversionen gegen Geschwister, die sie ihrer Meinung nach problemlos akzeptiert hatte, noch nicht verarbeitet hat. Ihre lang verschütteten Ressentiments werden im eigenen Kind dramatisch gespiegelt, und dieser Anblick erweckt Ängste. »Ich habe es nicht besser gemacht als meine Mutter mit mir – negative Verhaltensmuster wiederholen sich bei mir, obwohl ich mich so anstrengte, dagegen zu arbeiten.« Außerdem gestattet sich das

Kind Feindseligkeiten, die die Mutter sich einfach nicht erlaubt – sei es gegen ihre eigenen Geschwister oder das neue Baby, und das kann natürlich unerträglich werden. Ist es da verwunderlich, daß Mütter sich oft nicht beherrschen können oder das ältere Kind zur Zielscheibe der Ressentiments machen, die eigentlich das Baby verursacht hat?

Die ungelösten Gefühle der Mütter sind wohl am ehesten die Erklärung für die merkwürdige Tatsache, daß Frauen sich am meisten über Rivalitätsäußerungen ihrer Erstgeborenen aufregen. Wenn das zweite Kind dieselben Ressentiments gegen das erste oder das dritte zeigt, sind die Mütter eher bereit, dies abzuschütteln oder sich sogar darüber zu amüsieren. Das jüngere Kind bedroht natürlich das ältere nie so sehr, wie es selbst einmal bedroht wurde, also ist weniger körperliche Gefahr gegeben, wenn die Eifersucht sich nach oben statt nach unten richtet; aber die zweiten Kinder sind genauso eifersüchtig auf die neuen Babys wie es ihre älteren Geschwister vorher auf sie waren und trotzdem machen sich die Mütter viel weniger Sorgen darüber.

Was die Sache oft schlimmer macht, ist – wie es eine Mutter ausdrückte –, »daß die ganze Welt mit dem drohenden Zeigefinger auf einen deutet. Sein Lehrer sagt: ›Er hat etwas gegen das Baby‹, und ich, die ich das Baby produziert habe, fühle mich verantwortlich dafür, daß der Ältere in der Klasse stört. Und auch mein Kind zeigt mit dem Finger auf mich, weil es weiß, daß ich es irgendwie verraten habe.« Die Schuld daran, einen Rivalen ins Haus gebracht zu haben, scheint Hauptfaktor der mütterlichen Ängste in dieser Zeit zu sein. Wir wissen natürlich genau, daß wir als Kinder auch die Elternliebe gern für uns allein gehabt hätten. Und wir merken, daß dies eine recht normale Phantasievorstellung sein muß, da in vielen Büchern nur ein Kind mit seinen Eltern aufscheint. Wie ein Dreijähriger einmal sagte: »Wenn ich doch nur ein Haus mit Papi und Mami allein hätte – ohne Bruder!« Die Probleme, die sich aus den ersten antisozialen Reaktionen eines Kindes gegen das Baby ergeben, faßte eine Mutter von vier Kindern folgendermaßen zusammen: »Jede glaubt, daß ihr erstes Kind in allem überragend sein wird. Dann tut das Kind etwas völlig Unmögliches, für das man es wirklich nicht lieben kann, und deshalb kommt man sich selbst wie ein Unmensch vor!« Ein Teil unserer Nicht-Bereitschaft, die Abwehr des Erstgeborenen gegen das Baby anzuerkennen, mag aus der Angst kommen, uns der eigenen Abwehr gegen den Ältesten stellen zu müssen, wenn wir uns zu erkennen gestatten, was er empfindet.

Eine verzweifelte Mutter von zwei Kindern beschwerte sich über Dr. Spock: »Er führt alle Symptome an, die beim feindseligen Kind auftreten können, und damit ist Schluß. Keine Vorschläge, was man dagegen tun könnte. Auf diese Weise ist die Kenntnis der Symptome schlimmer als nichts davon zu wissen.« Da wir diese Kritik richtig fanden, fragten wir alle Mütter von mehreren Kindern nach ihren Vorschlägen und geben hier einige weiter.

Vorgewarnt sein heißt gewappnet sein, und so ist der erste konstruktive Schritt zur Bewältigung dieses Problems die Überzeugung, daß Ressentiments gegen das Baby auftreten werden. Wir müssen bereit sein, die diversen Anzeichen zu erkennen, die sich bei unseren Kindern je nach ihrer Eigenart zeigen werden. Der zweite Schritt besteht darin, sich einzugestehen, daß solche Symptome nicht nur normal, sondern sogar notwendig sind. Ein Kind kann nur lernen, daß es nicht der Mittelpunkt alles Lebens ist, wenn es aus diesem Zentrum entfernt wird. Kein Kind versteht Geben und Nehmen, bis es selber geben und nehmen muß. Und niemand lernt das Teilen mit anderen, ehe er die Notwendigkeit des Teilens verspürt hat oder der Tatsache gegenübersteht, daß manchmal die Bedürfnisse eines anderen automatisch die eigenen beiseite rücken.

Eine Mutter meinte auch: »Die alte Volksweisheit, daß zwei Kinder besser seien als eines, ist teilweise wohl eine nicht wortwörtlich ausgesprochene Anerkennung der Tatsache, daß der gewaltige Zorn, den das erste Kind gegen das neue Baby empfindet, zu seiner Lebenserziehung notwendig ist. Neulich kam ein fünfunddreißigjähriger Junggeselle, ein Einzelkind, bei uns vorbei und erwähnte, daß er gerade in einer Kunstausstellung gewesen sei, wo ihn das merkwürdige Gefühl überkam, sein eigener Vater zu sein, durch die Augen seines Vaters zu sehen und dessen Anschauungen zu haben. Da dachte ich, daß unser Sohn dies nie empfinden wird, weil er wegen des Babys viel zu böse mit uns ist, um sich je so stark mit uns zu identifizieren. Also gibt es auch Kompensationen für seinen Zorn, dachte ich, und für alles, was wir jetzt mit ihm Schlimmes erleben. Mit drei Jahren hat er sich schon besser von seinen Eltern getrennt als unser erwachsener Freund.«

Ein weiterer Schritt ist es, zu verstehen, daß die primitiven Reaktionen unserer Kinder nicht etwa Anzeichen angeborener Kriminalität sind. Das Kind muß zwar seine Zornempfindungen ausdrücken können, aber die feindseligen Impulse können gelenkt und kontrolliert werden. Die beste und einleuchtendste Art ist wohl die, mit dem Kind vor der Ankunft des neuen Babys darüber zu reden. Die Mutter eines sechzehn Monate alten Sohnes, der ›verrückt spielte‹, als man ihm die Schwester vorführte, bedauerte, ihm nie von dem neuen Sprößling erzählt zu haben. »Ich dachte, er könnte es ohnehin noch nicht verstehen und außerdem ginge es ihn ja nichts an.« Im Nachhinein meinte sie, daß ein Gespräch schon hätte helfen können: »Wenigstens hätte es mir symbolisch geholfen, ihn in die Familie einzuschließen.« Ein zweieinhalbjähriges Mädchen konnte in den letzten Schwangerschaftsmonaten seiner Mutter nicht mehr schlafen und wurde zum Psychiater gebracht. Den Eltern mußte man erst klar machen, daß ein Zweijähriges absolut imstande ist, zu fühlen, daß etwas Dramatisches passieren wird, und dann Angst empfindet, weil man ihm nichts gesagt hat. Als man diesem Mädchen erklärte, was zu erwarten war, verschwand die Schlaflosigkeit nach und nach. Andere fanden heraus, daß sie durch Vorlesen einschlägiger Kinderbücher dem ersten Kind dazu verhelfen konnten, den Familienzuwachs leichter zu ertragen.

Eingedenk solcher Ratschläge bereitete eine Mutter ihre Vierjährige sorgsam auf das neue Baby vor. Als die Kleine erfuhr, daß ein Baby erwartet wurde, sagte sie begeistert: »Du und Papi, ihr braucht nicht aufzustehen für das Baby, ich füttere es schon, wenn es schreit.« Die Mutter mußte innerlich schmunzeln, wollte aber diese schöne Vorstellung nicht gleich zu Beginn der Schwangerschaft zerstören, da ihr das grausam und entmutigend vorkam; sie ließ die Tochter wochenlang planen und ausdenken, was sie alles tun würde, sobald das Baby geboren war. Erst nach und nach ließ sie einige realistische Hinweise ›fallen‹. »Ein Baby ist keine Puppe, die du jederzeit hernehmen und anziehen kannst«, sagte sie zum Beispiel und merkte nach und nach an den Kommentaren der Kleinen, daß deren Vorstellung sich änderte. Zum Beispiel sagte sie: »Du bist *meine* Mami und von keinem anderen Kind. Aber bald bist du die Mami auch von jemandem anderen. Du bist dann die Mami vom Baby.« So ließ sie erkennen, daß sie sich über die Nachteile ›geteilter Eltern‹ bewußt war und sich auf das vorzubereiten versuchte, was ihr bevorstand. Gegen Ende der Schwangerschaft versuchte die Mutter über die guten und schlechten Seiten eines jüngeren Geschwisterchens zu sprechen. Allzu früh fing sie nicht damit an, da sie die Kleine nicht aufregen und ihr nicht Gelegenheit geben wollte, unnötige Ängste aufzubauen.

Kaum ist der neue Ankömmling da, so zeigt sich meist das vorausgesehene Ressentiment, egal ob das Kind vorbereitet war oder nicht. »Mein Mann hat das Kind dreizehn Monate lang vorbereitet, und es hat sich trotzdem an der Situation nichts geändert«, klagte eine Mutter. Andere fanden, daß es half, den Kindern Trommeln oder Punching-bags zu geben, Nägel zum Daraufschlagen oder Puppen, die man verhauen kann. Andere gaben dem älteren Kind Farben, Buntstifte und dergleichen in die Hand – damit es etwas schaffen konnte, das die Mutter dann lobte und dadurch das geschlagene Ego wieder aufrichtete. Andere Frauen – sogar solche mit Buben – entdeckten, daß es half, dem älteren Kind einen Spielzeugkinderwagen zu geben, den sie neben Mamis Babywagen schieben durften. Die

Spannung wurde dadurch stark reduziert, und zwar vor allem in der Öffentlichkeit. Andere wieder empfahlen, dem älteren Kind eine eigene Babypuppe zu geben, denn so eine Puppe, die weint und Windeln naß macht und die Flasche nimmt, kann durch gleichzeitige Ankunft mit dem echten Baby dessen Erscheinen zu einer fröhlichen Angelegenheit anstatt zu einem Trauerspiel machen. Andere Mütter lassen das ältere Kind einfach mit für das Neugeborene sorgen. Zum Beispiel seine Füße waschen oder die nassen Windeln in den Kübel werfen. Eine Mutter erlaubte ihrem gerade erst sauber gewordenen Ältesten, dem Baby nach Entfernen der schmutzigen Windeln den Popo zu waschen. »Ihm macht es Spaß und mir nicht«, erklärte sie, »also waren wir alle *beide* glücklich.«

Es muß aber gesagt werden, daß diese Programme sich keineswegs bei jedem Kind bewähren und bei bestimmten Kindern nicht ein einziges. In einem solchen Fall ist die beste vorübergehende Lösung, das Kind so viel wie möglich aus dem Haus zu schaffen. Eine Mutter sah ganz absichtlich auf die andere Seite, wenn ihr Ältester sich im Park leicht daneben benahm, weil sie das Gefühl hatte, das Kind sei zu Hause von solchen Einengungen umgeben, daß es ein bißchen Ungezogensein brauchte. Andere erwähnten, wie hilfreich zu diesem Zeitpunkt Spielgruppen seien. Wenigstens einen Teil des Tages sei das Kind unter der Leitung einer anderen Mutter, und es werde ihm der Anblick seiner eigenen erspart, die jetzt ihre Zeit zwischen ihm und einem Eindringling teilen müsse. Mehrere Frauen berichteten, wie bereitwillig Kindergärtnerinnen versuchten, die Kinder zu verstehen und ihnen zu helfen, wenn deren Mütter offen über den tatsächlichen oder scheinbaren Grund schlechten Verhaltens geredet hatten. Wo es keine Möglichkeit gab, das Kind aus dem Haus und vom Umfeld größerer Spannungen wegzukriegen, schlug eine Mutter vor, innerhalb festgelegter Grenzen im Hause ›tätliches Aufbegehren‹ zu erlauben; das heißt, solche Szenen sind im Schlafzimmer, Keller oder Hof erlaubt, nicht aber im Wohnzimer und in der Küche. Wenn doch eine Szene am falschen Platz abgezogen wird, sollte die Mutter den schreienden Sprößling auf den richtigen Platz tragen und ihn dort seinen Auftritt nach Belieben weiterspielen lassen.

Die Mütter spürten vielfach, daß der Zorn der Kinder sich oft gegen sie richtete, während die Urbindung auf den Vater übertragen wurde. Diese Umpolung emotionaler Bedürfnisse scheint allen sehr zu helfen – auch dem Papa, der sich zu diesem Zeitpunkt vielleicht auch ziemlich abgeschoben fühlt. Ob so eine Umpolung erfolgt war oder nicht, alle Mütter stimmen überein, daß ein Vater in den ersten sechs Monaten bei zwei Kindern keine Wahl hat: er *muß* jeden Abend püntklich zur angesagten Zeit zu Hause sein. Wenn er, was durchaus verständlich ist, Zeit zum Abspannen braucht, kann man ihm noch eine halbe Stunde gönnen, ehe er das Haus betritt, oder er kann sich im Haus in ein Zimmer einschließen. Schlägt aber dann die vorbestimmte Stunde, muß er bereit sein, der Mutter das Baby abzunehmen. Tut er es nicht, wird sie zusammenbrechen; und es genügt eine Verzögerung von zwanzig Minuten, um sie zum Umkippen zu bringen – unter Umständen genügen auch fünf. Manchmal kommt es zu Schreckensszenen für die ganze Familie, nur weil die Mutter fünf Minuten lang zu viele dringende Bedürfnisse erfüllen mußte.

Natürlich erklärten fast alle Mütter, daß das erstgeborene Kind die Mutter immer einige Zeit allein haben sollte, in der es nicht um deren Aufmerksamkeit bangen muß. Natürlich ist *etwas* Zeit niemals genug für ein Kind, das die Mutter die *ganze* Zeit haben will, aber man lernt rasch, die Vorteile des Älterseins herausstreichen: »Das Kleine kann doch nicht mit uns gehen, diese Fahrt ist nur für große Leute«, oder »das Baby muß jetzt schlafen, aber du nicht, weil du schon größer bist. Du kannst spielen oder fernsehen.« Solche Methoden erweisen sich manchmal aber auch als Eigentor. Ein Zweijähriger antwortete: »Nein, ich bin gar nicht der große Junge, er ist der Große, *ich* will das Baby sein!«

Sicher glauben wir alle theoretisch, daß man gekränkten Kindern helfen sollte, über ihre Gefühle zu sprechen und mit ihnen Lösungen für ihre Probleme zu finden. Aber was uns vielleicht am meisten helfen kann, ist die Erkenntnis, daß unsere Kleinen unter Umständen ohnehin nie lernen werden, einander uneingeschränkt zu lieben. Wie viele unserer Freunde fühlen sich denn einem Bruder oder einer Schwester wirklich nahe? Unsere Kinder lernen einander vielleicht erst schätzen, wenn sie selbst Eltern geworden sind und sie, anstatt um elterliche Aufmerksamkeit zu eifern, selbst mit den Forderungen an *ihre* Aufmerksamkeit zu kämpfen haben werden. Es wurde häufig erwähnt, daß Mütter erst dann erkannten, was für phantastische Schwestern sie hatten, nachdem sie ihre eigenen Kinder bekommen hatten.

Leider gibt es jedoch Fälle, in denen keinerlei Methode hilft, rasch oder überhaupt zu einem friedlichen Leben mit zwei oder mehreren Kindern zu kommen. Es gibt Zeiten für junge Mütter, in denen sie wirklich am Ende ihrer Kräfte und Möglichkeiten sind, und gerade dann fängt wieder ein Kind zu heulen an. Das scheint um so häufiger zu passieren, wenn keines der Kinder noch zur Schule geht. Ist so ein Augenblick gekommen, so sollten wir uns der Mittel bedienen, die wir sonst *bei den Kindern* anzuwenden versuchen. Zum Beispiel half es den meisten Müttern, nach Möglichkeit einfach das Haus zu verlassen oder irgend etwas zu finden, auf das sie ihre feindseligen Gefühle richten konnten. Aus dem Grunde lobte eine Vorortmutter das Unkraut sehr. »Sie haben keine Ahnung, wie heilsam es ist, als Freizeit-

Gärtner Dinge aus der Erde zu rupfen«, sagte sie. Eine andere Frau trat einer politischen Partei bei und verbrachte Stunden um Stunden am Telefon mit der Propaganda für ihre Kandidaten. Nicht weil sie solch unbegrenztes Vertrauen in diese Menschen gehabt hätte – aber gegen eine klar umrissene Opposition angehen zu können, half ihr sehr. Ist man unpolitisch eingestellt, so bleiben noch Kindergruppe oder kirchliche Betätigung.

Es gibt aber auch Zeiten, wo es in uns klickt, und wir *nicht* weggehen können und unseren Haß auf nichts anderes richten können. Wir wissen, daß eine Gewalttat oder Szene oder gar beides unmittelbar bevorstehen. In diesem Augenblick sollten wir uns dieselben Mittel gestatten, die wir unseren lästigen Kindern gewähren. Eine Mutter nahm ihre schwierige Tochter in den Keller mit, wo sie gemeinsam eine alte Matratze malträtierten. Sie trampelten, stießen sie, schlugen sie und sprangen darauf herum, bis sie ihre Wut abreagiert hatten. Eine andere kniete sich nieder und veranstaltete mit dem Kind einen Faustkampf; sie taten einander zwar weh, das Ganze endete aber in Gelächter. Wieder eine andere marschierte ins Badezimmer, verschloß energisch die Tür hinter sich und ließ dann einen einzigen, langen, lauten, schrillen, herzerfrischenden Schrei los. Der Schockeffekt habe die Luft gereinigt, sagte sie. Wenn es ganz schlimm kommt, kann eine Mutter genauso den Punching-Sack benützen wie Kinder. Sind wir weniger Menschen als sie, haben wir weniger Recht darauf, unsere alles überwältigenden Spannungen zu überwinden?

Da bei mehr als einem kleinen Kind solche Spannungen so leicht entstehen können, fragten wir die Mütter von zwei und mehr Kindern, warum sie das zweite zur Welt gebracht hätten (und gar noch das dritte und vierte). Eine sagte: »Als mein jüngstes Kind in den Kindergarten kam, fragten mich meine Freunde, was ich denn jetzt tun würde. Es klang, als müsse ich mir eine Arbeit suchen oder irgendwas weiterlernen. Zum Lernen hatte ich aber keine Lust, ich habe auch keine guten Schulen besucht und bekomme keine interessante Arbeit. Also habe ich mir noch ein Baby zugelegt, und ich wünschte, wir könnten uns noch eines leisten. Ich bin so *gerne* Mutter. Da fühle ich mich ganz kreativ und dynamisch.« Einige Mütter wollten ein weiteres Kind, weil sie einen Buben zum Mädchen (den Mädchen) oder umgekehrt wünschten. Für eine Mutter war es »reine Neugier. Man denkt, was sonst könnte man denn ›herstellen‹? Es ist einem doch nichts so sehr zu eigen wie eigene Kinder.« In ihrer dritten Schwangerschaft erklärte eine Mutter: »Ich finde, Leben zu schaffen, ist ein Wunderwerk – etwas Wunderschönes, das zwei Menschen miteinander vollbringen können.« Eine vierte erklärte, sie habe sich schuldig gefühlt, ihrem Erstgeborenen keinen ständigen Spielgefährten gegeben zu haben. Der gesellschaftliche Druck, zwei Kinder in die Welt zu setzen, sei genauso groß wie zu einem, und die Erlösung von dem Schuldgefühl die Mühe wert, sich mit zweien abzuplagen. Eine andere Mutter, die zwei Jahre lang erfolglos versucht hatte, ein zweites Kind zu bekommen, sagte, ihre vierjährige Tochter habe um einen Bruder gebeten. Es tat weh, ihr zu erklären, daß sie und Papa keinen beschaffen könnten und auch kein Baby zur Adoption frei sei. Da sagte die Tochter fröhlich: »Ach, Mami, mach dir nichts draus, ich zücht' uns einen Bruder!« Offensichtlich versuchte das Kind unter anderem ihr über das Schuldgefühl der Unfruchtbarkeit hinwegzuhelfen, das der Kleinen wohl intuitiv bewußt war. Eine Mutter von zwei Kindern erklärte, die Funktion des zweiten sei es gewesen, sie vom ersten abzunabeln. »Ich hatte das Gefühl, daß nur eine so drastische Tat das bewerkstelligen konnte, denn meine Tochter war abnormal abhängig von mir.« Ohne das Baby als Waffe meinte sie, die Bindung zur Erstgeborenen nie zerbrechen zu können, ohne sich schrecklich gemein vorzukommen. Ein Vater wies darauf hin, daß das zweite Kind nicht nur das erste von der Abhängigkeit von seinen Eltern erlöst, sondern auch die Eltern von ihrer geradezu besessenen Aufmerksamkeit gegenüber dem Einzelkind. »Zwei waren eigentlich zu viel für uns«, fuhr er fort. »Aber noch das wirkte sich positiv aus, denn wir hörten auf, jede körperliche Geste und jedes psychische Verhaltensmuster in irgendwelche Bahnen lenken zu wollen, sobald wir mit den beiden alle Hände voll zu tun hatten.« Eine Mutter, die ihre Kinder im Abstand von einem Jahr geplant hatte, erklärte: »Sie befreien mich von der Pflicht, eine Ganztagsmutter zu sein. Sie unterhalten sich gegenseitig.« Und dann setzte sie noch hinzu: »Ich liebe sie als Einheit, gemeinsam. Die größte Freude für mich als Mutter ist, sie lieb miteinander spielen zu sehen. Ich wollte, daß meine Kinder diese Gemeinsamkeit hätten, wie ich sie mit meinen Brüdern kennenlernte. Es ist der kostbarste Teil der Kindheit.«

Welche Gründe auch immer vorlagen, alle Mutter, mit denen wir sprachen, kämpften tapfer, ja geradezu heldenhaft, darum, mit ihrem Leben mit den kleinen Kindern fertig zu werden – allen Mißlichkeiten zum Trotz, die gegen Frieden, Ruhe und ein unbeschwertes Leben stehen. Eine Mutter gab ein gutes Beispiel dafür, was unter besten Umständen solchen Frauen passieren kann. Das zweite Kind wurde an dem Tag geboren, als das erste die Masern bekam und sich von einem besonders liebenswerten Jungen – sogar die Großmutter mußte das zugeben – in ein verunsichertes Kind verwandelte, das zu hysterischen Verhaltensweisen neigte. »Dazu war das Baby ein schwieriges Kind und schrie auf die unglaublichste Art, die man sich nur vorstellen kann. Es war ein schriller, insistenter und fordernder Schrei, als wolle es sagen: ›Mich werdet ihr nicht ignorieren!‹« Alles war also insgesamt schwierig, bis der Wendepunkt kam: »Letzten Sommer habe ich viel Zeit mit den Kindern verbracht, während mein Mann außerhalb zu tun hatte. Obwohl mir bis heute nicht klar ist, ob mir das Geldverdienen eigentlich wichtig ist oder nicht, fühlte ich mich nicht so glücklich mit den Kindern, weil ich keine Arbeit daneben hatte. Jedenfalls war ich eines Tages bei der Hausarbeit sehr unglücklich; es war etwa zehn Uhr vormittags und ich fühlte mich elend. Und da dachte ich plötzlich – es war aber mehr eine emotionale Erkenntnis –, das Leben ist doch einfach nicht lebenswert auf diese Weise, wenn ich dabei so unglücklich bin. Weder meine Forschungsarbeit noch der Unterricht ist die Anstrengung wert, wenn ich mit meinem übrigen Leben nicht glücklich sein kann. Unser Leben ist doch alles, was wir haben, und es ist wichtig, es zu akzeptieren und mit dem, was wir haben, glücklich zu sein. Irgendwie hatte ich das Gefühl, zu diesem ›akzeptieren‹ durchgedrungen zu sein. Und seitdem komme ich besser mit den Kindern zurecht. Teilweise aus selbstsüchtigen Überlegungen, indem ich nämlich anerkenne, was sie für mich bedeuten und daß sie für mein *ganzes* Leben wichtig sind. Aber für mich ist es eben, als wäre ich von Carlyles immerwährendem ›Nein‹ endlich zum immerwährenden ›Ja‹ gekommen.« Wir applaudieren.

IX

Der Mutterberuf

Zahllose Spezialisten haben sich in Wagenladungen von Büchern und Zeitungsartikeln über die Entwicklung des Kindes ausgelassen. Keine Phase ist unerprobt, unstudiert und unanalysiert geblieben, es ist wohl eines der am meisten behandelten Themen der Erde.

Wie merkwürdig und beunruhigend muß es daneben erscheinen, daß das ebenso wichtige Thema der mütterlichen Entwicklung so ignoriert wurde. Wir kommen uns erwachsen und reif vor, während Mutterschaft uns die beste Gelegenheit gäbe, innerlich weiterzuwachsen. Untersuchen wir etwa unsere diversen Reaktionen auf das Baby, so entdecken wir, daß jede seiner Entwicklungsphasen zu neuen Stadien der Selbstentdeckung der Mutter führt. Als Individuen reagieren wir sehr unterschiedlich auf die Phasen eines Kindes, und es ist keineswegs ein einfaches Thema, das man etwa damit abtun kann, daß man sagt, Anziehung läge, ebenso wie Schönheit, im Auge des Betrachters.

Eine Mutter von drei Kindern strahlte ihr zwei Monate altes Baby an, dessen Geschrei die Gäste zu einem Drink getrieben hatte, und meinte: »Ist es nicht schade, daß sie so schnell heranwachsen? Man möchte sie noch viel länger knuddeln.« Das ›Knuddeln‹ kann für die Mutter genauso herrlich sein wie für das Baby, und wird dieses Kind zwei Jahre, so ist es vielleicht für dieselbe Mutter entsetzlich anstrengend, daß das Kind ebenso oft beschmust und geküßt werden will, wie es weglaufen möchte. Andere Frauen finden die Beziehung zu dem ›Häufchen Baby‹ anstrengender, und das zweijährige Stadium ihnen ist voller Aufregungen – »Jetzt, wo sie reden kann, macht es viel mehr Spaß und es ist richtig interessant mit ihr.« Solche Antworten sagen etwas über uns als Individuen aus. Manchen Frauen fließen die mütterlichen Säfte am stärksten, wenn sie schmusen können, anderen beim Reden, den dritten, wenn sie unabhängiges Spiel aus der Entfernung beobachten. Und keine liebt alle Stadien gleich intensiv.

Wie wir uns zu unseren Kindern stellen, wie wir auf sie reagieren, zeigt viele Wesenszüge in uns, von denen wir vorher gar nichts gewußt hatten. Und oft verändert sich die Mutter mit dem Baby. Manche unserer Entdeckungen sind zu sehr auf Einzelfälle beschränkt, um sie hier darzulegen; andere wieder scheinen für viele Frauen generell zuzutreffen, und solche generellen ›Selbst-Entdeckungen‹ sind Gegenstand dieses Kapitels. Sie sind so wichtig, daß wir sie in eine neue Selbsterkenntnis einbauen müssen, auch wenn dies manchmal ›Wachtumsschmerzen‹ mit sich bringt.

Als wir unsere Schatztruhen öffneten und die darin sorgsam verwahrten Supermutter-Verkleidungen herausholten, merkten wir, daß sie uns gar nicht paßten. Das Lieblingsmodell war natürlich die Frau, deren ›Schöner-Wohnen-Haus‹ nur so schnurrt, in dem alle Maschinen funktionieren und alles an seinem Platz steht. Die Kinder sind in der Schule und auch außerhalb aktiv, und die Mutter unterstützt sie noch bei den außerschulischen Betätigungen, hilft sie ermöglichen und teilt sie vielleicht sogar. Die Kragen des Mannes sind weiß, sein Magen ist in Ordnung, und sie hat jede Menge Zeit für die Kinder, das Heim und Arbeit in der Gemeinde. Sie ist fröhlich, energisch, liebevoll, allwissend und gut angezogen.

Eine Frau erklärte, eine solche Mutter zu kennen – leider sogar ihre Schwägerin. »Eine perfekte Mutter, wirklich wahr! Sie bemüht sich so sehr, besucht Kurse, malt, freut sich an ihren vier Söhnen. Hat sogar an einem Trainingskurs für Eltern teilgenommen, um eine noch bessere Mutter zu werden. Ihre Ganztagshilfe hat sie gefeuert, weil sie deren Einstellung nicht mochte und der Meinung war, nur die Mutter dürfe so viel Zeit bei den Kindern verbringen. Sie haben ein riesiges, schönes Haus, das sie selbst eingerichtet hat, aber jetzt wollen sie von dort wegziehen, weil ihr die Schulen in der Gegend nicht gut genug sind.« Unsere Gesprächspartnerin bewunderte diese Mutter über alles; sich selbst sah sie jedoch keineswegs so, sondern ihr Ich stellte immer wieder die Frage: »Wo bleibe eigentlich *ich* dabei?«

Eine andere Frau meinte, ihr Ideal sei es gewesen, das Baby in ihr bisheriges Leben nahtlos einzufügen. »Ich hatte da so Vorstellungen von ›Natürlichkeit‹. Eine Hilfe wollte ich mir nicht nehmen – wozu das Trara? Ich würde mein Baby selbst füttern und es in einer Schlinge überallhin mittragen. Ich sah mich höchst elegant und ohne Schwierigkeiten mit allem fertig werden, als ob überhaupt nichts dabei wäre.« Ausgerechnet ihr Baby wurde sehr krank, sie konnte es nicht stillen, und bei jedem Gequak aus dem Bettchen sprang sie aus ihrem eigenen Bett, bis sie nach einigen Tagen eine Mütterhilfe anforderte. Ihre Vorstellung von ›Natürlichkeit‹ mußte sie ebenso revidieren wie die von sich selbst als Mutter.

Als wir eine andere Frau baten, die ideale Mutter zu beschreiben, gab sie zur Antwort: »Eigentlich paßte die Idealvorstellung genau auf meine eigene Mutter. Sie war sozusagen ›professionelle Mutter‹ – Sie wissen schon, was ich meine, ehemalige Pfadfinderführerin, an Regentagen Marionettentheater im Keller. Voller Lieder, die sie zum Teil selbst erfand. Auch sehr geschickt mit den Händen. Als ich meinen Jonathan bekam, machte sie aus einem alten Korb eine Wiege, und als wir von der Klinik heimkehrten, war sie schon gestrichen, mit Matratzen und Kissen versehen, und alles mit gelbgetupftem Schweizerbatist bezogen – schöner ging's gar nicht mehr. Aber trotz ihres Tätigkeitsdranges war sie für mich doch nicht die Idealmutter. Ich spürte schon als Kind bei ihr die Spannung und den Streß, nie konnte sie sich konzentrieren. Ich wollte ihr daher nie nacheifern, und wollte auch nie nur zu Hause bleiben. Meine Idealmutter ist, glaube ich, jetzt mehr nach meiner eigenen Art geformt, nur müßte sie es viel besser können als ich.«

Diese Frau arbeitet den ganzen Tag außer Haus. An den Wochenenden und Abenden versucht sie sich ihrem Jonathan ganz zu widmen, sie behandelt ihn mit Respekt, vertraut seinen Instinkten und ermöglicht es ihm, ja, ermutigt ihn, sich frei zu entwickeln und so zu lernen, mit sich selbst fertigzuwerden. Aber sie gibt selbst zu, daß oft etwas schief geht, und daß sie mit dieser »knochenzermürbenden Ermüdung« nie gerechnet habe. Wie können wir also solchen utopischen Bildern nacheifern? Sie sind ja übermenschlich. Viele von uns stürzen sich mit viel zu großen Erwartungen in die Mutterschaft und müssen dann entdecken, daß, so schwierig die Beziehung zu den eigenen Eltern oder zum Ehemann schon ist, sich die zum eigenen Kind als die schwierigste und undankbarste erweist. »Nie habe ich das Gefühl, sie zu meistern . . . und ich glaube, daß uns keine andere Beziehung so sehr, so bitter und kritisch zwingt, uns selbst zu prüfen.«

Eines der Hauptziele all unserer Interviews war es, diese neue, durch die Mutterschaft gewonnene Selbsterkenntnis der Frauen beschreiben zu können. Einige Entdeckungen waren herzerfrischend, andere bedrückend, aber keine Frau hatte *nur* die eine oder *nur* die andere. So schlimme Zeiten jede von uns durchmachte, mußten wir uns selbst bei anderen Gelegenheiten doch wieder richtiggehend bewundern.

Die Phasen des Babys zwingen uns häufig, unsere Ansichten und unsere private Wertskala zu korrigieren. Was wir vorher über Sexualität, Masturbieren, Aggression und Pazifismus zu denken glaubten, über die Bildung von Freundschaften und dergleichen, ändert sich oft, wenn wir unsere Kinder in Aktion sehen. Oder wir entdecken, daß Theorien der praktischen Erprobung nicht standhalten – wie etwa die Überzeugung, daß es ohne Schläge gehen muß, wenn man in der Verzweiflung doch zum Stöckchen greift. Und selbst wenn wir genau wissen, wie wir handeln wollen, geht es dann doch nicht so, wie wir es uns vorstellten. Eine Mutter meinte dazu: »Eine meiner größten Schwierigkeiten als Mutter besteht darin, meinen Vierjährigen nicht zu belügen. Wir haben so irregeleitete Instinkte über seine Schutzbedürftigkeit – immer ist eine fromme Lüge oder dergleichen bereit. Ich wollte aber meinem Kind stets die Möglichkeit bieten, was immer ihm in den Kopf kommt, zu sagen, ohne irgendwelche Formalitäten zu beachten. Lügen kommen ohnehin nicht an bei ihnen – jedenfalls nicht auf lange Sicht. Neulich erst sagte ich zu meinem Mann: ›Johns Schwester ist gestorben.‹ Da fragt doch mein Sohn: ›Ist sie erschossen worden?‹ Ich dachte: ›Mein Gott, in welch einer Welt er doch aufwächst! Warum soll ich so natürliche Vorkommnisse wie den Tod vor ihm zu verbergen suchen, wo er dabei schon gleich an Mord denkt.‹«

Oft sehen wir unsere eigenen Eigenschaften im Kind gespiegelt. Der Schock dieser Erkenntnis ist manchmal heilsam, manchmal auch nicht. »Ich meinte immer, ein zu großes Bedürfnis danach zu haben, geliebt zu werden, von jedermann. Und ich kann nur schwer ehrlich sein mit anderen Menschen oder sie kritisieren, aber es war mir nicht klar, wie tief dies ging oder wie es meine Kinder berühren würde, bis eines Tages ein Nachbarskind meine Betty ganz bös in den Bauch boxte. Ich drückte mein Kind an mich, und dann fing ich an: ›Das wollte sie sicher nicht; ihr habt eben wild gespielt, und sie hat ihren Schlag falsch berechnet.‹ Betty unterbrach mich heulend: ›Was hab ich denn falsch gemacht?‹ Und da dachte ich: ›Du meine Güte, ich wage es nicht einmal, ein Kind zu kritisieren, aus Angst, es könnte mich nicht mehr mögen.‹ Und jetzt war meine Betty schon so weit, sich die Schuld an dem Schlag selbst zuzuschreiben. Wenn es mir nicht gelingt, meine Gefühle ehrlicher auszudrücken, wird sie total verwirrt aufwachsen.«

Eine andere Frau gestand, daß sie ganz auf Erfolg orientiert sei und Angst habe, sich öffentlich zu blamieren. Und dann merkte sie, daß ihr Sohn ab dem dritten Lebensjahr sich weigerte, neues Spielzeug oder neue Spiele in ihrer Anwesenheit zu erproben. Er übte sie erst im geheimen, dann durfte sie ihm zuschauen.

Entdeckungen über unser Gefühlsleben können angenehm oder unangenehm sein. Einige Frauen berichteten als bemerkenswerteste Facette der Mutterschaft von ihrer erhöhten Liebesfähigkeit. Sie meinten, daß die Liebe zu den Kindern Emotionen freisetzte, die sie lang ›unter Verschluß gehalten‹ hatten. Eine sagte: »Die Beziehung zu meinem Kind ist die erste, die so stark von Liebe erfüllt ist, daß Liebe seither zum Hauptgrund für all meine Handlungen wurde – außer, wenn ich zornig werde, und selbst da ist noch Liebe dahinter. Das Kind hat mich von vielen Fixierungen befreit. Früher fürchtete ich immer meine innere Kälte, meinte unfähig zu tieferen menschlichen Beziehungen zu sein, dachte auch, daß ich einem Kind gegenüber keine natürlichen Gefühle entwickeln könnte, und hatte deshalb Angst davor. Und jetzt war ich plötzlich zu einem menschlichen Wesen geworden, fühlte menschliche Reaktionen. Als das Baby zur Welt kam, zerbrachen alle möglichen Barrieren gegen Gefühle in mir. Und dadurch fühle ich mich jetzt sehr sicher.«

Andere Frauen erwähnten die Geduld und Toleranz, die sich vielleicht aus der bloßen Notwendigkeit dazu in ihnen entwickelten, aber Wesensbestandteile blieben und weiter funktionierten. Wieder andere lernten durch die Kämpfe mit dem Kind sich selbst besser akzeptieren: ein Einlenken, das keine Niederlage war, sondern eine Bestätigung ihres Wesens, ihrer Tugenden und Untugenden als einer Einheit, mit der sie jetzt viel friedlicher lebten als vorher. Solche positiven Entwicklungen hinzunehmen, ist natürlich einfach, denn sie werden ja von uns erwartet, und man belobt uns sogar dafür.

Negative Gefühle sind dagegen etwas anderes. Bis vor ganz kurzer Zeit haben Mütter kaum je über die Schattenseiten ihres Lebens geredet. Wir schämten uns unserer negativen Reaktionen auf das Muttersein, doch müssen sie gemeinsam mit den positiven untersucht werden, wenn wir unsere Situation richtig verstehen wollen. Manche Mütter, die unter besonderem Druck standen, wagten kaum, ihm in Worten Ausdruck zu geben. Ein gewisses Tabu verbietet uns immer noch, die Rolle der Mutter anzugreifen. Ehe wir ein solches Sakrileg begehen, vermeiden wir lieber gleich, die Rolle genauer zu untersuchen oder zu überlegen, inwieweit wir da hineinpassen. Viele von uns wagten kaum vor sich selbst zuzugeben, daß so manche Überraschung, die ihnen ihr Baby bot, keineswegs angenehm war.

Eine Mutter, die begeistert im Verlagswesen arbeitet, hatte nach einer Totgeburt noch eine zweite Schwangerschaft gewagt. »Es ist nicht immer der gesellschaftliche Druck«, erklärte sie, »sondern das Mißverständnis über unsere emotionale Bindung an die Kinder. Als mein Sohn auf die Welt kam, meinte ich, meinem besten Freund das Leben gegeben zu haben.« Sie freute sich zu Recht auf all den Spaß und die Spiele mit ihm, auf die Kameradschaft, je größer er werden würde, auf die gemeinsamen Unternehmungen und das gegenseitige Fordern. In ihrer Phantasie waren aber die Gegensätzlichkeiten, die in jeder Eltern-Kind-Beziehung liegen, nicht miteingeschlossen. Es ist nämlich schwierig, ständig der Kamerad eines Nicht-Erwachsenen zu sein. Die Bedürfnisse des Babys entsprechen nicht unseren eigenen, vor allem nicht seine Tageseinteilung. Und sobald ein kleines Kind sein Ich entdeckt, *muß* es gegen uns ankämpfen. Das ist wohl einer der Gründe, warum wir oft so wütend werden und uns keineswegs voller Liebe fühlen.

In unserer Gesellschaft gibt es wenige Hinweise darüber, wie man in den verschiedensten Situationen mit negativen Gefühlen fertig wird – es sei denn sie zu leugnen und zu unterdrücken. Und doch empfinden wir alle oft Zorn, Aggressivität und eine Vielzahl weiterer gesellschaftlich nicht geduldeter Emotionen. Wir haben (irrigerweise) sogar Schuldgefühle deswegen, und wenn der Zorn oder andere negative Empfindungen sich gegen die Kinder richten, geht es uns noch schlimmer. Schließlich kommt der Zorn, den man gegen ganz kleine Kinder empfindet, so unerwartet. Eine Mutter wartete fast zehn Jahre, bis sie sich zum ersten Kind entschloß. Ihr Mann verließ sie in dieser Zeit. Allein geblieben, hatte sie dann mit geradezu heroischer Kraft die Schwierigkeiten zu bewältigen, die ein außergewöhnlich störrisches Kind ihr bereitete, das man später als autistisch diagnostizierte. Sie faßte ihr Entsetzen über den Zorn folgendermaßen zusammen: »Immer hatte ich davon geträumt, eine liebende Mutter zu sein, und jetzt sah ich mich als böse Hexe.«

Die Mehrzahl der von uns zitierten Frauen hatte ihre Schwangerschaft genau geplant. Viele hatten sich sehr lange bemühen müssen, ein Kind zu empfangen – ein Unternehmen, das eine als ›Kombination von Pflicht und Vergnügen‹ beschrieb. Sie alle traf die Intensität des Zornes, den sie später empfanden, völlig unvorbereitet und sehr stark.

Zorn überrascht uns aus verschiedenen Gründen. Erstens einmal ist er natürlich nicht damenhaft. Die jungen Mädchen werden vielfach noch zu der Anschauung erzogen, daß Wutausbrüche sich nicht nur nicht gehören, sondern einfach nicht zu existieren haben. Ein zorniger Mensch gefällt niemandem; Mädchen werden dazu erzogen, liebenswürdig zu sein. Als Hauptziel der Kindererziehung gilt ja, glückliche Menschen heranzubilden, und noch der Dümmste weiß, daß dauernd zornige Mütter das kaum fertigbringen werden. Wer sich also zum Mutter-sein und zur Kindererziehung entschlossen hat, möchte dies in glücklicher Verfassung tun – man will eine Primärfunktion des Lebens genießen, und möchte das eigene Glück den Kindern weitervermitteln. Dann zu entdecken, daß man sehr oft voller Zorn ist, bedeutet eine schwere Bedrohung des Lebens, das man selbst mitgeschaffen hat und dem man nicht so rasch wieder entfliehen kann. Es ist *der* Riß in den Grundmauern des Schlosses Utopia eigener Schöpfung.

Manchmal scheint das ganze Gebäude zu wackeln. »Unser erstes Jahr mit dem Baby war idyllisch – es aß brav, schlief brav, und wenn es wach war, blieb es gerne dort, wo man es hintat. Was sonst kann man sich von einem Baby wünschen? Ich erinnere mich an jede Menge Zärtlichkeit und an lange Nachmittage, an denen ich meine Doktorarbeit tippte, während das Kleine im Babysessel saß und fröhlich vor sich hingurgelte. Und dann war die Kleine achtzehn Monate alt, und der Himmel fiel über mir ein. Ich war dauernd wütend auf sie. Fühlte mich erbärmlich, fühlte mich schuldig

– man hätte mir das Kind wegnehmen sollen, ich fühlte mich völlig unfähig. Keine Beziehung hat mich je auf derart primitive Gefühle reduziert wie die zu meiner Tochter. Immer wieder fragte ich mich: ›Ist dieser Zorn, den ich da empfinde, überhaupt in eine vernünftige Relation zur Situation zu bringen und durch das Verhalten des Kindes verursacht, durch meine Übermüdung und Langeweile, mein Tagespensum – *oder* berührt das Kind irgendein Reservoir diffusen Zorns in mir, den ich nicht begreife und mit dem ich nicht fertigwerde, es sei denn durch psychiatrische Behandlung?‹ Ob alle anderen es wohl besser können als ich oder nur besser lügen? Ob andere Mütter auch derartige Tiefen erlebten?«

Ja, leider geht es den anderen auch so. Und in der Beschreibung dieser einen Mutter spüren wir genau die Verwirrung und Angst, die viele Mütter empfinden, wenn sie durch ein zwanzigpfündiges, fünfundsiebzig Zentimeter langes Produkt ihres eigenen Körpers in rasende Megären verwandelt werden.

Wie unnatürlich, wie unmenschlich! Wie kann eine Mutter ihr eigenes hilfloses Kind hassen? Aus dieser absurden Vorstellung entwickelt sich ein Großteil unserer Angst. Dabei ist genau das Gegenteil wahr – manchmal ist das Kind eben wie eine Klette an unserem Rock, eine unerträgliche Phonzahl in unseren Ohren, eine gräßliche Last, und es ist höchste Zeit, zuzugeben, daß es so ist.

Eine Frau erklärte, ihre eigenen Eltern behaupteten, nie Ressentiments oder Feindseligkeit gegenüber ihren Kindern empfunden zu haben. Eine andere sagte darauf sofort: »Die müssen ja platzen vor aufgestauten Gefühlen!« Tatsächlich, das müssen sie, denn wir reagieren als Mütter vernünftig, natürlich, normal und in völlig menschlicher Art, wenn wir Zorn empfinden – nicht, wenn wir unsere Wut in einer Art austoben, die dem Kind schadet, aber wenn wir uns unserem Zorn stellen können und aufhören, seine häßlichen Konturen zu verschleiern.

Eine Mutter sagte von ihrem Kind: »Es gab Zeiten, wo ich sie haßte, wo ich wünschte, sie nie geboren zu haben. Es war mir eine große Erleichterung, endlich diese Gefühle wenigstens mit Worten ausdrücken zu können. Seither habe ich von vielen Müttern gehört, daß sie oft ihre Kinder schlagen wollten oder es auch taten. Eine ›Ur-Mutter‹ sagte sogar, sie hätte sogar am liebsten den Kopf des Kindes gegen die Wand gebumst. Eine andere berichtete, wie sie ihr Kind aufhob und schüttelte und anbrüllte: »Wirst du wohl still sein!‹«

Nein, hübsch ist das gar nicht, und es geht ganz und gar gegen unser Idealbild von der Mutter als Glückliche, Zufriedene, Großzügige, Liebende, Gebende, als lebenserhaltende Gestalt. Der Zorn bedroht alle diese

Tugenden, und er bedroht die Frau, die sich so abmüht, zu dieser Idealfigur zu werden. Da jeder diese Grundtatsache anerkennt, warnt niemand die stolze junge Frau, die so begeistert ihr neugeborenes »unbeschriebenes Blatt« vorstellt, daß sie sehr bald sehr zornig auf dieses Ding sein wird. Und so wird sich die junge Mutter, die man nicht gewarnt hat, daß Zorn unvermeidlich ist, einige Zeitlang weigern, ihn in sich selbst zu erkennen.

Und doch ist ihr Zorn nicht nur völlig normal, sondern auch völlig richtig. Mütter haben als menschliche Wesen das Recht auf menschliche Gefühle – wenn dies auch nicht allgemein anerkannt wird. Zorn ist ein Signal, daß ein Mensch über seine Fähigkeiten hinaus beansprucht wird. Und es ist völlig normal, richtig und notwendig, dem Zorn Ausdruck zu geben, wenn man seine Gefühlsbalance behalten will. Entweder man macht dem Zorn Luft, oder nimmt die Möglichkeit in Kauf, daß das innere Gleichgewicht gestört wird.

»Ich muß noch lernen, den Zorn spontaner loszuwerden«, meinte eine Frau. »Ich verschließ' ihn immer in mir und werfe dann mit Stühlen nach den Kindern.« Eine andere erklärte auch, daß sie gleich unmäßig würde, wenn erst einmal ihre Hemmungen gefallen seien: »Als mich meine Tochter gestern biß, stieß ich mit dem Fuß nach ihr und schrie sie an: ›Du dreckiges kleines Biest!‹« Eine dritte meinte: »Ich verstehe jetzt, wie es zu Kindesmißhandlungen kommen kann – ein entsetzlicher Gedanke! Ich sagte neulich erst zu meinem Mann: ›Irgendwie kann ich begreifen, wie manchen Leuten die Nerven reißen. Ich habe mich diesem Punkt schon gräßlich nahe gefühlt.‹ Er meinte darauf: ›Ihr Mütter seid so fixiert darauf, dem Kind gegenüber nicht so zu reagieren wie ihr es empfindet. Es wäre viel besser für dich und auch für das Kind, wenn du dich gelegentlich auch einmal gehen ließest.‹« Mit diesem Vater stimmen wir mehr oder minder überein, und würden jedenfalls raten, dem Kind stets zu zeigen, was man tatsächlich empfindet. Der verleugnete, ignorierte und aufgesparte Zorn äußert sich am schrecklichsten, *wenn* er dann ausbricht.

Aber warum kommt uns Zorn auf Kinder intensiver und offensiver vor als solcher gegen Erwachsene? Einmal ist es die Hilflosigkeit und Abhängigkeit des Kindes, denn diese Eigenschaften scheinen unserem Ärger die Legitimität zu nehmen, andererseits sind gerade sie der Grund für die Intensität des Gefühles. Wir erkennen, wie ungleich und irrational der Kampf ist und spüren die Ungerechtigkeit, die darin liegt, sich an einem Schwächeren auszulassen, aber der Zorn ist nun einmal da, und wenn er blockiert wird, bildet sich ein innerer Druck. So bringt das Aufziehen eines Kindes die Mutter oft zu infantilem Verhalten. Das heißt, als Erwachsene haben wir gelernt, unserem Ärger Luft mit Worten zu machen, aber welche Wirkung können teuflisch kluge Sarkasmen oder Verweise auf ein Baby oder Krabbelkind haben? Also antworten wir mit Zorn in unserem Gesicht und in unseren Stimmen, die dann jenen nahekommen, die wir beim hungrigen, ›schlecht gewickelten‹ Baby kennen.

Vielleicht verstärkt gerade die Hilflosigkeit und Abhängigkeit des Kleinkindes unseren Zorn, da wir im Augenblick gerne mit ihm tauschen würden. Schließlich hat das Kind etwas getan, womit es uns in Rage brachte; wir konnten dies nicht verhindern oder die Ursache beseitigen – und haben, im Gegensatz zum Kind, keine höhere Autorität über uns, an die wir uns wenden könnten. Wir müssen damit fertig werden, und wenn das nicht gelingt, lassen wir uns gehen. Schließlich sind die Mütter oft für ihre Kinder die einzige Stütze, Unterhaltung, Holerin und Bringerin, Sympathiequelle, Rettungsanker, Problemlöserin usw. Kein menschliches Wesen, das noch ein bißchen von sich selbst bewahren möchte, kann ununterbrochen Forderungen eines anderen Wesens erfüllen, ohne zumindest kurzfristig dagegen zu rebellieren. Man kann sich nicht einmal mit einem vernünftigen, reifen Erwachsenen tagtäglich intensiv und ununterbrochen befassen, ohne jemals ärgerlich zu werden. Und kleine Kinder sind nun einmal nicht vernünftig oder reif. Intensität, ununterbrochene Nähe und extreme gegenseitige Abhängigkeit führen selbst zwischen zwei liebevollen und großzügigen Erwachsenen zu Zornwallungen. Um wieviel mehr muß man dann mit Zorn rechnen, wenn eine der beiden Personen in dieser Beziehung, nämlich das Baby, nicht einmal großzügig, das heißt nachgiebig ist?

Ein weiterer wichtiger Punkt ist wohl der, daß kleine Kinder nach dem ersten Lebensjahr ihre Umwelt zu erforschen und die Grenzen akzeptierbaren Verhaltens zu testen beginnen. Diese Untersuchungen sind normal und wünschenswert – schließlich kann das Kind ja nicht lernen, was es tun darf und was nicht, wenn es nicht alle Möglichkeiten erprobt hat, die ihm einfallen. Aber wie sieht es mit diesen Aktionen aus der Perspektive der Mutter aus? An guten Tagen kann sie voller Geduld und Verständnis zusehen, wie das Essen auf dem Boden landet, den Pflanzen die Blätter abgerissen werden und Häufchen auf den Teppich gemacht werden. Und sie hat durchaus ihre guten Tage. Gibt es jedoch zusätzlichen Streß, so ist es wohl völlig normal, wenn sie zornig wird. Schließlich gestattet es sich ihr Mann, der viel seltener mit diesen Dingen konfrontiert wird, meist ohne weiteres, viel zorniger zu sein, als sie es je wagt.

Wenn wir einmal den Zorn in uns zugegeben haben, müssen wir versuchen, Wege zu finden, so damit fertig zu werden, daß wir vor körperlicher oder geistiger Kinderquälerei noch Halt machen können. Manchen Frauen hilft es, die Verhaltensweisen zu analysieren, die ihnen am meisten auf die

Nerven gehen. Einige erklärten, es erzürne sie am meisten, wenn das Baby nachts nicht zu schreien aufhöre. Viele schlafen gut durch, was ihre Eltern natürlich sehr zu schätzen wissen, aber als Krabbelkinder quälen sie ihre Mütter dafür mit anderen Dingen. So mußte eine Mutter ihren zehn Monate alten Sohn eines Vormittags siebzehnmal von der Steckdose wegziehen. Sie versuchte es mit sanftem und doch bestimmtem Nein; sie versuchte ihn abzulenken; sie versuchte sich selbst einzureden, daß sie stolz sein müßte auf ein so starrköpfiges, unnachgiebiges Kind; sie versucht ihre Hausarbeit schneller zu erledigen, um mit ihm hinauszukommen (und versprach sich, sofort im Elektroladen die Schutzkappen zu kaufen, die Babys vor bösen Stromschocks bewahren). Beim achtzehnten Versuch explodierte sie aber erst einmal.

Ihr Problem bestand zum Teil darin, daß das Kind in eine neue Entwicklungsphase gekommen war, in der das sich bildende Ego neue Tests versucht. Einer der bekanntesten Tests ist die manchmal ununterbrochene Praktik, *nein* zu sagen. Es ist eine unerhörte Entdeckung für ein Kind, welche Kraft in diesem einfachen Wort liegt, aber die Mutter kann seinen Stolz nicht dauernd teilen. Eine erklärte dazu: »Wir waren so stolz auf unser erstes Kind. Bei ihrer Entwicklung freuten wir uns über ihre intensive Egoprojektion – bis sie zwei wurde. Ich hatte keine Vorstellung davon gehabt, was es heißt, wenn ein Kind sein eigenes Ego entwickelt. Seither ist bei jedem unserer Kämpfe etwas in uns kaputt gegangen.«

Die beste uns bekannte Lösung, mit solchen eigenen Krisen fertigzuwerden, besteht darin, die tägliche Routine bewußt und kreativ abzuändern. Versuchen Sie, sich Zeit für eigene Unternehmungen herauszuholen, zumindest grob abzustecken, und planen Sie zu gewissen Stunden Abwechslungen ein – etwa nach so und so viel Haushaltsarbeit ein paar Minuten nur für die Kinder; nach so und so vielen Besorgungen ein Besuch bei der Nachbarin oder im Park. Versuchen Sie in ihr eigenes Leben ein paar Höhepunkte einzubauen, etwas, das eine Art ›Belohnung‹ darstellt.

Viele Krisen der Mütter passieren beim achtzehnten Mal, nachdem man den ganzen Vormittag lang die ersten siebzehn ohne weiteres bewältigt hat. Und bei unserem Widerwillen, dieses achtzehnte Mal auch noch durchzustehen, vergessen wir, wie gut wir mit allem vorher fertigwurden. Eine denkbare Lösung wurde von einer Akademikerin beigesteuert: »Ich werde mir jetzt täglich gute Noten erteilen, und zwar für kleine Dinge in kurzen Zeiträumen, und ich werde mich nicht selbst an meinen Durchschnittswert erinnern. Ich werde zu mir sagen: ›Mädchen, zwischen drei und halb vier warst du einfach toll!‹«

Manchen Müttern half es auch, ihrem Zorn mündlich Ausdruck zu verleihen, selbst wenn die Kinder noch zu klein waren, die Worte alle zu verstehen. Wenn wir unseren Ausbruch analysieren, entdecken wir meist, daß der Zorn gar nicht das Grundgefühl ist oder daß andere Gefühle und Umstände mit hineinspielen – Langeweile, Frustrierung, Enttäuschung oder Übermüdung. Vielleicht ist es unrealistisch, vorzuschlagen, daß man sich genau fragt, *was* man fühlt und *warum*, während auf dem Herd das Fleisch verbrutzelt und das Baby schreit, aber es gibt viele Gelegenheiten, wo man es tun *könnte* und es *auch* nicht tut. Erzählen Sie Ihrem Kind, was Sie dabei entdeckt haben – die Mühe, sich genau ausdrücken zu müssen, ist zumindest eine Ablenkung für die Mutter und vielleicht sogar der erste Schritt dazu, dem Kind die Bedürfnisse und Gefühle anderer näher zu bringen.

Eine Mutter schien nichts als mehr Ruhe zu brauchen: »Meine Laune ist einfach entsetzlich, das entgeht keinem in unserer Familie. Unter den Anforderungen der zwei Kinder gehen alle meine Reserven drauf. Ich habe keine Kraft mehr, weil ich nicht mehr zum Schlafen komme.« Eine andere meinte, sie habe gelernt, sich emotional besser zu beherrschen, und damit ihre Probleme gemildert. »Ich weiß jetzt, daß ich sehr rasch wütend werde, und habe mir mehr Beherrschung beigebracht.«

Eine dritte schien die Lösung darin zu sehen, ihre Lebensanschauung grundlegend zu revidieren. »Das Problem ist für mich nicht so sehr, den Zorn auszudrücken, wenn ich ihn spüre – das fällt mir leicht genug. Mein Problem ist es, einer Welt gegenüberzustehen, die mich dauernd in Zorn bringt. Darauf war ich nicht vorbereitet. Mich hat man mit dem Bibelvers aufgezogen: ›Alles wirkt zum Guten für die, die den Herrn lieben.‹ Daraus zog ich den Schluß, daß sich bei mir alles richtig entwickeln würde, wenn ich nach bestem Wissen das Richtige tat. Ich tue das Richtige nach bestem Wissen, und trotzdem strengen sich die Kinder immer noch über die Maßen an, mit mir Streit anzufangen. Das kommt mir entsetzlich ungerecht vor.«

Mehr als einer Mutter kam der Gedanke, daß ihre Erziehung sie fehlgeleitet hätte. Andere meinten, daß die Folge ihrer Erziehung unter den Anforderungen des eigenen Mutterseins verschwunden sei. Manche explodieren: »Irgendwo muß doch für mich Leben sein! Ich fühle mich meist betrogen und werde immer zorniger. Zum Schluß tue ich noch irgendwas Entsetzliches. Bis jetzt habe ich die ganze verdammte Mutterrolle akzeptiert und bin dabei nur böse geworden. Ich meine wirklich, daß ich mir Besseres verdient hätte.« Eine Mutter sagte: »Für diese Art Leben war ich nicht ausgerüstet – kann man mir nicht helfen, da wieder rauszukommen?«

Diese Frauen und auch noch andere ihrer Art funktionieren in jeder Rolle außer derjenigen der Mutter fabelhaft. Wir meinen, man sollte ihnen erlauben, das Mutter-sein zum Teilzeitjob zu machen und ihren Beruf wieder aufzunehmen. Aber sich selbst die Erlaubnis dazu zu erteilen, ist nicht leicht. Man kann die Eltern verlassen, sich vom Ehemann trennen, den Posten oder den Beruf wechseln, aber man kann nicht aufhören, Mutter zu sein.

Und Mutter sein bedeutet vielfach jede Menge Selbstbestrafung. Als man eine Mutter von zwei Kindern fragte, warum die Beziehung zum Kind so schwierig sei, brach sie los: »Das kann ich ihnen genau sagen! Schuldgefühle!« Es ist das unvermeidliche Schuldgefühl, das durch die ebenso unvermeidlichen negativen Gedanken hervorgerufen wird, wenn das Kind eine Viertelstunde, nachdem man eingeschlafen ist, zu brüllen beginnt, oder wenn der Krabbler zum fünftenmal an einem Abend aus dem Bett geklettert ist, oder wenn der hilfreiche Vierjährige sein Glas in dem Augenblick zerbricht, da man die Reste des Orangensaftes aufgewischt hat, die er vorher verschüttet hatte. Ein unschuldiges, hilfloses, bezauberndes Baby bewirkt einfach manchmal Frustrierungen, Langeweile und Zorn, und diese Gefühle in sich zu entdecken, machen die Mutter nicht gerade fröhlich.

Selbst wenn wir ein Kind zu Recht strafen, haben wir manchmal dabei Schuldgefühle. Wenn wir einen gedankenlosen Fehler begehen, verurteilen wir uns noch mehr: »Weder das Kind noch ich konnten die Sandalen finden und nach langer Suche gaben wir einfach auf. Später fand ich sie, während die Kleine wieder spielte, und stellte sie auf einen Tisch. Als ich mich um das Essen kümmerte, entdeckte sie die Schuhe und kam in die Küche gerast: ›Mami, schau, ich hab meine Sandalen gefunden!‹ Ganz gedankenlos sagte ich: ›Ich weiß, ich hab sie ja hingestellt.‹ Ich wandte mich um und sah, wie ihre Erregung und ihr Stolz verschwanden. Und dann hatte sie sogar Tränen in den Augen und sagte: ›Ach, Mami, du weißt aber auch wirklich alles vorher.‹«

Selbst wenn wir eine Belobung verdient haben, sehen wir womöglich noch etwas Schlechtes darin. So gelang es einer Mutter endlich, ihre Kinder dazu zu bringen, daß sie sie am Sonntagmorgen länger schlafen ließen. Anstatt sich zu beglückwünschen, daß sie den Kindern Achtung vor den Rechten anderer beigebracht hatte, und ihre Extrastunden im Bett zu genießen, schloß sie haarscharf: »Ich muß wohl eine schlechte Mutter sein. Ich weiß gar nicht, was sie im Fernsehen anschaun, während ich schlafe, oder was sie sonst tun.« Wie man daraus sieht, sind viele unserer Schuldgefühle ganz unnötig. Und die übrigen sind großteils zumindest übertrieben.

Die Entdeckungen aber gehen jedoch weit über solche Einzelfälle hinaus. Wie eine Mutter richtig sagte: »Wenn man ein Kind hat, lernt man eine Menge über die eigenen Gefühle.« Was ja auch nicht zu verwundern ist, wenn man die Intensität des Verhältnisses zum Kind und dessen direkte

Beziehung zu unserem Gefühlsleben bedenkt. Ein Kind ist schließlich noch kein rational denkendes Wesen im erwachsenen Sinn. Eltern und Kind sind durch Gefühle und nicht durch Intellekt aneinander gebunden. Wenn wir die innere Logik der Welt des Kindes besser verstünden oder uns mehr daran erinnerten, könnten wir vielleicht über die Einsicht in diese Welt eintreten, anstatt nur emotional oder intuitiv. Das scheint uns aber versagt.

Nach Meinung mancher Psychologen ist es Erwachsenen nicht gestattet, wie Kinder zu empfinden. Wir haben alles Kindliche so gründlich abgelegt, daß wir es nicht mehr finden können, es sei denn unter Aufgabe vieles ›Gelernten‹ und mit sehr viel Phantasie. Der Schweizer Psychologe Jean Piaget und andere haben Pionierpfade in dieses verlorene Land geschlagen, aber vorläufig sind wir noch dem kindlichen Denken entfremdet, dessen Forderungen an uns aber aufrecht bleiben. Kinder können nun einmal nicht alles verstehen und sind nicht imstande, sich verständlich zu machen, das führt dazu, daß wir manchmal liebevoll, gütig und geduldig reagieren und manchmal nicht.

So manches, dessen wir uns beschuldigen, ist nicht unser Charakterfehler, sondern erwächst aus dem Konflikt zwischen unserer Erwachsenenwelt und der uns fremden Welt des Kindes. Eine Mutter erklärte, sie könne in der Beziehung zu ihrer Tochter nie die Oberhand gewinnen, was uns gar nicht überrascht, wenn wir bedenken, wie rasch sich ein Kind verändert. Wir haben es ja nicht mit relativ stabilen Erwachsenen zu tun, sondern mit Wesen, die erst zu Individuen werden und daher in einem ›fließenden‹ Zustand sind. Unsere Beziehung zu ihnen ist daher unstabil, und wenige Erwachsene sind feinfühlend genug, da stets Schritt zu halten.

Kinder fordern von uns Reaktionen und Handlungen, die nicht zu unserer Persönlichkeit und nicht in unsere Welt passen. Ein paar Stunden lang mag es Spaß machen, Tunnel, Bär oder Pferd zu spielen oder ein Schloß aus Bauklötzen zu bauen, aber nicht andauernd. Die Gespräche eines Dreijährigen mögen bezaubernd und außergewöhnlich sein, aber nach einer täglichen Dosis davon sehnen sich die Mütter natürlich danach, ihre eigene Sprache sprechen zu können. Eine sprach von dem Pathos, das sich entwikkelt, wenn man den ganzen Tag mit Kindern spricht: »Ich freue mich jetzt auf jedes Erwachsenengespräch, und sei es nur Hausfrauentratsch.« Daß Mütter, die den ganzen Tag mit den Kindern verbringen, meinen, sie seien *zu* schnell gelangweilt und frustriert, ist verständlich, aber irrig; und daß sie oft am liebsten einfach nur flüchten möchten, ist kein Beweis eines Mangels an mütterlichen Instinkten.

Die am meisten gewünschte Erholung vom Kind besteht jedoch nicht etwa in aufregender Abwechslung oder Unterhaltung, sondern nur in Alleinsein. Eine Mutter von zwei Kindern berichtete: »Ab und zu geht mein Mann mit den Kindern in den Park. Sobald ich weiß, daß ich eine halbe Stunde keinerlei Bitten und Geschrei zu erwarten habe, setze ich mich einfach hin und genieße diese dreißig Minuten Stille. Ich sehne mich einfach danach, die Wohnung mal für mich zu haben.« Die Mutter eines Dreijährigen erklärte: »Manchmal will ich einfach nur für mich sein können, selbst wenn ich gar nichts weiter vorhabe und nur die Wände anstarre. Ich möchte über gewisse Dinge nachdenken, meine Gedanken in Ordnung bringen, mich vielleicht fragen, wer ich eigentlich bin. Ich mache manches, was mir nicht gefällt, reagiere in einer Art, die ich nicht gut finde. Darüber muß ich nachdenken, weil mich mein Verhalten stört. Ich muß die Bekanntschaft mit mir selbst erneuern. Oft mußte ich schon im Bett darüber nachdenken, anstatt zu schlafen.«

Wenn etwas in uns der Berichtigung oder der Bestätigung bedarf, brauchen wir wirklich das Gespräch mit uns selbst. Als Erwachsene führen wir eine Art Selbstdialog – Gedanken kommen uns in den Sinn, während wir über die Straße gehen, oder auch im Zimmer. Aber dieser Gedankenfluß wird dauernd vom Kind unterbrochen. Die Panik, die Mütter oft empfinden, ergibt sich vielleicht daraus, weil eben dieser Strom des Bewußtwerdens ein lebenswichtiges, menschliches Bedürfnis ist. Dessen beraubt zu werden, führt zu gefährlichen Symptomen, ähnlich wie der Verlust der Traumphase des Schlafes. Ohne diese beiden Möglichkeiten kann der Mensch nicht normal funktionieren. Oft starren wir nur abwesend, während das Kind vor sich hin plaudert, und unsere Gedanken wandern gegen unseren Willen weiter. Die Mutterrolle scheint das ›Selbst‹, mit dem wir so lange gelebt haben, zu bedrohen. »Ich habe gar nichts Eigenes mehr«, wurde oft geklagt. Und dieses verminderte Bewußtsein stellt jedenfalls eine Veränderung dar, die der Aufmerksamkeit und des Nachdenkens bedarf.

Die Bedrohung des ›Selbst‹ durch ein Kind ist leicht dokumentierbar, und am meisten spürbar in kreativen Frauen. Eine Fotografin mußte zum Beispiel ihre Arbeit nach dem zweiten Kind aufgeben. Sie hatte kurze Zeit einer Gruppe zur Förderung des Bewußtseins angehört, in der aber keine der anderen Frauen Mutter war. Die Probleme dieser Frauen schienen ihr ganz fremd, und umgekehrt auch: keine konnte ihre Schwierigkeiten als Mutter begreifen. Während die anderen davon sprachen, daß sie nicht länger ›Sexualobjekte‹ bleiben wollten, war ihr Hauptthema das tägliche Überleben mit den Kindern. »Warum sprichst du nicht von dir selbst?« fragte man sie. »Warum redest du jetzt von den Kindern, die hast du doch ohnehin den ganzen Tag lang.« – »Aber das war ja gerade mein Problem«, sagte sie, dies und dazu die Tatsache, daß sie ihre Arbeit aufgeben mußte, in der sie sich in ihrem eigentlichen Element gefühlt hatte.

Außer der Hausarbeit noch etwas anderes zu tun, war auch den meisten anderen Müttern unmöglich. Nie ist ein Kind schneller bei der Mutter als in dem Augenblick, wo sie sich zu einer Arbeit hinsetzt, die sie wirklich gerne tut. Erst seit kurzem beginnt man, dies zu analysieren und unser bißchen Wissen darüber zu verarbeiten. So konnte man in einer Filmstudie miterleben, wie eine Mutter überlegt, warum ihr Baby nie schreit, wenn sie Geschirr wäscht oder im Haus arbeitet, aber genau in der Minute, damit auf sich aufmerksam macht, in der sie an einem Film zu arbeiten beginnt. Es muß eine instinktive Intelligenz sein, in der ja alle Kinder Meister sind, die dem Kind signalisiert, daß die Arbeit der Mutter sein wirklicher Konkurrent ist und die Gedanken der Mutter nur dann völlig von ihm abgelenkt sind, wenn sie sich mit ihrer Arbeit beschäftigt.

Der Film warf auch die Frage nach dem Wesen der Kreativität auf und den möglichen Hindernissen, die durch die Mutterschaft aufgebaut werden. Vielleicht kann ein Künstler nur als Außenseiter existieren. Wenn das stimmt, steht es für eine produzierende Künstlerin als Mutter schlecht, denn es steht außer Frage, daß glückliche Mutterschaft jegliche Rebellion abschwächt und uns zu Toleranz und zum Abfinden mit den Dingen führt – mit unseren Eltern, unserer Umwelt, dem Alltagsleben. Wenn wir Kinder haben, schaffen wir eine Kette von Bindungen, von menschlichen Verpflichtungen und gemeinsamen Interessen. Solch eine festumschriebene Position mag zu persönlicher Bequemlichkeit verführen, nicht aber zu Kreativität. Die meisten Künstlerinnen suchen als Mütter daher nach einem Kompromiß; für sie ist die Wertskala zwischen Verpflichtung und Opfer, Freiheit und Schuldgefühl individuell verschieden. Wie in dem Film angedeutet wurde, müssen ständig neue Entscheidungen getroffen werden (z.B., ob man ein Kind oder zwei haben will, wieviel an Kinderpflege und -erziehung man dem Mann auflasten kann usw.), Entscheidungen, bei denen keine Rhetorik hilft und die gerade dadurch, daß sie diese Frauen von der für ihre Arbeit nötigen Konzentration ablenken, zum integrierenden Bestandteil des Problems werden. Die Künstlerin als Mutter muß sich, wenn sie die Zeit und den inneren Freiraum für ihre Kreativität gegen alle Widerstände endlich teuer erkauft hat, als eine Art Anomalie sehen.

Eine Schriftstellerin sagte: »Ich kann mein Gehirn von den Gedanken, die für den Haushalt gebraucht werden, nicht auf diejenigen umstellen, die meine Arbeit erfordert.« Einige hatten das Gefühl, langweilig oder fad zu werden, ihre Gedanken bewegten sich nur träge durch die Trivialitäten der reinen Existenz, aber nicht darüber hinaus. Bei ihnen setzte sich die geistige Erschlaffung, die so oft während der Schwangerschaft verspürt wird, in das

Leben mit den kleinen Kindern fort. Es gibt zwar Frauen, bei denen es genau umgekehrt ist – denen die Kinder neue Erfahrungsbereiche für ihre Kunst eröffnen –, aber die ›geistige Ohnmacht‹ kam bei so vielen vor, daß wir doch neugierig auf die Gründe waren.

Einer davon ist bestimmt der Mangel an Zeit zu ruhigem Überlegen, zum Dialog mit sich selbst. Der Dichter Yeats beschrieb einmal die für Kreativität notwendige Atmosphäre:

> Wie eine langbeinige Fliege auf dem Wasser
> bewegen sich seine Gedanken auf der Stelle.

Welche Mutter kleiner Kinder hat viel Gelegenheit, Stille zu genießen? Yeats, der später selbst Kinder hatte und dann seine Erfahrungen mit ihnen sammelte, schrieb über Michelangelo bei der Arbeit an der Sixtinischen Kapelle eher drohend:

> Schließt das Tor zu der Kapelle,
> haltet doch die Kinder draußen!

Leider hat keine Mutter die Möglichkeit, sich ausruhend an die Staffelei des Michelangelo zu lehnen oder gar die Kinder draußen zu halten.

Mit Sokrates glauben wir, daß ein unreflektiertes Leben nicht lebenswert ist. Wir wünschten nur, er – oder jemand in den Jahrhunderten danach – wäre imstande gewesen, eine Formel dafür zu entwickeln, wie man inmitten des kreischenden, fordernden, enervierenden Lebenslärms über das Leben nachdenken kann.

Um kreativ oder als Erwachsener voll da sein zu können, brauchen wir auch Erwachsenenerlebnisse. Ein Psychotherapeut äußerte den Verdacht, daß viele der jungen sog. ›grünen Witwen‹ vielleicht am Trauma der ›Ereignislosigkeit‹ leiden. Normalerweise gehöre zu einem psychischen Trauma ein Schock, eine Bedrohung, aber diese Frauen zeigten oft die gleichen Symptome – Panik, Angst, das Gefühl, etwas Entsetzlichen entgegenzugehen – auf Grund des *Fehlens* von Ereignissen. Das Trauma wird also von dem Gefühl ausgelöst, daß nichts passieren wird. Den Frauen fehlten Reize, Forderungen, Wahl- und Entscheidungsmöglichkeiten. Ihre Angst vor unmittelbar bevorstehendem Unheil sei wie die vor einem lauernden Urwaldtier – das wir zwar erwarten, von dem wir aber nicht wissen, ob und wann es uns anspringen wird –, aber während wir darauf warten, geht das Leben an uns vorüber – und das ist letztlich das Allerschlimmste.

Ähnliche Folgerungen könnten aus unseren Interviews gezogen werden. Allerdings werden Mütter ja ständig zu Entscheidungen aufgerufen – was dem Baby beim jeweiligen Wetter anzuziehen ist, was zu kochen ist, was einzukaufen, welche Wäsche man mit welcher zusammen kochen kann – der ganze Tag muß so organisiert werden, daß alle Gänge und Pflichten erledigt werden können. Das Problem scheint uns daher nicht so sehr in mangelnden Entscheidungsmöglichkeiten zu liegen oder dem Fehlen von Reizen, sondern eher an deren Menge und Art, das heißt, ihrer ständigen Wiederholung und Alltäglichkeit.

Denken wir an die Kindererziehung als solche, so gibt es genauso viele Entscheidungen, diesmal aber von größerer Bedeutung – wie man mit Johnnys Wutanfällen fertig wird, was man gegen die Ängste der Tochter tun oder sagen kann, wie man eine Kränkung wieder gutmacht, gar nicht zu reden vom Abstillen, Sauberkeitstraining, den Mühen, das Kind zur richtigen Nahrungsaufnahme zu bringen, ihm den Übergang vom Gitterbettchen ins Kinderbett schmackhaft und ihm klar zu machen, daß man immer wieder zurückkommt, wenn man es verläßt.

Für Mütter kleiner Kinder ist der Tag voller Ereignisse, Ereignisse der Kinderwelt jedoch, die in ihre Erwachsenenwelt aufgenommen werden wollen, aber dazu führen können, daß diese Erwachsenenwelt verschüttet wird. Wir können uns gut vorstellen, daß das Unheil, das solche Mütter fürchten, der Verlust ihres Selbst ist.

Egal welche Lösungen oder Teillösungen eine Mutter findet, sie braucht dazu jedenfalls Zeit zum Nachdenken über sich selbst, denn ihre neuen Lebensumstände erfordern eine Revision ihrer Anschauung über sich selbst, ihre Karriere und ihr Heim. Nun ist aber einer der Widersprüche der Mutterrolle gerade die Tatsache, daß das Baby uns lauthals von uns selbst wegholt, während seine uns so fremden Bedürfnisse uns zur Selbstbetrachtung drängen. Das kleine Kind will im Zentrum des Universums seiner Mutter stehen – vielleicht braucht es das sogar –, und um dies zu erreichen, stimmt es einen Sirenengesang an. Sich für Gott und Vaterland zu opfern, scheint heute vielen absurd, sich als Mutter dem Kind zu opfern, dagegen richtig und in Ordnung. Eine Mutter sagte dazu: »Als ich das Kind bekam, war mir klar, daß dies mein Leben verändern würde. Mein Ich hatte jetzt einfach keine Bedeutung mehr: es kann doch nicht so wichtig sein wie dieses neue, lebendige Wesen.« Und warum nicht? Lebt sie denn nicht mehr?

So wie unsere Gesellschaft die Dinge immer noch sieht, offenbar kaum. Einer Mutter wurde in einer schwierigen Lebenszeit geraten, zum Psychiater zu gehen, damit sie ihrem Kind nicht schade. Selbst ihren Freunden schienen die Schwierigkeiten nur insoweit einer Lösung zu bedürfen, als sie Auswirkungen auf die Kinder haben könnte. Nicht, weil die Mutter dadurch glücklicher werden könnte.

Eine geschiedene Frau brachte ihren Zwölfjährigen zur Therapie, weil er in der Schule schwierig wurde, größte Eifersucht und Feindseligkeit gegen ihre männlichen Freunde zeigte. Der Therapeut fand, die Mutter müsse entweder allein leben, wieder heiraten oder das Kind ins Internat stecken. Wieso dachte er gar nicht daran, dem Buben Verständnis dafür beizubringen, daß die Mutter ein Recht auf männliche Freunde, ja, auf Liebhaber hatte? (Die Mutter sagte denn auch auf den Vorschlag des Psychiaters, sie hätte gar nichts dagegen, wieder zu heiraten, sofern er den betreffenden Ehemann stelle, denn sie habe bisher keinen finden können.)

Gerade heute verstärkt die psychiatrische Forschung wieder ihre Angriffe auf die ›Bezugsperson‹ (womit in 99 Fällen von hundert die Mutter gemeint ist), die nicht voll und ganz für das Kind da ist. Wir unterhielten uns mit einer Mutter, die mit dem Mann zwei Wochen Urlaub in Portugal machte, und während dieser Zeit das Kind bei lieben Freunden ließ, die ebenfalls ein Zweijähriges hatten. Sie begriff durchaus die Angst eines Zweijährigen vor dem Verlassensein, und als sie zurückkehrte, war das Kleine tatsächlich wieder beim Daumenlutschen angelangt, quengelte viel mehr und fühlte sich offenbar weniger sicher. »Ich glaube, unser Wegsein hat ihm sehr geschadet«, sagte sie, »aber ich würde es trotzdem wieder tun. Auf jeden Fall!« Ihr ›Geständnis‹ und ihre emphatische Erklärung dazu zeigten, wie schwer es ihr fiel, ihre Wahl vor sich selbst und der Welt zu rechtfertigen. Die anderen Mütter verstanden jedoch durchaus, daß diese Ferien sie gerettet und wieder ›wie neu‹ gemacht hatten. Ob das Schuldgefühl, das ihr aufstieg und das sie so mühsam bekämpfen mußte, wohl berechtigt war?

Manche Psychiater behaupten, daß Schäden, die das Kind durch die Abwesenheit seiner Mutter erleidet, nie wieder gutzumachen seien. Als Mütter haben wir da so unsere Zweifel. Sicher, wir denken nicht ganz uneigennützig, da wir ja um Atemraum für uns selbst kämpfen. Eine führte jedoch ganz zu Recht an, daß ihr Sohn genau die gleichen Symptome im gleichen Alter zeigte, obwohl er nie ›verlassen‹ worden war, nicht einmal über Nacht. Natürlich leidet ein Kind, das noch keinen Zeitbegriff hat, mehr an der Abwesenheit der ›Bezugsperson‹. Wenn irgend möglich, sollten wir es in diesen frühen Entwicklungsphasen mit in die Ferien nehmen. Angst vor dem Verlassenwerden ist jedoch unter Kindern sehr häufig zu finden, egal, ob sie Grund dazu haben oder nicht. Und wie ein Kind damit fertigwird, hängt von einer Vielzahl von Fakten ab.

Es trägt natürlich zur Unsicherheit oder Sicherheit eines Kindes bei, *wie* es aufgezogen wird. Ein rundum geliebtes Kind wird die Abwesenheit der Eltern mit weniger Ängsten ertragen, als eines, das über die Gefühle der Eltern im Zweifel ist. Dann kommt noch die Frage hinzu, ob es das erste oder das zweite Kind ist. Das zweite erhält von Geburt an viel weniger direkte Beachtung durch die Mutter, die viel zuviel zu tun hat und nicht mehr jeden seiner Atemzüge überwachen kann. Wir wissen jedoch von den Psychiatern, daß gerade das Erstgeborene viel häufiger zu einem leistungsorientierten, neurotischen Erwachsenen wird, während das Zweite sich normalerweise krampflos entwickelt, entspannter und weniger auf Erfolg gezielt lebt und emotional viel besser gedeiht. Und wie ist es mit den glücklichen Kindern berufstätiger Mütter, die den ganzen Tag unter wechselnder fremder Aufsicht verbringen? Vielleicht können Kinder doch mehr als eine Bezugsperson anerkennen (wenn man uns auch erklärt, daß dies nicht so sei)?

Und schließlich ist es wohl besser, wenn die Eltern dem Kind zeigen, daß sie nach jedem Weggehen zurückkehren, anstatt sie fürchten zu lassen, daß Abreisezeichen den ›Untergang‹ bedeuten. Schon ganz kleine Kinder kann man auf Abwesenheit der Eltern vorbereiten. Man fängt damit an, daß man erklärt, wohin man geht und auf wie lange, wenn man nur kurz einkaufen oder sonst etwas erledigen will; tagtägliche Wiederholung kann das Kind bald so weit bringen, daß es längere Abwesenheiten ohne schwerwiegendes Trauma übersteht.

Leider sind wir Mütter schon zu lange darauf abgerichtet worden, an den Schaden zu denken, den wir dem Kind zufügen könnten, wenn wir unseren eigenen Bedürfnissen nachgehen. Wir sprachen mit einer Malerin, die, als ihr Sohn eineinhalb Jahre war, endlich eine Ausstellung ihrer besten Werke veranstalten konnte. Das Arrangieren und Aufhängen nahm so viel Zeit in Anspruch, daß sie den Kleinen oft bei einer Babysitterin lassen mußte. Nach der Ausstellung fiel ihr auf, daß das Kind viel schwieriger geworden war, und sie gab sich natürlich die Schuld. Eine Freundin machte sie erst darauf aufmerksam, daß das Kind gerade dabei sei, in Sätzen sprechen zu lernen, wie alle wichtigen Übergänge beim Kind eine frustrierende Periode. Es ist durchaus möglich, daß die Konzentration der Mutter auf ihre Arbeit die Veränderung im Kind hervorrief, ebenso gut aber auch, daß sie zu diesem Entwicklungszeitpunkt und in diesem Alter auf jeden Fall aufgetreten wäre.

Leider sind wir zu leicht bereit, die Schuld auf uns zu nehmen und nach anderen Gründen nicht zu suchen, und vieles trägt noch zur Verstärkung dieser Ansicht bei. Eine Mutter meinte: »Psychiater haben das Bedürfnis, das Universum als etwas Geordnetes, Erklärbares zu sehen. Das heißt, wenn einem Kind etwas Schlimmes passiert, muß es eine Erklärung dafür geben und ein Schuldiger gefunden werden. Dieser Schuldige ist dann die Mutter. Man hat uns diese Schuld bewußt gemacht, aber keinen Weg gezeigt, damit fertig zu werden.«

Nehmen wir nun einmal an, daß wir stolz und froh die Rolle der Ganzzeitmutter akzeptieren, inklusive aller Selbstaufopferung, die von den striktesten Autoritäten gefordert wird. Selbst dann ist noch ein Haken dabei – es gibt nämlich kein solches Wesen – keine lebenslange Ganzzeitmutter. Selbst eine Frau, deren vier oder fünf Kinder im Bereich von fünfzehn Jahren auf die Welt kamen, wird eines Tages ›pensioniert‹, auch wenn es ihr gelang, den Pensionierungstag weiter hinaus zu schieben als die meisten anderen.

Die Tatsache bleibt bestehen, daß die Mutterrolle einmal endet, und am meisten leiden die darunter, die am gewissenhaftesten dem von der Gesellschaft vorgeschriebenen Ideal der guten Mutter nacheiferten. In diesen Vorschriften steht jedoch nichts von Mamis Pensionierung, noch dazu ohne die traditionelle Goldarmbanduhr als Abschiedsgeschenk. Und sollte sie versuchen, sich darüber hinwegzuschwindeln, so werden die Gesellschaftsdämonen mit fürchterlichen Grimassen über sie herfallen. Die ›alles erstikkende Mutter‹ kennen wir seit langem als Antiheldin der Belletristik (So läßt D.H. Lawrence in seinem Roman *Söhne und Liebhaber* eine solche Mutter sterben): die Frau, die nie merkt, daß die Abhängigkeit auch einmal aufhört, stattdessen ihre erwachsenen Sprößlinge immer weiter ›nährt‹, und dies mit verführerischer und aggressiver Kraft. Hier liegt also eine der Hauptschwierigkeiten aller Mütter: die Gesellschaft erwartet von uns, daß wir uns voll der mütterlichen Rolle widmen, und wirft uns auf den Abfallhaufen, wenn die Kinder erwachsen sind, oder verdammt uns, wenn wir uns weigern, unseren Kindern ihre Unabhängigkeit zu gönnen – zu einem Zeitpunkt, wo wir von den Kindern abhängig geworden sind. In einer weniger mobilen Gesellschaft als unserer würde man die Mutter als Großmutter in den Oberstock verfrachten, aber diese Rolle ist heute nicht mehr so ausfüllend, da der ›Ahnensitz‹ nur noch eine Generation zu beherbergen pflegt.

Was geschieht mit einer Frau, die sich als Mutter erfolgreich und erfüllt fühlt? Man erwartet von ihr, daß sie in den Vierzigerjahren abtritt, anfängt, Erinnerungsbildchen abzustauben und sich ihrer achtzehn- bis fünfundzwanzigjährigen Karriere als Mutter erinnert oder allenfalls eine sehr bescheidene zweite Laufbahn als Großmutter beginnt. Die eigentliche Karrierezeit der Männer geht auch oft über zwanzig Jahre nicht hinaus, und wir wissen, was es da für Schwierigkeiten bei der Pensionierung gibt. Häufig wird aber ein Mann durch seine Karriere in seiner Individualität bestätigt und kann dabei mehr Kreativität entfalten als Mütter im allgemeinen. Außerdem stellt seine Pensionierung einen definitiven Abbruch dar, und so schmerzlich er auch sein mag, er ist jedenfalls klar gekennzeichnet. Für eine

Mutter gibt es aber keine klare Demarkationslinie, an der sie ihre Aufgabe beenden muß; man erwartet von ihr, daß sie nach und nach aufhört – gerade wenn ihre Liebe zu den Kindern und ihr Bedürfnis nach ihnen sich vertieft und wächst, muß sie sich von ihnen zurückziehen. Das heißt, sie muß wieder ihre eigene Persönlichkeit zurückstellen, muß den Kindern mehr Unabhängigkeit gewähren und sie objektiver betrachten.

Ein deutliches Zeichen für das Ende einer Mutterrolle gibt es allerdings: wenn das jüngste Kind auf die Universität geht, zu arbeiten beginnt oder eine Familie gründet. Das Leben der Mutter wird plötzlich leer, und wir können überall in psychiatrischen Kliniken feststellen, wie viele Frauen diesem Schmerz nicht standhalten. Meist sagt man ihnen, sie sollten neue Interessen entwickeln, sich eine Arbeit suchen. Aber Mutterschaft als ›Nachweis bisheriger Tätigkeit‹ und dazu das Alter der Bewerberin führen nur wenige potentielle Arbeitgeber in Versuchung. Und wenn die Kinder die Mutter verlassen, wird ihre Selbstsicherheit auch nicht gerade auf dem höchsten Pegelstand sein.

Die Erfahrung einer Mutter scheint uns dies gut zu illustrieren: »Ich dachte, man würde mich gerne anstellen, da mein Mann eine feste Arbeit hat, wir ein eigenes Haus besitzen und die Zeit der Kinderaufzucht bei mir vorbei war. Eine ledige junge Frau kurz nach dem Studium würde kaum lang bleiben, während ich ja gar nicht weg konnte. Aber niemand sah die Sache so an. Ich ging zum Chefredakteur unserer Lokalzeitung und bewarb mich um den ausgeschriebenen Teilzeitposten. Er betonte immer wieder, daß ich doch fünfzehn Jahre lang bei keiner Zeitung mehr gearbeitet hätte. Ich war selber nicht so sicher, wirklich noch dafür geeignet zu sein, und bat ihn daher, mir eine Berichterstattung zu übertragen und mich damit zu testen. Das kam ihm ganz vernünftig vor, und er versprach, mich anzurufen, was er dann nie tat. Da nahm ich mir eines Tages einfach die Zeitung her und schrieb Schlagzeilen und Leitartikel und einiges vom Inhalt um und schickte ihm alles. Ein paar Tage danach rief ich ihn an, und er erklärte, die Arbeit habe ihm gefallen, und er würde sich in ein paar Wochen mit Aufträgen melden. Ich holte tief Luft und schlug ihm eine Sache vor, die mir selbst eingefallen war. ›Gut, machen Sie das‹, sagte er. Ich tat es und bekam den Job. Es hat mich aber Monate gekostet, auch nur den Mut dazu zu finden, an eine Rückkehr zu meiner Arbeit zu denken, obwohl mir Berichterstattung wirklich liegt, und dann mußte ich mit mir kämpfen, daß ich mich und den Redakteur von meiner Fähigkeit überzeugen konnte.«

Mütter, die nach jahrelanger Unterbrechung in den Beruf zurückkehren wollen, werden also durch ihr Alter eingeschüchtert und durch die Tatsache, daß sie den Kontakt mit ihrem Berufsfeld verloren haben und nicht mehr an die Kreativität und Initiative gewöhnt sind, die man oft dort von ihnen erwartet. Als Mütter haben sie ihre Zeit damit verbracht, auf die Bedürfnisse und Forderungen anderer einzugehen, und dies meist eher in physischer als geistiger Form. Fallen solche Ansprüche auf unsere Zeit und unsere Energie plötzlich weg, kann eine Mutter wohl kaum ohne Schwierigkeit einen neuen Lebensabschnitt beginnen – vor allem dann nicht, wenn sie wenig Ermutigung (außer bei Freunden und in der Familie, falls überhaupt) findet. Frauen wie diese Journalistin, die alle Schwierigkeiten überwand, sind unserer Bewunderung wert.

Als wir eine Frau fragten, was sie sich von diesem Buch am meisten wünsche, sagte sie: »Daß andere Leute unsere Probleme teilen, und man das Recht hat, Bedürfnisse zu haben, das *Recht*, eine eigene Persönlichkeit zu sein.« Sie erzählte uns von einer Freundin, die einmal ausbrach: »Ich bin am Verzweifeln!« Ihr Kind war vier Jahre alt, und sie hatte sich noch nie eine Trennung von ihm gestatten können. Ihr Mann hielt es für ihre Pflicht, Kinder aufzuziehen, den Haushalt zu besorgen und für ihn da zu sein. Er hatte einen Lehnstuhl und ein Fußschemelchen am Kamin, seine Frau bediente ihn und das Kind. Das ist natürlich purer Unsinn. Keine Frau sollte sich zur Sklavin machen lassen, wenn sie nicht ausdrücklich will, daß man sie als solche ansieht. Diese Frau mußte zu den Essenszeiten ihres Mannes immer da sein. Einmal fragte sie mich, womit ich denn meine Arbeit rechtfertige. Als ich sagte: ›Zum jetzigen Zeitpunkt könnte ich es gar nicht rechtfertigen, *nicht* zu arbeiten, ich arbeite, weil ich das Bedürfnis nach geistiger Beschäftigung habe‹, sah sie mich an, als habe sie noch nie von Bedürfnissen gehört. Es war ihr noch nie eingefallen, daß sie ein Recht auf eigene Bedürfnisse hatte.«

Eine andere Mutter sagte: »Einmal wachte mein Kind um halbdrei Uhr früh auf. Ich fütterte es und legte es ins Bettchen zurück. Zum ersten Mal ließ ich die Kleine schreien, und sagte, als ich wieder ins Bett stieg, zu meinem Mann: Mütter haben auch Rechte!‹ Mein Mann fand das zum Schreien komisch. Und so dezidiert ich es auch sagte und daran glaube, habe ich doch gleichzeitig sehr stark das Gefühl – oder bin einfach so erzogen worden –, daß es nicht richtig ist.« Eine andere meinte einfach: »Vielleicht haben Mütter einfach keine Rechte.« Und das ist wohl der springende Punkt. Entweder sind Mütter individuelle Frauen mit dem verfassungsmäßig garantierten Recht auf Freiheit und eigene Entwicklung wie jeder andere Mensch oder sie sind keine voll autonomen Wesen und nur Anhängsel ihrer Kinder und anderer.

Unter Druck neigt das Selbst der Mutter dazu, zurückzustehen, sich an zweite Stelle zu stellen oder sich in das Kind zu projizieren. Es ist sehr verführerisch, die Bedürfnisse und das Leben des Kindes zu seinem eigenen zu machen – dann braucht man sich nur um *ein* Wesen zu kümmern und es glücklich zu machen. Selbst Mütter mit sehr gesichertem Ego sehen oft das Kind als Reflexion ihrer selbst oder als ein stellvertretendes Ersatz-Ich. Eine gab zu: »Ich fürchte, meine Kinder sind für mich eine Entschuldigung dafür, selbst kein eigenes Wesen zu sein. Ich glaube, ich benütze sie nur als Grund dafür, nicht in andere Dinge verwickelt zu werden.« Eine gewisse Identifizierung mit dem Kind ist natürlich unvermeidlich; ernst wird die Sache erst, wenn die Frauen anfangen, ihre eigenen Bedürfnisse und Wünsche zugunsten derer der Kinder größtenteils zurückzustellen.

Eine Mutter begriff das sehr deutlich: »Wenn man wie ich mit einem sehr dominierenden Mann verheiratet ist, muß man größtenteils das tun, was *er* wünscht, und daraus ergibt sich natürlich einiges an Ressentiments. Und wenn man dann noch ein Kind hat und einen weiteren Teil des Lebens damit verbringen muß, das zu tun, was das Kind wünscht, wird die Pflicht verdoppelt – man gehorcht nur noch den Wünschen anderer. Das kann das Glück einer Frau sehr beeinflussen.«

Trotz vieler gegenteiliger Vorstellungen und Behauptungen ist es durchaus fragwürdig, ob dauernde Selbstverleugnung etwas Edles oder gar Gesundes darstellt. Ressentiments und Feindseligkeit *müssen* sich einfach in einem Wesen bilden, das um seine Rechte kämpft, – sei es auch noch so geheim. Und was kann man wohl als ›Sekundär-Ich‹ seinen Kindern geben – welche Unabhängigkeit, Individualität oder persönlichen Interessen kann eine passive, unterwürfige Mami zeigen? Kinder werden nie lernen, daß ihre Wünsche nicht immer wichtiger als die anderer sind, wenn die Haltung der Mutter es sie genau verkehrtherum lehrt. Die Mutter wird dabei vielleicht zur bequemen Jasagerin oder gar Sklavin, aber kaum eine eigenständige Person. Und was soll die Mutter tun, wenn die Kinder dann das Heim verlassen und sie keinen Existenzgrund mehr hat?

Die Selbstkritik einer Mutter kam uns sehr klug vor: »Seit ich die Kinder habe, habe ich in mir eine Selbstsucht oder vielleicht einen Selbsterhaltungstrieb entdeckt. Es gibt gewisse Dinge, die ich mag und brauche und auf die ich einfach nicht verzichten werde.« Eine solche Persönlichkeit kann den Kindern eher Wertvolles mitgeben – und Freude an dem haben, was die Kinder *ihr* geben, ohne sich aus Identitätsgründen an sie zu klammern. Mütter, die wissen, daß ›Eltern auch Menschen sind‹, können stolz erklären: »Eines meiner schönsten Vergnügen ist es, sie anzusehen und mir zu sagen: ›Das sind die *meinen*; sie kommen von ihm und mir; es sind unsere, und es wird nie wieder so etwas geben.‹«

Wenn Mütter ihre Kinder aufziehen, erleben sie oft solche Augenblicke des Stolzes und empfinden dabei eine Freude, die keineswegs sentimental genannt werden muß. Sie überkommt einen ganz plötzlich in unerwarteten Augenblicken und kann durch unerwartete Dinge ausgelöst werden – der Anblick eines einjährigen Mädchens, das im Schlaf die Finger in die Haare der Fetzen-Puppe gekrallt hat; eines Dreijährigen, der sein Brüderchen am Eis lecken läßt; eines Krabbelkindes, das plötzlich allein stehen kann und sein Ich manifestiert; durch das erste ›Tata‹ an den richtigen Elternteil adressiert; den kleinen Nackedei, der fröhlich im Garten tobt; ein Zweijähriges beim ernsthaften Bau seiner ersten Sandburg.

Diese Augenblicke sind etwas so Intimes und Privates, daß die meisten Eltern gar nicht darüber reden. Und doch sind es unbeschreibliche, herrliche Momente, in denen wir unser Kind voller Ehrfurcht ansehen, voller Freude darüber, daß es existiert. In solchen Augenblicken sind wir sicher, daß all die Müdigkeit, die Schuldgefühle und der unterdrückte und auch ausgedrückte Ärger es wert waren. Für die meisten von uns ist es schön, Mutter zu sein, Kinder zu haben, und – unter all diesen Schmerzen – diese Freude gelernt zu haben. Ohne unsere Kinder, ohne all diese Erfahrungen, diese schmerzlichen Lektionen, hätten wir etwas sehr, sehr Wichtiges in unserem Leben versäumt. Das wissen wir ohne jede Zweifel und Abstriche.

Mutterschaft bestätigt uns im Grunde nur etwas, was wir eigentlich schon vorher wußten: daß Freude und Schmerz immer nahe beieinander liegen. Alle, mit denen wir sprachen, gaben zu, daß es beim Aufziehen der Kinder intensive Freude, Stolz und ein Gefühl der Selbsterfüllung gibt. Unsere Bandaufnahmen begannen unter diesen Auspizien. Was uns plagte, worüber wir nachdenken und mit anderen diskutieren wollten, waren die Augenblicke, in denen wir weniger ekstatisch empfinden und über die zu sprechen man uns so selten ermutigt. Heutzutage liegt die Last und Verantwortung der Kindererziehung oft allzu sehr auf der Mutter. Eine Mutter von zwei Töchtern mit einem schönen Haus vor der Stadt und einem Mann, der ihr aus natürlichem Empfinden gerne hilft, hält es für die Hauptschwierigkeit des Mutterseins, daß man »solche Verantwortung trägt – die Tatsache, daß man total verantwortlich für dieses menschliche Wesen ist, in jeder Hinsicht, für sein Leben und seine Entwicklung. Man sieht dieses kleine Ding und fängt an zu erkennen, welch unglaubliche Gewalt man über die Bildung seines Charakters hat. Es ist wie im ›Kleinen Prinzen‹. Die Blume ist da – man hat sie gezogen. Erst war nichts da, und man hat es ins Leben gerufen. Das ist das Höchste, das Göttliche.«

Aber wir sind keine Götter; wir sind Menschen mit Schwächen und Stärken; und wir halten es für schädlich, daß unsere Gesellschaft das Kind als eine Art Glashauspflanze sieht, die von einem einzigen Gärtner, bzw. einer

Gärtnerin zurechtgestutzt wird. Dabei wird doch die Entwicklung unserer Kinder genauso durch die weitere Umwelt beeinflußt – die anderen Erwachsenen, die Lehrer, die Medien, ja, sogar durch die Persönlichkeiten der Regierung. Kein noch so guter Fachmann kann mit Sicherheit feststellen, wieviel von dem, was wir sind, von daheim stammt, aus unserem elterlichen Erbe oder der weiteren Umgebung. Und unter dieser Voraussetzung sollten wir alle, ob Eltern oder nicht, besser über die kindliche Entwicklung Bescheid wissen und bereit sein, einen Anteil an der Verantwortung für die Formung dieser neuen Generation zu übernehmen.

Unsere Gesellschaft sollte anerkennen, daß Väter zu Hause genauso wichtige Verpflichtungen haben wie die Mütter. Es wäre schön, wenn verantwortungsbewußten Vätern die Erfüllung solcher Pflichten ermöglicht würde, indem man ihnen bei Ankunft eines Babys bezahlten Vaterschaftsurlaub gewährt. Wir wünschten uns weiter, daß wirtschaftliche Bedenken und Karrieregedanken weniger im Vordergrund stünden, so daß Väter und Mütter sich gleichermaßen mehr auf die eigene Entwicklung und die ihrer Kinder konzentrieren könnten. Wir wünschen uns als selbstverständlichen Dienst an den Bürgern freundliche, mit genügend Personal ausgestattete Kinderzentren in jeder Gemeinde. Solche Zentren sollten nicht nur für Kinder berufstätiger Frauen da sein, sondern für jedes Kind, dessen Mutter einmal ein paar Stunden des Alleinseins braucht.

Solche Zukunftsvisionen mögen unrealistisch, ja utopisch erscheinen, aber wie schon Aristophanes vor Urzeiten in seiner *Lysistrata* hervorhob, kommt es durchaus zu Veränderungen, wenn Frauen sich zusammentun und genügend stark auf der Veränderung beharren. Der Zeitpunkt für eine solche Veränderung scheint uns jetzt gekommen.

Inhalt